COMMISSION DES RÉPARATIONS

XVIII bis

RAPPORT DU COMMISSAIRE DES CHEMINS DE FER ALLEMANDS

(1er juin 1928)

RAPPORT DU COMMISSAIRE À LA REICHSBANK

(5 juin 1928)

RAPPORT DU COMMISSAIRE AUX REVENUS GAGÉS

(10 mai 1928)

RAPPORT DU TRUSTEE POUR LES OBLIGATIONS INDUSTRIELLES ALLEMANDES

(15 mai 1928)

RAPPORT DU TRUSTEE POUR LES OBLIGATIONS DE CHEMINS DE FER ALLEMANDS

(juin 1928)

Prix : 15 francs

Librairie Félix Alcan
108, Boulevard Saint-Germain, 108

RAPPORT DU COMMISSAIRE DES CHEMINS DE FER ALLEMANDS

(1er juin 1928)

RAPPORT DU COMMISSAIRE À LA REICHSBANK

(5 juin 1928)

RAPPORT DU COMMISSAIRE AUX REVENUS GAGÉS

(10 mai 1928)

RAPPORT DU TRUSTEE POUR LES OBLIGATIONS DE CHEMINS DE FER ALLEMANDS

(juin 1928)

RAPPORT DU TUSTREE POUR LES OBLIGATIONS INDUSTRIELLES ALLEMANDES

(15 mai 1928)

TABLE DES MATIÈRES.

RAPPORT N° 7
DU COMMISSAIRE
DES CHEMINS DE FER
ALLEMANDS

1er juin 1928

COMMISSARIAT DES CHEMINS DE FER ALLEMANDS
BERLIN W 8 — VOSS-STRASSE 35

TABLE DES MATIÈRES.

TABLE DES ANNEXES.

RAPPORT N° 7
DU COMMISSAIRE
DES CHEMINS DE FER
ALLEMANDS

À LA COMMISSION DES RÉPARATIONS.

Berlin, le 1er juin 1928.

Au 31 décembre 1927 a pris fin le troisième exercice financier de la Deutsche Reichsbahn-Gesellschaft. Les comptes définitifs de cet exercice viennent d'être arrêtés par le Conseil d'Administration et publiés conformément à l'article 30 de la loi des chemins de fer. Le présent rapport a pour objet d'exposer les résultats d'exploitation qui ressortent de ces comptes et les observations auxquelles ils donnent lieu, ainsi que les perspectives qu'offre actuellement l'année 1928.

Je présenterai tout d'abord dans un aperçu général la situation financière, en rappelant très brièvement comment elle a évolué depuis la fondation de la Reichsbahn jusqu'au début de l'année 1928. Suivant l'ordre habituel je ferai connaître ensuite comment ont été effectués les paiements de réparation, puis j'exposerai avec quelque développement les résultats financiers de l'exploitation. J'examinerai ensuite la situation du personnel, l'évolution du trafic et des tarifs qui offre un si grand intérêt pour l'économie générale, et je terminerai par quelques informations sur les principaux travaux en cours ou projetés, et la situation du matériel roulant.

*
* *

APERÇU GÉNÉRAL.

Recettes d'exploitation.

Avant d'examiner les résultats obtenus par la Reichsbahn dans l'année 1927, et les conditions dans lesquelles se présente l'année 1928, il est intéressant de rappeler succinctement tout d'abord comment s'est développée son exploitation au cours des années précédentes, depuis sa fondation en octobre 1924.

L'année 1925, succédant à une longue période de graves difficultés, dues aux circonstances de l'après-guerre et de l'inflation, a été marquée par une renaissance générale de la vie économique en Allemagne. Le trafic des chemins de fer en a naturellement profité et a progressé, pendant cette année, pour les transports des voyageurs et surtout pour ceux des marchandises, d'une manière très satisfaisante. Les recettes de la Reichsbahn s'élevèrent dans l'année légale (du 1er janvier au 31 décembre) à 4.669 millions, supérieures de près de 50 % aux recettes obtenues en 1913 qui étaient de 3.057 millions pour les chemins de fer compris dans les frontières actuelles du Reich. Je rappellerai à ce sujet que lors de l'établissement du Plan Dawes les experts ferroviaires estimaient à 4.200 millions seulement la recette qu'on pouvait escompter dans l'année 1924.

A la fin de l'année 1925 apparut une crise économique sérieuse. Pendant les quatre premiers mois de 1926 cette crise a causé une réduction de plus de 11 % sur les recettes de la Reichsbahn. Vers le milieu de l'année une reprise commença à se manifester, fortement stimulée par l'afflux considérable des transports de charbon résultant de la grève des mineurs anglais, grève qui procura temporairement aux mines et aussi à l'industrie allemande des débouchés tout à fait exceptionnels. Le trafic des marchandises se rétablit progressivement. Au contraire, les transports de voyageurs restèrent faibles. Au total, les recettes de l'année 1926 s'élevèrent à 4.541 millions présentant une diminution de 3 % sur les recettes de 1925, diminution portant presque entièrement sur les recettes-voyageurs.

La marche ascendante de la vie économique se poursuivit pendant toute l'année 1927, se manifestant dans presque toutes les branches de la production, et soutenue par une très forte demande de la consommation intérieure, à défaut de l'exportation qui resta assez faible. Dans cette année, le trafic des chemins de fer se développa très favorablement et suivant un rythme qui parut même s'accélérer à partir du mois de mai.

La recette totale, dans l'année 1927, s'est élevée à 5.039 millions, en augmentation de 11 % par rapport à l'année 1926 et de 8 % par rapport à l'année 1925, qui avait été très favorable, comme je l'ai déjà observé.

Toutefois, les recettes-voyageurs s'élevant à 1.379 millions, ont été seulement en augmentation de 4 % sur l'année 1926, et elles ont encore été inférieures à celles de l'année 1925, qui étaient de 1.430 millions.

Les recettes des marchandises, au contraire, ont grandement progressé et ont présen[illegible] une augmentation de 14 % sur l'année 1926 et de 12,5 % sur l'ann[illegible] 1925. Si l'on constate que pendant les 10 années qui ont précédé [illegible] guerre la recette des chemins de fer allemands à voie normale dans leur ensemble croissait en moyenne de 5,13 % chaque année, on peut se rendre compte combien l'augmentation obtenue en 1927 doit être jugée satisfaisante, d'autant plus qu'à certains égards la situation de l'Allemagne est actuellement moins favorable qu'avant-guerre. Je rappellerai, en effet, que l'accroissement annuel de la population est d'environ moitié moindre et que le réseau ferré qui s'augmentait d'environ 800 kilomètres par an est aujourd'hui à peu près stationnaire, car les constructions de nouvelles lignes de chemin de fer sont maintenant très réduites.

Après la période de prospérité qui a marqué les années 1925 et 1927, période interrompue pendant le premier semestre de 1926, certains indices donnent à penser que la conjoncture économique est arrivée maintenant à son maximum, ainsi que l'exposerai plus loin. Il est vrai que les premiers mois de 1928 ont apporté à la Reichsbahn des recettes satisfaisantes, en excédent sur les mois correspondants de 1927, mais cet excédent se réduit de mois en mois. En avril la recette-marchandises est tombée au dessous de celle de l'an dernier, en mai le nombre des wagons chargés se trouve aussi en diminution.

Dépenses d'exploitation.

Le tableau ci-après donne une comparaison des recettes et des dépenses d'exploitation dans les trois premiers exercices de la Compagnie et dans l'exercice 1913. Il fait ressortir aussi les excédents ou produits nets de l'exploitation chaque année, ainsi que le coefficient d'exploitation, c'est-à-dire le rapport de la dépense à la recette.

Années	1927	1926	1925	1913
Recettes d'exploitation	5.039,3	4.540,8	4.669,0	3.057,7
Dépenses d'exploitation	4.158,8	3.680,6	3.974,8	2.205,2
Excédent d'exploitation	880,5	860,2	694,2	852,5
Coefficient d'exploitation	82,53 %	81,06 %	85,13 %	72,12 %

En présence du fléchissement du trafic et des recettes dans l'année 1926, la Compagnie s'est efforcée de comprimer ses dépenses et les réductions ont porté exclusivement sur les dépenses de consommation et les frais d'entretien et de renouvellement des installations fixes et du matériel roulant, tandis que les charges de personnel restaient inchangées malgré une certaine diminution de l'effectif.

Dans l'année 1927, favorisée par le développement exceptionnel du trafic et des recettes, les dépenses se sont élevées considérablement, en augmentation de 478 millions sur l'année 1926 et de 184 millions sur l'année 1925. Comme on le verra exposé plus loin, l'augmentation a porté sur toutes les catégories de dépenses, sur les dépenses de consommation qui grossissent naturellement avec le trafic ainsi que sur les frais d'entretien et de renouvellement, que la Compagnie a cru devoir augmenter fortement pour compenser les compressions faites dans l'année 1926 et aussi pour regagner une partie du retard qui s'était produit dans les travaux d'entretien des nombreuses années antérieures pendant la guerre et l'après-guerre.

Le produit net d'exploitation s'est élevé, dans les années 1925, 1926 et 1927, à :

694,2 — 860,2 — et 880,5
millions de marks.

Le coefficient d'exploitation, c'est-à-dire le pourcentage des dépenses aux recettes, a été de :

85,13 % — 81,06 % — et 82,53 %.

Conformément aux dispositions de la loi et des statuts des Chemins de fer, les produits nets d'exploitation ont servi en premier lieu à assurer le service des obligations de réparation, puis le service des dettes ou des nouveaux emprunts, de très peu d'importance, 2 millions en 1927. Le surplus a été affecté à la constitution des réserves, aux amortissements et au paiement du dividende des actions de préférence. Si l'on compare les excédents d'exploitation signalés plus haut aux charges de réparation qui se sont élevées dans les années 1925, 1926 et 1927 à : 332,7, 574,3 et 590,5 millions, il apparaît clairement que les paiements de réparation ont été largement assurés.

Il est à noter que ces charges de réparation comparées aux recettes de la Reichsbahn représentent un pourcentage variable de 7 à 12 %, restant très inférieur au pourcentage des charges de capital comparées aux recettes de la plupart des grands chemins de fer étrangers : américains, anglais, français, suisses, etc.

En examinant les résultats obtenus par la Reichsbahn dans ces trois premiers exercices, il est intéressant de rappeler les prévisions faites par les experts ferroviaires qui ont collaboré à l'établissement du Plan Dawes. Ils estimaient alors qu'on pouvait attendre à l'avenir des chemins de fer allemands un revenu net d'environ 800 millions de marks, non compris le produit de l'impôt des transports. A la vérité, ils ne pensaient pas que ce produit serait obtenu dès le début, mais qu'on pourrait l'atteindre très rapidement, sans doute dans un délai de trois ans.

Cette estimation était basée notamment sur les résultats très satisfaisants obtenus avant-guerre par les chemins de fer allemands qui avaient en 1913 un coefficient d'exploitation de 72 %. Tenant compte des circonstances moins favorables de l'après-guerre, les experts ne croyaient pas qu'on obtiendrait le même résultat, mais ils pensaient qu'on arriverait assez vite à un coefficient de 80 %, comme on y est parvenu à l'étranger. Avec un pareil coefficient et des recettes estimées au minimum à 4 millards, on obtenait le produit net de 800 millions envisagé: « A notre avis, écrivaient les experts, on peut atteindre ce résultat à la condition que les tarifs soient fixés à un niveau raisonnable et que les dépenses de toute nature soient comprimées par une exploitation économique conduite suivant les bonnes règles commerciales, en réduisant un personnel qui est tout à fait excessif ». En réalité, comme on l'a vu, le coefficient d'exploitation s'élève encore à 81 et 82 %, mais le développement remarquable des recettes a assuré largement le produit net envisagé.

En ce qui concerne l'impôt des transports, la contribution à verser aux réparations a été fixée dans la deuxième année à 250 millions et la troisième année à 290 millions. En fait, le produit de l'impôt a été de 271 et 300 millions.

Il résulte des chiffres que je viens de rappeler que les prévisions des experts ont été bien justifiées par l'expérience acquise au cours des trois années écoulées et que les contributions qui ont été demandées à la Reichsbahn pour les paiements de réparation sont tout à fait en rapport avec sa capacité financière.

Situation financière en 1928.

Pour l'année 1928 les prévisions financières se présentent dans des conditions beaucoup moins favorables que précédemment, en raison des charges nouvelles et considérables qui ont été imposées à la Reichsbahn et dont la plus grande partie provient des dépenses de personnel.

J'ai déjà signalé dans mon précédent rapport un projet du Gouvernement ayant pour objet une augmentation générale des traitements et pensions des fonctionnaires du Reich. Ce projet a été adopté par le Reichstag et mis en application en décembre dernier. La Reichsbahn a relevé le traitement de ses propres fonctionnaires dans des conditions semblables.

Comme il était à prévoir, ces augmentations ont été suivies de pareilles demandes des ouvriers des chemins de fer et des autres industries, demandes auxquelles satisfaction a été donnée au moins en partie. Vu l'importance de la question, j'examinerai dans un chapitre spécial de ce rapport la situation du personnel et les modifications apportées à cette situation. On y verra que les augmentations de salaires, traitements, pensions et allocations diverses accordées en 1927, et qui porteront leur plein effet dans l'exercice 1928, entraîneront pour une année entière une augmentation de charges de 436 millions, même en tenant compte de légères réductions qui sont prévues dans l'effectif du personnel. Il faut signaler en particulier que les charges de la Compagnie pour les pensions de retraite du personnel, les pensions des veuves et orphelins et les traitements des fonctionnaires placés en disponibilité, qui étaient de 114 millions en 1913, sont estimées pour l'année 1928 à 500 millions. L'effectif des pensionnés de la Compagnie s'est augmenté de 95 % depuis 1913 et s'élève à 242.073 personnes, non compris les ouvriers, ceux-ci étant inscrits aux caisses de retraites ouvrières.

Depuis l'année 1924 les dépenses de toute nature pour le personnel ont augmenté de 758 millions bien que depuis lors l'effectif des fonctionnaires ait été réduit de 30.000 unités. Dans la même période les recettes de la Compagnie ont passé de 4.200 millions, estimation pour l'année 1924, à plus de 5 milliards en 1927, soit une augmentation de 800 millions ou 19 % en trois ans. Cette belle augmentation des recettes, qui résulte du développement du trafic dans des conditions inespérées, a été presque entièrement absorbée par l'accroissement des charges du personnel.

Il était tout à fait juste que le personnel, qui sans doute était insuffisamment payé en 1924, bénéficiât largement du développement des recettes, pourvu, cependant, que des mesures inconsidérées ne vinssent pas mettre en danger l'équilibre financier de la Compagnie.

Aux nouvelles charges du personnel vient s'ajouter une augmentation de 110 millions des paiements de réparation qui passent de 550 millions dans la 3ème année de réparation à 660 millions, leur taux définitif et normal à partir de la 4ème. Compte tenu des autres dépenses supplémentaires, notamment pour les dividendes des actions de préférence, les frais d'emprunt, etc., le total des charges annuelles de la Reichsbahn s'est élevé depuis un an de 651 millions.

Projet d'augmentation des tarifs.

Ainsi que je l'ai exposé ci-dessus, il n'est pas probable que les recettes de la Compagnie en 1928 donneront une plus-value importante par rapport à celles de 1927. D'autre part, il est manifeste que la Compagnie ne saurait compenser l'énorme augmentation de ses charges par des économies sur ses dépenses d'exploitation, dont plus de 60 % sont des dépenses de personnel pratiquement incompressibles.

La Reichsbahn s'est donc vue obligée de demander à une augmentation des tarifs le moyen de couvrir au moins une part de ses dépenses nouvelles, et elle a fait à cet effet une proposition d'élévation des tarifs voyageurs et marchandises qui devrait lui donner une recette supplémentaire de 250 millions de marks. Ceci représenterait une augmentation de 5 % de la recette totale, c'est-à-dire une majoration moyenne de 5 % de l'ensemble de tarifs.

A ce sujet, il convient d'observer que, depuis sa fondation, la Compagnie, par une série de mesures, a abaissé sensiblement le niveau des tarifs-marchandises, et cet abaissement a fait plus que compenser, pour ses recettes, un relèvement des tarifs-voyageurs qui a eu lieu en 1925.

Dès la fin de l'année dernière, ainsi que je l'indiquais dans mon dernier rapport du mois de décembre 1927, l'augmentation des tarifs semblait inévitable. La Compagnie avait déjà tenu le Gouvernement informé des difficultés de la situation.

A sa réunion de janvier 1928, le Conseil d'Administration a reconnu formellement qu'il était impossible de maintenir pour 1928 les tarifs actuels et qu'il fallait les augmenter pour le 1er juin. Toutefois, il a voulu s'efforcer encore d'en ajourner la demande officielle, à la condition que le Ministre veuille bien donner néanmoins des ordres pour que ses services examinent de suite les projets de la Compagnie et qu'il accepte de raccourcir le délai régulier de deux mois qui obligerait à publier la décision d'augmentation le 1er avril pour qu'elle puisse entrer en vigueur le 1er juin.

Dans sa séance du mois de mars, le Conseil a confirmé à nouveau sa résolution antérieure et a décidé d'adresser au Ministre une proposition formelle d'augmentation des tarifs. Cette proposition, accompagnée d'un mémoire justificatif, a été remise le 1er mai dernier.

J'examinerai en détail les modalités du projet de la Compagnie dans la partie de mon rapport consacrée aux tarifs et au trafic. Je me contente d'indiquer sommairement ici que ce projet demande le supplément de recettes de 250 millions, pour 55 millions à l'élévation des tarifs-voyageurs, et pour 195 millions à l'élévation des tarifs-marchandises. L'élévation des tarifs-voyageurs se ferait, soit en laissant subsister le système de classification existant actuellement, soit en le réformant par la réduction du nombre des classes des voyageurs de quatre à deux, plus une classe de luxe. L'élévation des tarifs-marchandises épargnerait les tarifs dits de concurrence et serait accompagnée de réductions pour certains transports (charbon, paille et foin, exportations de fer).

On doit compter que le Gouvernement, saisi ainsi officiellement de cette proposition, ne tardera pas à faire connaître sa décision définitive. Les trois exercices qui viennent de s'écouler ont prouvé la possibilité, pour la Compagnie, de faire face aux paiements que lui a fixés le Plan des Experts. Son équilibre se trouve dérangé aujourd'hui par des charges nouvelles, d'origine extérieure à elle et qui s'imposent directement ou indirectement à la suite de décisions prises par le Gouvernement du Reich. La Direction Générale et le Conseil d'Administration, qui sont responsables de la bonne gestion de la Reichsbahn, n'ont pas trouvé d'autre solution à ces difficultés dont les suites peuvent être très sérieuses que d'augmenter les tarifs et ils ont proposé cette solution après en avoir pesé mûrement les avantages et les inconvénients. Il appartient maintenant au Gouvernement, en exerçant les pouvoirs qu'il tient de la Loi des chemins de fer, de prendre à son tour ses responsabilités.

La proposition d'augmentation des tarifs a soulevé de nombreuses critiques et il ne saurait en être autrement. Il n'y a pas d'exemple, croyons-nous, en Allemagne comme à l'étranger, que de telles augmentations, qui touchent à de nombreux intérêts, soient accueillies favorablement par l'opinion publique.

Il a été allégué que l'augmentation envisagée mettrait en danger la vie économique et surtout qu'elle est particulièrement inopportune au moment actuel, quand la conjoncture paraît fléchissante et fait craindre une période de dépression succédant, comme il arrive d'ordinaire, à une période de prospérité. Est-il possible qu'une augmentation qui représente au total 5 % seulement de l'ensemble des frais de transport puisse avoir de pareilles conséquences et, d'autre part, ne serait-il pas beaucoup plus dommageable d'ajourner présentement l'augmentation des tarifs pour être obligé de l'appliquer ensuite en pleine période de crise économique? Les mêmes objections ont été faites, l'an dernier, contre l'augmentation des tarifs postaux, qui s'est élevée à 50 ou 60 %, et qui ne paraît avoir eu cependant aucune influence sur la marche des affaires.

Par ailleurs, sans contester sérieusement la nécessité de donner à la Compagnie des ressources nouvelles pour couvrir ses dépenses, certains ont proposé un emprunt ou un crédit à court terme. Mais, couvrir par voie d'emprunt les dépenses normales et permanentes de l'exploitation ne serait pas autre chose que rouvrir la période des déficits, heureusement close depuis 1924. Ce serait la pire des politiques, à la fois pour la Reichsbahn et pour le budget de l'État qui a garanti le paiement des réparations et même le dividende des actions de préférence déjà émises. Les ressources d'emprunt que la Compagnie peut trouver doivent être réservées pour le financement des dépenses de capital dont je parlerai plus loin, mais c'est là une question qui est entièrement distincte de l'équilibre du budget d'exploitation.

Il est clair que l'augmentation des tarifs de chemin de fer, comme celle des impôts et des tarifs postaux, ou toute augmentation des prix des produits essentiels, est défavorable d'une manière générale. Mais quand les charges d'une entreprise augmentent, s'il n'est pas possible de réaliser par ailleurs une économie correspondante sur le prix de revient, l'augmentation des prix de vente devient inévitable.

Les mines de charbon et la métallurgie se sont trouvées dans une situation semblable aux chemins de fer. La vague de hausse des salaires a augmenté leurs dépenses et les a obligées à relever leurs prix de vente, sans que les autorités gouvernementales aient cru possible de s'y opposer, malgré le dommage qui pouvait en résulter pour l'activité économique générale. La Reichsbahn en particulier estime que cette augmentation des prix du charbon et du fer accroîtra encore ses charges annuelles d'environ 30 millions.

On doit observer que les chemins de fer, à la différence des autres industries, n'ont pas même la liberté, quand leur prix de revient s'élève, de fermer telle branche de leur exploitation qui se trouve déficitaire. Ils n'ont d'autre ressource que de recourir à l'augmentation des tarifs. Aussi est-il nécessaire de leur laisser une certaine liberté d'action en cette matière.

Cette nécessité était bien reconnue par les experts ferroviaires du Plan Dawes qui, dans leur rapport, ont insisté pour que la Compagnie et sa direction aient la liberté d'action indispensable dans les questions de tarifs et d'exploitation.

Dans les articles de la loi des chemins de fer, on s'est préoccupé d'assurer cette liberté d'action tout en protégeant les intérêts économiques du pays contre une taxation excessive. C'est pourquoi l'article 33 de la loi des chemins de fer réserve au Gouvernement le droit d'autorisation des nouveaux tarifs avec certaines garanties pour la Compagnie et les paiements de réparation, garanties qui résultent également de l'article 34 ainsi conçu :

« Par l'exercice de tous les droits de surveillance et de contrôle de l'exploitation et des tarifs des chemins de fer qui sont réservés au Gouvernement par la présente loi, la Compagnie ne devra pas être empêchée d'obtenir une rémunération suffisante pour garantir la régularité du service d'intérêt et d'amortissement des obligations et des actions de préférence. »

Dépenses de capital.

J'examinerai dans un chapitre spécial de ce rapport les dépenses de capital effectuées par la Compagnie, et j'exposerai notamment comment elles ont été financées jusqu'à présent, et aussi les règles suivies pour l'imputation des dépenses, soit au compte d'exploitation, soit au compte de capital.

Depuis la fondation de la Reichsbahn, le montant total des dépenses effectuées au compte de capital et figurant au bilan de 1927 s'élève à 995,1 millions. Si l'on y ajoute les dépenses de capital, qui ont été payées sur les recettes courantes de l'exploitation, on obtient un total de 1.311,2 millions.

Les ressources de capital que la Compagnie a pu se procurer, notamment par la vente des actions de préférence, ont été bien inférieures à ces dépenses, en raison des difficultés d'emprunter qui ont été exposées dans mes précédents rapports. En particulier, dans l'année 1927, toutes les dépenses de capital ont été couvertes par les réserves provenant des excédents d'exploitation.

En février 1928, une émission de 200 millions de marks d'actions de préférence a été faite avec succès sur le marché intérieur allemand, mais elle ne suffira pas à couvrir les dépenses envisagées et il est à prévoir un nouvel emprunt.

Il est intéressant de rappeler quel était l'accroissement du compte d'établissement, pour les chemins de fer Prussiens-Hessois seulement, dans les années d'avant-guerre :

en 1911,	accroissement	344,6	millions de marks
1912,	»	489,6	» » »
1913,	»	611,3	» » »

Dans l'année 1913 cet accroissement du compte d'établissement s'élevait à près de 18 % des recettes totales. Si l'on tient compte du pouvoir d'achat de l'or qui était avant-guerre supérieur d'environ 50 % à celui d'aujourd'hui, ces dépenses paraîtront considérables.

Après la guerre, et pendant l'inflation, des dépenses fort élevées ont été faites encore sur les chemins de fer allemands, soit pour les commandes de matériel roulant, soit pour les travaux neufs. La Reichsbahn s'est trouvée dès l'origine en présence d'un vaste programme comprenant de grands travaux de construction répartis sur le réseau; certains projets étaient conçus avec de larges vues d'avenir, mais nullement proportionnés aux ressources dont on peut disposer aujourd'hui.

A ce programme viennent s'ajouter les nouveaux projets qui sont présentés pour satisfaire aux besoins du trafic et aussi aux demandes des intéressés. Etant donné la rareté et la cherté des capitaux disponibles en Allemagne, la Compagnie ne peut couvrir les dépenses d'un vaste programme de construction qu'en faisant appel pour une large part à ses recettes d'exploitation. Il est donc essentiel, dans l'intérêt du public qui supporte finalement ces dépenses, que la Reichsbahn examine tous ces projets avec la plus grande prudence pour en maintenir l'importance en rapport avec ses moyens financiers et concentrer ses ressources sur les travaux vraiment nécessaires et urgents.

* * *

PAIEMENTS DE RÉPARATION.

Obligations de réparation.

Les paiements à faire pour le service des obligations pendant les premières années de réparation ont été échelonnés ainsi qu'il suit :

1ère année de réparation :
(1er sept. 1924—31 août 1925) .. 200 millions de marks-or,

2ème année de réparation :
(1er sept. 1925—31 août 1926) .. 595 millions de marks-or, dont 130 à provenir d'une réserve constituée la première année.
3ème année de réparation :
(1er sept. 1926—31 août 1927) .. 550 » » » ,
4ème année et années suivantes .... 660 » » » .

Les versements effectués sur ces bases depuis la mise en application du plan des experts jusqu'à ces derniers jours, sont récapitulés dans l'annexe II.

Depuis le 1er septembre 1927, les paiements correspondent à l'annuité des années normales et atteignent le maximum de la charge qui doit incomber à la Compagnie.

On sait que cette annuité normale de 660 millions comprend, d'une part, le service des intérêts au taux de 5 % sur les 11 milliards d'obligations de réparation et, d'autre part, l'amortissement de ces obligations au moyen d'un versement supplémentaire de la Compagnie au taux de 1 % par an, soit 110 millions, somme à laquelle s'ajouteront successivement les intérêts économisés par cet amortissement.

Les versements étant effectués mensuellement, il se trouve que, pendant son exercice social 1927, du 1er janvier au 31 décembre, la Compagnie avait à effectuer d'abord les versements des huit derniers mois de la troisième année de réparation, pour un montant nominal de 370 millions, composés uniquement du paiement des intérêts sans aucun amortissement, puis ceux des quatre premiers mois de la quatrième année s'élevant à 220 millions et formés de 183,33 millions d'intérêts et 36,66 d'amortissement. L'ensemble, soit 590 millions, correspond en reichsmarks, d'après les cours du change, à un total de 590.466.615 reichsmarks, se décomposant en 553.799.948,33 reichsmarks d'intérêts et 36.666.666,67 d'amortissement. Ce sont ces chiffres que la Compagnie a portés dans ces comptes. En réalité la somme totale qu'elle a effectivement payée est inférieure à 590.466.615 reichsmarks et ne s'élève qu'à 583.892.882,99 reichsmarks, par suite de l'escompte dont elle a bénéficié pour ses paiements anticipés. Toutefois, ce n'est pas ce dernier chiffre, obtenu après déduction de l'escompte, mais le premier, escompte non déduit, que la Compagnie a porté en dépenses, car elle a considéré cet escompte dont elle bénéficie comme un revenu de ses capitaux et l'a compris par ailleurs dans ses recettes. Au contraire, les chiffres figurant à l'annexe II sont les paiements nets, escompte déduit.

Impôt sur les transports.

L'impôt sur les transports perçu par la Compagnie doit être versé au compte des réparations jusqu'à concurrence d'une somme qui atteint, depuis la troisième année de réparation, 290 millions de marks-or. Le surplus du produit de l'impôt revient au Reich.

Depuis le début de la troisième année de réparation et en vertu d'un accord que j'ai déjà exposé, la Compagnie a cessé de verser directement les produits mensuels de l'impôt à l'Agent Général.

Elle fait ces versements au Ministre des Finances qui, sans tenir compte du produit réel qu'il a reçu, effectue lui-même, à l'Agent Général, des versements suivant un plan arrêté à l'avance. Ce plan prévoit pour la quatrième année onze versements mensuels de 24.166.000 marks-or, échelonnés du 15 octobre 1927 au 15 août 1928 et formant un total de 265.826.000 marks-or, et pour terminer un versement complémentaire, le 21 septembre 1928, comprenant le surplus du produit de l'impôt, naturellement dans la limite de 290 millions.

L'annexe III indique les versements effectués au titre de l'impôt sur les transports, tant par la Compagnie que par le Reich, depuis la mise en application du Plan des Experts.

Il est à remarquer que le produit de l'impôt, que la Compagnie perçoit sans le conserver pour elle, ne figure pas dans les comptes qu'elle publie, les recettes d'exploitation étant toujours portées impôt déduit. On trouvera ce produit indiqué à l'annexe III, où l'on peut constater qu'il atteint pour la troisième année de réparation, un montant de 300.376.976,68 *RM*, un peu supérieur au chiffre que je donnais à titre provisoire dans mon précédent rapport.

Le paragraphe 15 alinéa (1) de la loi des chemins de fer stipule que: « La Compagnie percevra l'impôt sur les transports suivant le tarif en vigueur le 1er avril 1924. Une convention entre le Gouvernement et la Compagnie pourra fixer des formules simplifiées pour le calcul du produit de l'impôt, sans qu'il en résulte de diminution du revenu total de cet impôt.» Les tarifs ainsi visés comportent. sur les transports de marchandises autres que le charbon, un taux d'impôt de 7% et, sur les transports de voyageurs, un taux variable selon les classes et s'élevant à 16% pour la première classe, 14% pour la deuxième, 12% pour la troisième, 10% pour la quatrième. 15% pour certains suppléments d'express et 12% pour les bagages.

A l'occasion de la proposition qu'elle a faite au Gouvernement du Reich à l'effet d'augmenter ses tarifs de voyageurs et de marchandises, la Reichsbahn envisage de réformer la classification des voyageurs, en ramenant le nombre des classes de quatre à deux, avec, en plus, une classe de luxe. La question se pose de fixer le taux d'impôt applicable dans cette nouvelle classification et de prendre cette décision en accord avec le paragraphe 15 de la loi que je viens de citer.

La Compagnie propose d'introduire une fixation forfaitaire de l'impôt sur la base de 10% pour la classe inférieure ou classe à banquettes de bois, de 14% pour la classe capitonnée et de 16% pour la classe de luxe. Cette fixation lui paraît justifiée par cette raison que les voyageurs de la classe unique en bois seraient, dans leur très grande majorité, les occupants de la quatrième classe actuelle. En outre, les calculs qu'elle a effectués lui font supposer qu'avec l'élévation qu'elle envisage de 12% du prix de base de cette classe par rapport à la classe inférieure actuelle, on obtiendra entièrement le produit de l'impôt des dernières années, malgré la suppression de la troisième classe et malgré la diminution du prix de la deuxième classe. Comme, en outre, le changement des tarifs-voyageurs n'interviendra qu'en même temps qu'une augmentation des tarifs-marchandises, d'où il résultera nécessairement une élévation du produit de l'impôt sur les marchandises, la Compagnie considère comme hors de doute qu'au total il ne se produira aucune baisse de l'impôt par suite de la réforme projetée.

Cependant, il paraît difficile de juger avec certitude par avance quels seront les résultats de la réforme au point de vue du produit de l'impôt. Est-il possible, en présence des termes formels de la loi, d'accepter un changement des taux de l'impôt sans une garantie absolue du produit? C'est une question délicate à décider et qui devra être soumise, me semble-t-il, à la Commission des Réparations.

*
* *

FINANCEMENT DES DÉPENSES DE CAPITAL.

Les dépenses d'établissement effectuées par la Compagnie depuis sa création et telles qu'elles ressortent de ses bilans établis à la clôture de chaque exercice, se sont élevées aux chiffres suivants :

Exercice 1925 (quinze mois)	239,0 millions,
Exercice 1926	407,6 » ,
Exercice 1927	348,5 » ,
Total	995,1 millions.

A ce chiffre, il faut ajouter certaines sommes qui ont été comprises dans les dépenses d'exploitation et qui s'élèvent à :

Exercice 1925	176,1 millions,
Exercice 1927 .... (dont 70 millions provenant d'une réserve constituée en 1926).	140,0 » ,
	316,1 millions.

On arrive ainsi à un total de 1.311,2 millions.

Dans l'exercice 1928, la Reichsbahn, en raison des difficultés qu'elle a rencontrées pour trouver des ressources de capital, s'est efforcée de réduire ses dépenses d'établissement. Une des difficultés qui entravent toutefois la compression de ces dépenses est le grand nombre de travaux en cours dont la plupart étaient déjà entrepris à la création de la Compagnie. L'ensemble de ces travaux représente un total de dépenses restant encore à faire estimé à un milliard.

Certaines critiques ont été faites en ce qui concerne la manière dont les dépenses sont imputées aux comptes d'exploitation ou d'établissement. Je reproduis à ce sujet les explications données par la Compagnie dans son mémoire au Gouvernement sur l'augmentation des tarifs :

« Les ressources dont la Reichsbahn dispose proviennent en partie des recettes courantes et en partie de capital nouveau. Les recettes courantes sont destinées à couvrir les dépenses permanentes qui se renouvellent chaque année pour les traitements, salaires, matériaux, travaux et acquisitions. Le capital nouveau est destiné à la construction d'installations nouvelles ou à l'extension et à l'amélioration des installations existantes.

« Bien que les dépenses courantes soient par nature essentiellement différentes des dépenses de capital, la limite entre elles est néanmoins mouvante dans la pratique. L'entretien que la loi exige et qui résulte de l'usure constante des moyens d'exploitation, ne concerne pas seulement la réparation des dommages, mais le renouvellement de certaines installations, lorsque les circonstances l'exigent et qu'il est plus économique que l'entretien proprement dit. Entretien et renouvellement qui doivent être exécutés en conformité avec la technique moderne (article 9 de la loi des chemins de fer) sont ainsi liés d'une façon régulière à l'amélioration et à l'extension des installations. Les travaux prévus au programme spécial d'amélioration du matériel roulant établi par la Compagnie sont, par exemple, à la fois des travaux de renouvellement et des travaux d'amélioration. Ou bien, si on modifie des installations défectueuses, une plaque tournante ou un pont, et si cette modification entraîne un renforcement des installations destinées à faire face à des charges plus considérables, il s'agit non seulement d'un simple remplacement, mais d'une augmentation de la valeur des installations.

« La Compagnie des chemins de fer allemands a tenu à employer dans la gestion de ses ressources des principes commerciaux d'une clarté absolue, qui sont d'accord avec la pratique suivie jusqu'alors par les chemins de fer allemands et étrangers et qui se rapprochent, par leur résultat, des principes économiques appliqués autrefois dans les chemins de fer de l'État prussien. Il est nécessaire d'exposer ces principes, parce que l'opinion publique s'est plainte à plusieurs reprises que la Reichsbahn eût fait appel trop souvent, pour couvrir ses dépenses, au compte d'exploitation plutôt qu'aux emprunts. Il est vrai que par ailleurs on a également soutenu l'opinion contraire.

« D'après les principes de la Reichsbahn, les charges suivantes doivent être imputées au compte d'exploitation et couvertes par les recettes courantes :

1° dépenses nécessitées par les transports proprement dits (personnel d'exploitation, outillage, charbon, huile, courant électrique, etc. . . .)

2° dépenses courantes d'entretien sans limitation d'importance.

3° dépenses de renouvellement, jusqu'à la limite nécessaire pour conserver la valeur des installations. Ces dépenses correspondent pour la Reichsbahn à celles que l'industrie exécute souvent par voie d'amortissement.

4° dépenses d'amélioration et d'extension jusqu'à concurrence de 2.000 marks dans chaque cas particulier. Cette imputation se justifie par des raisons de simplification d'écritures.

5° paiements de réparation et autres charges financières.

« Sous le nom de dépenses extraordinaires d'extension, on comprend:

1° les dépenses qui doivent être couvertes à l'aide de capital nouveau et qui sont nécessitées par la construction de nouvelles lignes, par l'acquisition d'entreprises existantes ou de participations, par des travaux et des acquisitions importantes capables d'influencer le revenu de l'entreprise (compte de capital) en augmentant les recettes courantes ou en diminuant les dépenses courantes.

2° les dépenses d'extension qui se produisent en connexion avec les dépenses d'entretien et de renouvellement. On ne considère comme extension que ce qui dépasse l'entretien et le renouvellement proprement dits, par conséquent ce qui représente non seulement le maintien de la valeur existante, mais une augmentation effective de cette valeur.

« Tout accroissement de valeur ne justifie pas cependant l'emploi de capital nouveau. Comme les exemples précédents l'ont montré, il s'agit très fréquemment d'améliorations qu'exigent les conditions de la technique moderne, par conséquent d'un accroissement de la sécurité de l'entreprise ou d'une adaptation aux progrès de la technique et de la civilisation. Si on négligeait ces progrès lors de l'entretien et du renouvellement et si l'on se bornait à maintenir les installations existantes, l'entreprise vieillirait rapidement et perdrait de sa valeur. En améliorant ainsi les installations, on augmente bien la valeur qu'elles représentent, mais on n'améliore pas le revenu de l'entreprise. Ce genre d'extensions doit donc être amorti dès l'origine, c'est-à-dire couvert à l'aide des recettes courantes, puisqu'il ne fait que maintenir la rente et ne l'améliore point. »

En regard des dépenses d'établissement que j'ai indiquées précédemment, la Compagnie a disposé pour les années passées, ou disposera pour 1928, des ressources de capital énumérées dans le tableau ci-après:

	Exercice 1925 (15 mois)	Exercice 1926	Exercice 1927	Exercice 1928 (prévisions)
Prêts et contributions de tiers	8,8	13,3	14,0	25,4
Crédits du Reich de 100 millions pour combattre le chômage	—	58,0	22,0	—
de 53,3 millions pour continuer les constructions interrompues	—	5,7	23,0	19,0
Vente d'actions de préférence	86,0 [1]	295,0	—	200,0
Totaux....	94,8	372,0	59,0	244,4

[1] Les 86,0 millions indiqués ci-dessus comme provenant de la vente des actions de préférence en 1925 ont servi en réalité à éteindre une ancienne dette de 82 millions de la Compagnie envers le Reich et correspondent, pour le surplus, 4 millions, aux frais d'agio résultant de la vente de ces actions au-dessous de leurs cours nominal.

On voit par ce tableau que la Compagnie est loin d'avoir trouvé des ressources de capital suffisantes pour couvrir la totalité des dépenses d'établissement. Elle a été obligée de faire appel à ses disponibilités provenant des excédents d'exploitation de ses trois exercices sociaux. J'ai déjà exposé antérieurement les raisons pour lesquelles, depuis juin 1926, elle n'avait pu faire aucun emprunt et avait dû, jusqu'à la fin de l'année 1927, couvrir ses dépenses de capital avec ses propres ressources, ce qui a eu pour effet d'épuiser fortement ses disponibilités de trésorerie.

Heureusement, au début de l'année 1928 une certaine amélioration s'est produite sur le marché financier allemand et a permis à la Compagnie de trouver sur ce marché une partie des capitaux dont elle a besoin. Elle a reçu et a accepté l'offre d'un consortium de banques allemandes qui s'est constitué sous la direction, primitivement de la Deutsche Bank, et ultérieurement de la Reichsbank. Ce consortium s'est engagé à placer un emprunt de 225 millions de marks, dont il a pris ferme un montant de 200 millions.

L'emprunt comprenait primitivement deux tranches de 100 millions, la première constituée par des actions de préférence et la seconde pouvant être formée, au choix du consortium, soit aussi par des actions de préférence, soit par des bons à trois ans. Le consortium avait tenu à se réserver cette possibilité pour tenir compte, le cas échéant, des préférences du marché pour des placements à court terme. En fait, il n'a pas fait usage de la faculté de choisir des bons. L'émission de la première tranche fut couverte plusieurs fois et le consortium décida de prendre également la seconde tranche en actions de préférence.

Les 200 millions d'actions de préférence ainsi émises présentent les mêmes modalités que les actions des séries précédentes : elles ont un dividende de 7 % garanti par le Reich ; elles sont admises comme placement de biens de mineurs et acceptées en garantie d'avance par la Reichsbank. Leur cours d'émission dans le public a été de 93,5 %, mais elles ne bénéficient pas du coupon de 3,5 % payable au milieu de la présente année.

Il convient de signaler, pour être complet, que l'opération comprend encore une troisième tranche de 25 millions d'actions de préférence dont l'émission pourra se faire ultérieurement, après accord avec le consortium, mais sans garantie de sa part.

Conformément aux conditions de l'emprunt, la Compagnie doit recevoir le produit des 200 millions déjà émis en cinq versements mensuels dont le premier a eu lieu le 1er avril dernier. Ces versements échelonnés ont permis au consortium de n'exiger également des souscripteurs que des paiements échelonnés, mesure qui a été prise pour ménager les disponibilités du marché monétaire.

Le total des actions de préférence émises jusqu'à ce jour par la Compagnie, si l'on y comprend cette dernière émission de 200 millions déjà réalisée, atteindra 1.081 millions. Le montant des actions restant à émettre s'élève à 919 millions formant avec les actions émises le total de 2 milliards fixé par les statuts. Le tableau ci-après (page 20) résume les conditions dans lesquelles se sont faites les différentes émissions.

La dernière émission de février 1928 va procurer à la Compagnie des ressources pour faire face à ses dépenses de capital de l'année 1928. Mais elle ne couvrira qu'une partie de ces dépenses, alors que la Compagnie estime à 400 millions le montant des fonds

Série	Date d'émission	Valeur nominale (en millions de marks-or)	Taux du dividende de préférence	Taux d'émission	Sous-cripteurs	Observations
Série I	sept. 1925	500	7 %	au pair	Reich	Actions dont la vente devait être effectuée au profit du Reich d'après les statuts et qui lui ont été remises en nature.
Série II	sept. 1925	124	7 %	96,77 %	Reich	
» III	mars 1926	107	7 %	94,0 %	Reich	
» IV	juin 1926	150	7 %	95,5 %	Public	Dividende de préférence garanti par le Reich.
Série V	févr. 1928	200	7 %	93,5 %	Public	
		1.081				

d'emprunt qui seraient nécessaires pour exécuter son programme normal. Si la situation du marché ne permet pas à la Compagnie de faire d'ici la fin de l'année un nouvel appel de capitaux, elle sera obligée de se contenter d'un programme réduit ou de couvrir une plus grande partie de ses dépenses d'établissement par les recettes d'exploitation.

*

* *

RÉSULTATS FINANCIERS DE L'EXPLOITATION.

Les comptes et le bilan de clôture de l'exercice financier 1927 viennent d'être approuvés par le Conseil d'Administration dans sa séance du 16 mai dernier.

Ils ont été arrêtés, comme d'habitude, après vérification du Hauptprüfungsamt, organe de contrôle de la Compagnie entièrement indépendant des services vérifiés. En outre, M. le professeur Schmalenbach, de Cologne, a été désigné comme expert par le Conseil d'Administration pour examiner la conformité des comptes avec les prescriptions de la loi des chemins de fer et des statuts de la Compagnie.

Les annexes IV, V et VI du présent rapport reproduisent dans la forme habituelle les documents ci-après:

compte d'exploitation de l'exercice 1927,
compte de profits et pertes de l'exercice 1927,
bilan au 31 décembre 1927.

La Compagnie venant de terminer son troisième exercice social depuis sa création, il a paru intéressant, en commentant les résultats de cet exercice, de les rapprocher des chiffres des exercices précédents et des résultats obtenus pendant la dernière année qui a précédé la guerre dans les limites territoriales actuelles.

Compte d'exploitation.

Années	1927	1926	1925 (12 mois)[1]	1913
	en millions de reichsmarks			
Recettes.				
Trafic-voyageurs..................	1.379,6	1.320.2	1.430,7	904,0
Trafic-marchandises..............	3.226,4	2.830,6	2.868,7	1.927,0
Recettes diverses.................	433,3	390.0	369,6	226,7
Total....	5.039,3	4.540,8	4.669,0	3.057,7
Dépenses.				
I. Dépenses d'exploitation et d'entretien				
a) Dépenses de personnel				
Traitements des fonctionnaires....	1.068,4	1.043,4	1.064,8	
Salaires des employés et des ouvriers de l'exploitation...............	399,6	348,8	353,4	Dépenses
Pensions de retraite, traitements d'attente, pensions d'ayants droit	424.0	418,5	405,6	de
Autres dépenses de personnel	286,1	264,8	240,0	personnel
Total....	2.178,1	2.075,5	2.063,8	1.350,2
A déduire: Frais généraux concernant le renouvellement et l'extension des installations	88,6	64,2	53,5	
Reste a: Dépenses de personnel	2.089,5	2.011,3	2.010,3	
b) Dépenses de matériel				
Consommation de charbon et d'autres matières; entretien du mobilier et de l'équipement	440,1	394,1	418,7	Dépenses
Entretien des installations fixes ...	308,5	284,4	343,3	de
Entretien du matériel roulant	542,0	487,2	618,2	matériel
Autres dépenses de matériel......	97,6	89,6	97,2	
Total	1.388,2	1.255,3	1.477,4	855,0
A déduire: Frais généraux concernant le renouvellement et l'extension des installations	39,8	42,8	35,6	
Reste b: Dépenses de matériel....	1.348,4	1.212,5	1.441,8	
Total des dépenses d'exploitation et entretien (a et b)	3.437,9	3.223,8	3.452,1	
II. Dépenses de renouvellement				
Renouvellement du mobilier et de l'équipement..........	2,2	4,0	21,2	
Renouvellement des installations fixes	479,3	375,4	353,4	
Renouvellement du matériel roulant..	239,4	77,4	111,9	
Extension à la place de renouvellement	—	—	36,2	
Total des dépenses de renouvellement	720,9	456,8	522,7	
Total des dépenses du compte d'exploitation (I et II)..............	4.158,8	3.680.6	3.974,8	2.205,2
Excédent d'exploitation	880,5	860.2	694,2	852,5
Coefficient d'exploitation	82,53 %	81,06%	85,13%	72,12%

[1] L'exercice 1925 comprenait 15 mois, mais pour faciliter les comparaisons, les chiffres cités se rapportent seulement à l'année solaire.

Les recettes de l'exercice 1927 sont en augmentation de 11% sur l'année 1926 et de 8% sur l'année 1925, ce qui accuse un développement tout à fait satisfaisant.

Il est à remarquer que la progression des recettes provient du trafic-marchandises et que le trafic-voyageurs a donné encore en 1927 des recettes inférieures à celles de 1925.

Les dépenses d'exploitation en 1927 atteignent 4.158,8 millions de reichsmarks, en forte augmentation aussi sur les années précédentes.

Cette augmentation provient d'abord des dépenses de personnel, qui se sont élevées d'une centaine de millions. Cependant les augmentations de traitements et salaires accordées dans le courant de l'année 1927 et qui constitueront une lourde charge pour l'avenir, n'ont pesé que pendant peu de mois sur l'année en question et n'ont fait sentir encore que très faiblement leur effet. Les dépenses de personnel pour l'année 1927 ressortent d'après les comptes précédents à 2.089,5 millions sur un total de 4.158,8. En outre, pour en avoir le montant complet, il faut leur ajouter les salaires des ouvriers de la voie et des ateliers, compris dans les comptes parmi les dépenses de matérial, ce qui en porte le total à 2.611,5 millions.

Mais l'augmentation des dépenses en 1927 a surtout porté sur les dépenses de matériel et notamment sur les dépenses de renouvellement. L'entretien et le renouvellement de la voie, en particulier, ayant été négligés pendant les années de guerre et d'après-guerre, la Compagnie se trouve aujourd'hui devant l'obligation de plus en plus urgente de faire les travaux et réparations ajournés. C'est ainsi que les dépenses concernant la voie et les installations fixes présentent, par rapport à l'année précédente, une augmentation de 24 millions au titre de l'entretien et de 104 millions au titre du renouvellement.

Les dépenses pour le matériel roulant avaient été fortement réduites en 1926, année où les recettes avaient été peu favorables. Il a fallu reprendre en 1927 une partie des dépenses ainsi ajournées. En outre, la Compagnie a beaucoup augmenté en 1927 ses commandes nouvelles, bien qu'elle possédât un excédent de matériel roulant qu'elle estimait encore au début de l'année à 491,5 millions. Mais elle a considéré que ce matériel était trop ancien pour répondre à tous les besoins de trafic et qu'elle manquait des types les plus récents ainsi que du matériel électrique. Enfin, elle a voulu tenir compte des revendications de l'industrie de construction qui ne recevait plus depuis plusieurs années que des commandes très réduites et insuffisantes, à ses dires, pour justifier le maintien de son organisation et de son personnel technique. Les dépenses de matériel nouveau de l'année 1927 se sont élevées ainsi à 201,8 millions, soit près de quatre fois les chiffres de 1926 et de 1925, qui furent respectivement de 62,8 et 56,3 millions. Il est vrai que la Compagnie prévoit, dans les années futures, un programme de commandes, beaucoup plus important. Elle considère que celles qui ont été données en 1927 viennent en anticipation sur ce programme.

Compte de profits et pertes.

Les excédents d'exploitation de la Compagnie au cours de ses différents exercices ont reçu les affectations suivantes:

Années	1927	1926	1925 (12 mois)	1913
	(en millions de reichsmarks).			
Service des obligations de réparation:				
a) Intérêts	553,8	574,3	332,7	450,3
b) Amortissement	36,7	—	—	
Service des dettes et emprunts nouveaux	2,1	0,1	—	
Réserve légale (2 % des recettes)	100,8	90,8	93,4	—
Dividende des actions de préférence émises	61,6	40,4	3,0	—
Réserve pour amortissement du droit d'exploitation	120,0	70,0	114,6	—
Dépenses extraordinaires pour extensions	—	—	—	294,0
Reversement de bénéfices à l'État	—	—	—	108,2
Réserve pour l'exécution du programme de constructions	—	70,0	—	—
Report à nouveau	5,5	14,6	150,5	—
Totaux...	880,5	860,2	694,2	852,5

J'ai déjà expliqué plus haut comment se calcule la somme payée en 1927 pour les réparations. L'annexe II, dernière colonne, permet également de se rendre compte comment les exercices sociaux de la Compagnie chevauchent sur les années de réparation et comment apparaissent des totaux différents suivant que les paiements effectués sont groupés par exercice social ou par année de réparation.

Le versement fait à la réserve légale est calculé à raison de 2 % des recettes brutes de l'exploitation, conformément à l'article 25 des statuts. Il varie donc chaque année proportionnellement aux recettes brutes de ladite année. Il doit continuer, d'après les prescriptions de l'article 25, jusqu'à ce que le montant de la réserve légale atteigne la limite de 500 millions, résultat qui sera vraisemblablement obtenu vers la fin de l'année 1929.

J'ai indiqué les années précédentes l'objet de la réserve pour amortissement du droit d'exploitation.

Le tableau ci-dessus, qui donne l'emploi des excédents d'exploitation, permet de faire un rapprochement intéressant entre les charges de capital supportées par la Compagnie et celles que les chemins de fer allemands avaient à supporter avant-guerre. Le service des dettes, intérêt et amortissement, absorbait en 1913, pour les chemins de fer limités aux frontières actuelles, un total de

450,3 millions. Les paiements de réparation se sont élevés en 1927 à un total de 590,5 millions et atteindront cette année leur taux plein de 660 millions.

Mais, pour les comparer aux charges d'avant-guerre, on doit tenir compte d'abord de la dépréciation de pouvoir d'achat de l'or depuis 1913. En se basant sur l'indice des prix qui est actuellement en Allemagne d'environ 150, on peut estimer qu'une somme de 100 marks avant-guerre avait le même pouvoir d'achat qu'une somme de 150 marks aujourd'hui. La charge de capital de 450,3 millions d'avant-guerre représenterait donc dans la monnaie d'aujourd'hui une charge de 450,3×150%, soit 675 millions.

En outre, il faut considérer que les chemins de fer allemands avant-guerre, et particulièrement le réseau Prussien-Hessois qui formait de beaucoup la partie la plus importante de ces chemins de fer, pratiquaient d'une manière indirecte de larges amortissements, car ils évitaient des emprunts en couvrant par leurs recettes d'exploitation une partie de leurs dépenses de capital et en affectant également à ces dépenses de capital une part des bénéfices revenant aux Etats propriétaires des chemins de fer. Ces amortissements indirects, qui sont indiqués dans le tableau ci-dessus pour 1913 sous la rubrique « Dépenses extraordinaires pour extensions », avaient pour effet de réduire les charges ultérieures de capital, et doivent être, pour avoir une comparaison exacte, compris avec les charges de capital de l'année où ils ont été effectués.

On peut alors faire la comparaison entre les charges de capital d'une manière légèrement différente et sans doute plus exacte, en comprenant dans ces charges l'amortissement ainsi que le service des emprunts nouveaux, et en comparant le total ainsi déterminé avec le montant des recettes d'exploitation. On arrive ainsi aux résultats suivants.

Pour la Reichsbahn, les charges de capital et d'amortissement, y compris les paiements de réparation, mais non compris bien entendu le versement à la réserve légale ni le report à nouveau, se sont élevées en 1927 à 774,2 millions. Leur proportion par rapport aux recettes d'exploitation s'élevant à 5.039,3 millions, est de 15,4 %.

Pour les chemins de fer allemands d'avant-guerre, dans les limites des frontières actuelles, ces charges de capital et d'amortissement furent en 1913:

Intérêts et amortissement	450,3
Dépenses extraordinaires pour extensions (équivalant à un véritable amortissement)	294,0
Total des charges de capital et d'amortissement	744,3

Leur proportion par rapport aux recettes d'exploitation, qui se sont élevées à 3.057,7, a été de 24,3 %.

Pour atteindre la même proportion, les charges actuelles de la Reichsbahn devraient s'élever à 5.039 × 24,3%, soit 1.225 millions. Elles sont, avec 744,3 millions, bien inférieures à ce chiffre.

Bilan.

Actif du bilan.

Années	1927	1926	1925
	(en millions de reichsmarks)		
Actif			
Droit d'exploitation du réseau initial (moins amortissement légal)	24.463,3	24.500,0	24.500,0
Droit d'exploitation des extensions du réseau	995,1	646,6	239,0
Approvisionnements	407,5	439,0	485,4
Caisse	66,1	8,6	144,2
Banques	374,1	532,1	344,6
Acompte payé sur dividende de préférence (Série IV)	5,3	5,3	—
Titres	171,6	38,5	—
Effets de commerce	1,0	125,0	—
Créances — Décompte des recettes du trafic	11,4	20,1	20,8
Créances — Organismes d'assurance et de prévoyance	0,1	0,1	0,9
Créances — Créances diverses	77,0	61,1	96,5
Comptes transitoires	49,1	49,6	—
Participations	16,5	8,0	6,5
Total	26.638,1	26.434,0	25.837,9

Le premier poste de l'actif « Droit d'exploitation du réseau initial » représente la valeur d'usufruit du réseau concédé à la Compagnie. Il forme la contrepartie des postes du passif qui correspondent aux engagements assumés par la Compagnie et constituent son capital initial, c'est-à-dire des trois postes suivants :

	Valeur initiale
Actions ordinaires	13.000 millions,
Actions de préférence dont le produit revient au Reich	500 » ,
Obligations de réparation	11.000 » ,
	24.500 millions.

En fin de concession les 500 millions d'actions de préférence et les 11 milliards d'obligations de réparation doivent être amortis conformément à la loi des chemins de fer et aux statuts de la Compagnie. Le poste « Droit d'exploitation du réseau initial » doit former alors la contre-partie des 13 milliards d'actions ordinaires qui seules subsistent encore. En d'autres termes, la valeur de ce poste doit subir chaque année un amortissement égal à celui effectué sur les obligations de réparation et éventuellement sur les 500 millions d'actions de préférence.

C'est cet amortissement que nous voyons apparaître pour la première fois en 1927 et qui réduit de 36,7 millions la valeur initiale de 24.500 millions.

Le poste suivant « Droit d'exploitation des extensions du réseau » (995,1 millions en 1927) représente les dépenses d'établissement effectuées par la Compagnie depuis sa création. J'ai déjà expliqué plus haut que, pour avoir le total des dépenses d'établissement réellement effectuées, il faudrait encore ajouter aux chiffres figurant aux bilans certaines sommes qui ont été comprises dans les dépenses d'exploitation. En ce qui concerne en particulier les dépenses d'établissement de l'exercice 1927, le bilan les fait ressortir à 348,5 millions (995,1 — 646,6), alors que leur montant réel fut de 140 millions plus élevé. De ces 140 millions de dépenses additionnelles, une moitié (70 millions), a été comprise dans les dépenses de renouvellement de l'exercice 1927, et l'autre moitié (70 millions) a été couverte par une réserve spéciale constituée en 1926 pour exécution du programme de constructions.

Les dépenses, au cours des trois exercices, qui ont été portées au compte « Droit d'exploitation des extensions du réseau » comme augmentation de l'actif de la Compagnie, se répartissent ainsi qu'il suit:

	Catégories	1927	1926	1925	Totaux
		(en milliers de reichsmarks)			
I	Terrains	18.266	18.181	23 750	60.197
II	Terrassements etc.	27.882	36.063	25.512	89.457
III	Clôtures	371	579	392	1.342
IV	Traversées de routes	26.324	16.183	6.871	49.378
V	Aqueducs et ponts	17.973	30.953	15.488	64.414
VI	Tunnels	3.000	636	3.575	7.211
VII	Superstructure	50.141	90.924	41.700	182.765
VIII	Traction électrique	43.380	20.291	6.221	69.892
IX	Télégraphes, téléphones, etc.	8.959	12.734	7.859	29.552
X	Gares	69.721	69.685	50.180	189.586
XI	Installations d'ateliers	32.475	29.730	20.175	82.380
XII	Installations diverses	4.391	3.385	1.742	9.518
XIII	Matériel roulant	45.649	78.258	35.543	159.450
	Totaux:	348.532	407.602	239.008	995.142

Le poste « approvisionnements » est en diminution régulière depuis 1925. Cette diminution témoigne, d'une part des efforts qui ont été faits pour réduire les stocks en améliorant les méthodes d'utilisation des matières et matériaux existant en approvisionnement, d'autre part du souci d'attribuer à ces approvisionnements une évaluation prudente.

Les avoirs en caisse s'élèvent à 66,1 millions contre 8,6 au bilan de l'année précédente. Leur augmentation, purement apparente, provient de ce que ce poste du bilan donne au 31 décembre 1927 la valeur effective des avoirs de toutes les caisses de la Compagnie, alors que l'année précédente il ne comprenait que les avoirs de la caisse centrale et des caisses principales, — les avoirs des caisses locales étant alors considérés comme des avances des caisses principales et portés au bilan au poste des créances diverses. Il ne faut donc pas conclure de ce changement à une augmentation des fonds liquides de la Reichsbahn.

Le total des postes « Banques », « Titres » et « Effets de commerce » passe de 695 millions en 1926 à 546 en 1927, en diminution de 149 millions, ce qui représente la diminution des disponibilités de la Compagnie au cours de l'année 1927. Je reviendrai sur cette question un peu plus loin en examinant au passif du bilan le poste « Réserve légale ».

L'augmentation des « Titres » correspond aux nouveaux achats de lettres de gage ou emprunts d'Etats, qui ont été faits au cours de l'année, pour placement de la réserve légale.

La diminution des « Traites » résulte du nouvel accord fait avec la Reichsbank pour la gestion des fonds disponibles des chemins de fer, accord dont il sera parlé plus loin.

L'accroissement des participations résulte principalement de nouveaux achats d'actions destinés à assurer à la Compagnie un contrôle complet sur la Mitropa.

Passif du bilan.

Années	1927	1926	1925
	(en millions de Reichsmarks)		
Passif			
Actions ordinaires	13.000,0	13.000,0	13.000,0
Actions de préférence:			
a) dont le produit doit revenir au Reich	500,0	500,0	500,0
b) dont le produit doit revenir à la Cie.	381,0	381,0	124,0
Obligations de réparation (moins amortissement légal)	10.963,3	11.000,0	11.000,0
Réserve légale	305,0	204,2	113,4
Réserve d'exploitation	756,1	756,1	756,1
Réserve pour amortissement du droit d'exploitation	340,0	220,0	150,0
Réserve pour l'exécution du programme de constructions	—	70,0	—
Dettes: Cautionnements et comptes d'attente	4,1	4,9	28,6
Dettes: Crédits du Reich:			
pour combattre le chômage	80,0	58,0	—
pour achever des constructions de lignes interrompues	28,7	5,7	—
Dettes: Organismes d'assurance et de prévoyance	5,0	10,9	5,7
Dettes: Dettes diverses	40,0	15,1	4,0
Bénéfice net	234,9	208,1	156,1
à partager ainsi qu'il suit:			
— Dividende de préférence:			
acompte payé sur la série IV	(5,3)	(5,3)	—
reste à payer (séries I, II, III et solde pour la série IV)	(56,4)	(35,1)	(3,0)
— A reporter à nouveau	(173,2)	(167,7)	(153,1)
Total	26.638,1	26.434,0	25.837,9

Au passif du bilan, nous trouvons d'abord les différents postes de capital. Les actions ordinaires, qui appartiennent au Reich et s'élèvent à 13 milliards, restent sans changement, de même que les 500 millions d'actions de préférence qui ont été remises gratuitement au Reich. Les actions de préférence émises au profit de la Compagnie sont restées depuis 1926 à 381 millions, aucune émission nouvelle, comme on le sait, n'ayant eu lieu en 1927.

J'ai déjà indiqué plus haut que les paiements de réparation commençaient à comprendre, depuis le versement du 1er octobre 1927, outre le service des intérêts des obligations de réparation, une certaine quotité destinée à l'amortissement des dites obligations. C'est cet amortissement que nous voyons apparaître au passif du bilan du 31 décembre 1927 et qui se traduit par une réduction des « Obligations de réparation » de 36,7 millions par rapport à lannée précédente.

La réserve légale, à la fin de l'année 1927, atteint 305 millions. Pour connaître l'emploi qui a été fait de cette réserve légale et les conditions dans lesquelles elle est conservée, il st intéressant de rechercher quels sont les postes qui peuvent être considérés comme constituant sa contre-partie à l'actif du bilan. C'est d'abord le poste « Tit: es » qui comprend les valeurs de bourse achetées précisément pour le placement de cette réserve et dont le montant s'élève à 171,6 millions. Pour le surplus, ce sont les postes qui représentent les disponibilités de la Compagnie.

Dans ces conditions, si nous calculons le total, au 31 décembre, des avoirs disponibles, y compris les valeurs de bourse (total des postes Caisse, Banques, Titres, Effets de commerce), nous arrivons à un montant de 612,8 millions, qui doit correspondre pour 305 millions à la réserve légale, et dont le surplus seul, soit 307,8 millions, reste à la disposition de la Compagnie pour ses besoins de trésorerie. On se rendra compte que ce montant est assez réduit, si l'on considère que le montant brut de recettes ou des dépenses de la Compagnie atteint ou dépasse, certains mois de l'année, 500 millions. Ces avoirs disponibles dont je viens de calculer le montant au 31 décembre 1927 ont diminué encore les mois suivants. Ils sont de nouveau maintenant en voie d'accroissement, mais on peut dire que la liquidité du bilan est tombée au voisinage de la limite minimum à partir de laquelle la Compagnie risque d'être amenée à utiliser pour ses besoins de trésorerie les fonds qui devraient constituer la représentation de la réserve légale.

Il paraît intéressant à ce sujet de reproduire l'opinion de M. le Professeur Schmalenbach et les considérations figurant au rapport dans lequel il rend compte au Conseil d'Administration de la Compagnie des résultats de la vérification comptable dont il a été chargé.

M. le Professeur Schmalenbach s'exprime ainsi :

« En ce qui concerne le placement des disponibilités, quelques considérations comptables sont nécessaires.

« Au passif se trouve la réserve légale avec environ 305 millions de reichsmarks. Tant que cette réserve était faible, il n'y avait pas lieu d'examiner si les ressources liquides de la Reichsbahn suffisaient pour répondre à son but particulier. Mais elle s'est élevée à un montant dépassant 300 millions, et elle devra atteindre en peu d'années le montant statutaire d'un demi-milliard, sans qu'on ait à considérer l'existence ou l'absence d'excédents d'exploitation. Le moment est donc venu d'examiner les conditions qui en résultent pour la liquidité du bilan.

« A cet effet, il est à considérer que la réserve légale a bien l'objet du fonds de réserve habituel du droit commercial, en ce sens qu'elle est destinée à couvrir les déficits d'exploitation. Mais le but de cette réserve légale est plus vaste ; elle doit en outre servir à « assurer la régularité du service d'intérêts et d'amortissement des obligations de réparation ». Ce caractère particulier de la réserve est souligné par ce fait qu'elle doit être constituée, non pas à la manière du fonds de réserve du droit commercial, proportionnellement au bénéfice net, mais proportionnellement aux recettes d'exploitation.

« On reconnaît par là que la réserve légale doit faire sentir son effet non seulement dans les comptes mais aussi dans la trésorerie.

« A la vérité, ni la loi des chemins de fer, ni les statuts de la Compagnie, ne prévoient de placement spécial de la réserve légale. Mais les conséquences que pourrait avoir tout manquement dans le paiement des intérêts et de l'amortissement, sont si décisives qu'elles représentent une contrainte beaucoup plus forte que ne serait la prescription d'un placement spécial.

« Cette contrainte consiste en ce que la Reichsbahn doit avoir égard à l'accroissement de la réserve légale pour renforcer ses ressources disponibles. Il ne s'agit pas ici, comme dans d'autres entreprises, d'assurer une liquidité qui peut être extrêmement désirable, mais qui n'est pas absolument nécessaire. Pour la Reichsbahn, l'augmentation des disponibilités avec l'accroissement de la réserve légale est une nécessité. »

Premiers résultats de l'exercice 1928.

Les débuts du nouvel exercice paraissent favorables, si l'on examine uniquement la marche des recettes. Celles-ci accusent une plus value par rapport aux mois correspondants de 1927, qui étaient déjà supérieurs eux-mêmes à ceux de 1926.

Toutefois, la progression des recettes ne doit pas conduire à des espérances exagérées en ce qui concerne les résultats à attendre pour l'année entière. Il faut remarquer d'abord que cette progression paraît déjà présenter certaines tendances à un ralentissement.

En particulier, si l'on compare les recettes brutes mensuelles de 1928 à celles des premiers mois de 1927, ce ralentissement est assez sensible ainsi que l'indique le tableau suivant :

Années	Recettes brutes mensuelles (en millions de reichsmarks)				
	Janvier	Février	Mars	Avril	Mai
1927	386	381	441	418	442
1928	418	413	459	436	452
1928 par rapport à 1927	+ 8,3%	+ 8,4%	+ 4,1%	+ 4,3%	+ 2,3%

Les chiffres des recettes nettes provisoires, déduction faite notamment de l'impôt sur les transports, pour les quatre premiers mois de l'année 1928, donnent la même impression.

Années	Recettes nettes (en millions de reichsmarks)			
	Janvier	Février	Mars	Avril
1927 (recettes définitives)..	373	350	404	392
1928 (recettes provisoires).	382	380	428	403
1928 par rapport à 1927 ..	+ 2,4%	+ 8,6%	+ 5,9%	+ 2,8%

Il faut noter également que les premiers mois de 1927, qui servent ici de base de comparaison, ne sont pas particulièrement favorisés. La courbe des recettes de l'année 1927, abstraction faite des variations saisonnières, est restée assez basse jusqu'au mois de mai, pour monter ensuite. La courbe des recettes de l'année en cours montrera probablement, par rapport à celle de 1927, une plus haute position au début, et, par contre, un fléchissement relatif à la fin, de sorte que l'excédent de recettes de l'année entière ne correspondra sans doute pas à ce qu'on pourrait attendre d'après les résultats des premiers mois.

On peut s'en rendre compte encore d'une autre manière. Les résultats moyens des années d'avant-guerre et ceux des trois premiers exercices de la Compagnie conduisent à estimer que, dans des conditions normales, les recettes des quatre premiers mois représentent environ 29 % pour les voyageurs, et 32 % pour les marchandises, des recettes de l'année entière. En appliquant ces coefficients moyens à l'année 1928 et en tenant compte des recettes diverses, on arrive à un total de recettes qui dépasserait très peu celui de l'année 1927.

Pour ces différentes raisons, on peut donc espérer que les recettes de 1928 atteindront, ou peut-être même dépasseront légèrement, celles de 1927, mais il semblerait imprudent de supposer qu'elles donneront un excédent important.

Au contraire, les dépenses se présenteront en augmentation sensible et pour plusieurs causes.

La première de ces causes, et de beaucoup la plus importante, provient de l'augmentation des charges du personnel. J'examine, dans le chapitre consacré à la question du personnel, les conditions dans lesquelles la Reichsbahn, tout en ayant en 1928 un effectif légèrement inférieur à celui de 1927, aura à supporter des dépenses de personnel en accroissement de 436 millions sur le début de l'année financière 1927. Cet accroissement est dû aux augmentations de salaires et de traitements que la Compagnie a dû accorder au cours de l'année 1927 et qui font sentir leur plein effet sur le présent exercice.

Il est aussi le résultat des augmentations des pensions et traitements d'attente qui s'élèvent en même temps que les traitements d'activité et qui sont particulièrement lourdes pour la Reichsbahn. Celle-ci supporte, en effet, les conséquences des augmentations considérables d'effectifs qui ont suivi la guerre et des licenciements réalisés ensuite. Comme je l'indique au chapitre du personnel, les dépenses des pensions et traitements d'attente sont évaluées à 500 millions pour 1928 contre 114 millions avant-guerre. C'est une charge tout à fait excessive, imposée pour des raisons politiques et étrangères à l'exploitation de la Reichsbahn.

Les charges de réparation sont en augmentation de 110 millions, passant de 550 millions à leur taux plein et définitif de 660 millions.

Enfin, différentes causes, telles que l'augmentation du dividende de préférence par suite des émissions nouvelles, le disagio à payer lors de la réalisation de ces émissions à des cours inférieurs au pair, et diverses charges accessoires, imposent encore une élévation de dépenses que la Compagnie chiffre à 105 millions.

Le total des charges nouvelles de la Reichsbahn par rapport au début de 1927 se résume ainsi dans le tableau suivant :

dépenses de personnel	436 millions
augmentation des charges de réparation	110 »
augmentation de charges diverses (dividende de préférence, disagio, etc.)	105 »
Total	651 millions.

Il reste à noter, en outre, que dans ces charges ne sont pas comprises les dépenses exceptionnelles que la Compagnie peut avoir à effectuer momentanément pour l'entretien et le renouvellement des voies et des ouvrages d'art. Pendant la guerre et les années qui l'ont suivie, l'entretien et le renouvellement ont été plus ou moins négligés et il en est résulté des retards assez considérables que la Compagnie est aujourd'hui dans l'obligation de rattraper progressivement, en échelonnant les dépenses sur un nombre d'années qui ne soit pas trop considérable.

Pour ces différentes raisons, les recettes d'exploitation se trouvent maintenant insuffisantes pour couvrir les dépenses. La Compagnie ne croit pas possible de réduire ces dépenses car elles lui sont plus ou moins imposées, celles de personnel par suite de décisions d'augmentation de traitements et de salaires auxquelles elle n'a pu se soustraire, celles de matériel par le fait que les ajournements de dépenses ne feraient que se reporter sur les années suivantes et en accroître les charges. On ne saurait non plus couvrir par un emprunt, ni par des moyens de crédit quelconques, des charges qui concernent le budget d'exploitation et qui se renouvelleront chaque année.

Dans ces conditions, la Compagnie se trouve dans l'obligation de recourir à une augmentation de ses tarifs, dont j'ai parlé précédemment et qui sera exposée plus complètement dans les chapitres relatifs aux tarifs voyageurs et marchandises.

VERKEHRS-KREDIT-BANK.

On sait que cette banque est étroitement liée à la Reichsbahn, qu'elle constitue en quelque sorte son département financier et qu'elle est chargée de la gestion de ses fonds disponibles.

J'ai signalé antérieurement qu'en raison de l'importance et de l'origine des fonds en question, des objections s'étaient élevées contre leur gestion par un établissement tel que la Verkehrs-Kredit-Bank. On a fait valoir les avantages que la Reichsbank trouverait, pour les besoins de sa politique monétaire et pour la direction du marché de l'argent, à concentrer entre ses mains tous les fonds publics ou semi-publics et notamment ceux des chemins de fer. C'est dans ces conditions qu'un accord est intervenu dans les premiers mois de 1927 et a réglé, au moins à titre provisoire et jusqu'à la fin de 1927, les rapports entre la Verkehrs-Kredit-Bank et la Reichsbank.

Aux termes de cet accord, la Verkehrs-Kredit-Bank n'a plus conservé que les fonds de roulement nécessaires à son fonctionnement. Elle a confié le surplus à la Golddiskontbank, établissement étroitement lié à la Reichsbank, et lui a remis ainsi des sommes qui ont dépassé à certains moments de l'année 250 millions.

La durée d'application de cet accord provisoire expirant à la fin de l'année 1927, un nouvel accord a été conclu sur des bases plus définitives. Il a repris, en les étendant, les dispositions destinées à faire passer la plus grande partie des fonds des chemins de fer par les comptes de virement de la Reichsbank.

Dans ce régime, la Verkehrs-Kredit-Bank ne conserve plus qu'une somme fixée approximativement à 250 millions et strictement calculée sur ses besoins tant pour le service des crédits de frais de transport que pour le service des avances aux fournisseurs de la Compagnie. Le surplus des fonds, en excédent de ces 250 millions, doit être versé à un compte spécial ouvert par la Reichsbank au nom de la Verkehrs-Kredit-Bank. Des dispositions sont prises pour simplifier et accélérer l'acheminement des fonds au fur et à mesure de leur encaissement, depuis les gares et autres services des chemins de fer jusqu'à ce compte spécial à la Reichsbank.

Les fonds ainsi centralisés sont gérés par la Verkehrs-Kredit-Bank avec l'accord de la Reichsbank.

Ce système, qui paraît donner entière satisfaction aux vœux exprimés depuis longtemps par la Reichsbank et qui règle ainsi définitivement la gestion des fonds disponibles des chemins de fer allemands, est appelé sans doute à mettre fin aux controverses auxquelles cette question avait donné lieu.

*

* *

SITUATION DU PERSONNEL.

Effectifs. — Comme je l'avais constaté dans mon rapport antérieur, l'effectif global du personnel tend à rester désormais à peu près stable, sauf des variations qui sont dues pour la plupart aux influences saisonnières et concernent en particulier les ouvriers temporaires.

On sait que les chemins de fer, obligés de recueillir les soldats à la démobilisation, avaient vu leur personnel grossir démesurément après guerre, et l'effectif s'élevait encore à 1.010.876 agents en octobre 1923. Dans l'année 1927, la moyenne mensuelle n'a été que de 704.016 agents, et on espère la réduire, en 1928, à 688.000. Cet effectif est sensiblement analogue à celui de 1913, qui était de 692.714 agents dans les frontières actuelles du Reich. Les résultats obtenus paraîtront d'autant plus satisfaisants que le trafic a augmenté considérablement dans les dernières années. Ils donnent à penser que l'œuvre de stabilisation du personnel est presque achevée et qu'on ne doit plus s'attendre à de nouvelles réductions importantes de l'effectif.

Le tableau ci-dessous indique les variations du personnel depuis 1913 et montre la stabilisation pratiquement atteinte depuis un an :

	1913 (nouvelles frontières)	1919	Oct. 1923	Mars 1927	Oct. 1927	Mars 1928
Fonctionnaires	263.887	333.503	429.716	315.112	312.325	311.039
Ouvriers	428.827	789.002	581.160	365.576	416.476	358.258
Total	692.714	1.122.505	1.010.876	680.688	728.801	669.297

La réduction de l'effectif global est la conséquence des mesures d'ordre et de rationalisation exécutées par la Reichsbahn depuis 1923, ainsi que des perfectionnements techniques apportés à l'exploitation. Je citerai notamment l'emploi du frein automatique dans les trains de marchandises, pour lesquels on a pu réduire le personnel des garde-freins d'environ 20.000 agents, et l'augmentation de la capacité de transport et de l'utilisation des trains, qui permet aujourd'hui d'assurer, avec un moindre nombre de trains, un trafic de voyageurs et de marchandises très supérieur à celui d'avant-guerre.

Traitements des fonctionnaires. — Le Reichstag a voté, le 16 décembre 1927, le projet de loi que j'avais analysé dans mon dernier rapport sur l'augmentation des traitements des fonctionnaires. Il ne lui a fait subir que des modifications peu importantes, qui concernent surtout la répartition des fonctionnaires entre les différentes classes ou qui prévoient de légères augmentations pour certains agents des classes moyennes et inférieures. Le Gouvernement s'était d'ailleurs opposé, en raison de la situation budgétaire, à toutes les demandes qui avaient pour but d'élever les traitements dans une proportion plus considérable. La loi du 16 décembre a été appliquée avec effet rétroactif du 1er octobre 1927.

La Reichsbahn n'est pas tenue d'appliquer strictement les règles en usage pour les fonctionnaires du Reich. La loi des chemins de fer, du 30 août 1924, l'oblige simplement à «fixer les traitements et autres rémunérations régulières de ses fonctionnaires, exception faite des fonctionnaires dirigeants, en ayant égard à la situation de ceux du Reich». La Reichsbahn s'est toujours conformée à cette règle et elle a adapté en conséquence les traitements de ses fonctionnaires aux prescriptions de la loi du 16 décembre.

La nouvelle réglementation, datée du 9 janvier 1928, répartit le personnel en 17 classes au lieu de 13, la première classe étant la plus élevée, et en 6 classes secondaires qui sont appelées à disparaître progressivement.

Le traitement de base a été augmenté dans une proportion qui varie de 18 % pour les classes supérieures, à 44 % pour les classes inférieures, et qui atteint 25 % en moyenne pour l'ensemble des fonctionnaires.

Par ailleurs les différentes indemnités allouées aux fonctionnaires ont été sensiblement modifiées et il s'ensuit que, dans l'ensemble, la moyenne globale des augmentations résultant de la réforme a été réduite à 15,5 %.

a) Indemnité de logement. – Le taux de cette indemnité varie suivant 7 classes tarifaires et 5 classes locales. Il a été maintenu tel qu'il était précédemment pour les fonctionnaires mariés et abaissé pour les célibataires au-dessus de 45 ans.

b) Indemnités pour charges de famille – Le supplément spécial de 144 marks par an accordé aux fonctionnaires mariés disparaît, et il est considéré comme compris dans l'augmentation du traitement de base. L'indemnité allouée pour les enfants, et qui variait suivant leur âge et jusqu'à 21 ans, est désormais fixée à 20 marks par mois et par enfant, et ne sera payée au-delà de 16 ans que dans des cas spéciaux.

c) Indemnités locales de cherté de vie. – Ces indemnités, d'une importance variable, étaient accordées aux fonctionnaires de quelques grandes villes, Berlin, Hambourg-Altona, Essen, Cologne, Aix-la-Chapelle, Mannheim, et des régions occupées. Elles constituaient un privilège qu'il était question depuis longtemps de faire disparaître. Bien que la loi du 16 décembre ne fasse pas expressément mention de ces indemnités, une ordonnance du Reich, publiée en même temps que la loi, a annoncé une réduction importante.

La Reichsbahn a calculé que l'augmentation des traitements qui vient d'être réalisée, avec l'augmentation automatique des pensions et des traitements d'attente qu'elle provoque, lui imposera une charge supplémentaire de 215 millions de marks par an, au lieu de 150 millions qui avaient été tout d'abord prévus.

Le revenu annuel moyen d'un fonctionnaire de la Reichsbahn est désormais de 3.855 marks, au lieu de 2.110 marks en 1913, et de 3.267 marks avant la réforme des traitements. Si l'on prend l'indice 100 comme base du traitement d'avant-guerre, l'indice actuel des traitements est de 182,7. Comme l'indice du prix de la vie n'était, au mois d'avril 1928, que de 150,7, on voit que le traitement d'un fonctionnaire correspond aujourd'hui, en pouvoir d'achat, à 121 % du traitement d'avant-guerre. Ce calcul n'est évidemment qu'une moyenne qui n'est pas applicable à tous les fonctionnaires. D'après les évaluations de la Reichsbahn, l'augmentation des traitements des classes inférieures dépasserait sensiblement la moyenne indiquée, tandis que pour les classes moyennes et surtout les classes supérieures, elle resterait encore notablement en-dessous.

Salaires des ouvriers et temps de travail. — La réglementation des salaires ouvriers a subi elle aussi, depuis le mois d'octobre 1927, diverses modifications qui ont contribué à accroître sérieusement les dépenses de personnel de la Reichsbahn.

Il s'agit tout d'abord de l'augmentation des indemnités de cherté de vie accordées aux ouvriers dans certaines localités. Les négociations engagées entre l'administration de la Reichsbahn et les syndicats remontent au milieu de l'année 1927. Les syndicats avaient demandé à ce moment-là une élévation générale des salaires, mais la Reichsbahn refusa de discuter la question avant l'échéance du contrat collectif de travail qui expirait le 31 mars 1928. Néanmoins, pour tenir compte des revendications des ouvriers, elle proposa, et les syndicats acceptèrent, d'adapter les salaires des ouvriers des chemins de fer à ceux des ouvriers de l'industrie privée dans toutes les localités où l'équilibre ne serait pas encore atteint. Les négociations ouvertes sur cette base au mois de septembre aboutirent, le 26 décembre 1927, à un accord, d'après lequel 57 % environ du personnel ouvrier reçurent une augmentation moyenne de 2 pfennigs par heure de travail. Les frais de la réforme sont estimés par la Reichsbahn à 11.700.000 marks.

Les syndicats avaient maintenu cependant leurs revendications de principe au sujet d'une élévation générale des salaires. La sentence arbitrale du 8 avril 1927, qui avait déjà augmenté les salaires de 4 pfennigs par heure jusqu'au 1er octobre et de 1 pfennig supplémentaire par heure à partir de cette date, arrivait à expiration comme il a été dit, le 31 mars 1928. Quelque temps auparavant, les syndicats avaient formulé leurs exigences d'une façon précise : augmentation générale des salaires de 10 pfennigs par heure, rétribution supérieure des ouvriers de l'exploitation et du trafic, augmentation des rémunérations spéciales prévues par la sentence arbitrale du 8 avril 1927 pour les heures supplémentaires de travail.

La Reichsbahn déclara qu'il lui était impossible de donner satisfaction à ces prétentions qui auraient grevé son budget annuel de 250 millions de dépenses supplémentaires. Elle porta le conflit devant le Ministre du Travail. Une commission d'arbitrage, chargée de régler le différend, rendit le 21 mars une sentence sur la base de laquelle la Reichsbahn et les syndicats conclurent le 27 mars l'arrangement suivant :

a) L'augmentation générale des salaires pour tous les ouvriers de plus de 24 ans varie de 3 à 6 pfennigs par heure suivant les groupes de salaires et les trois régions économiques (Est, Centre, Ouest) entre lesquelles les ouvriers sont répartis.

b) L'indemnité spéciale accordée pour les heures supplémentaires de travail, qui était fixée jusqu'alors à 15 % du salaire normal, de la 49ème à la 51ème heure, et à 25 % de la 52ème à la 54ème heure, est désormais fixée uniformément à 25 % à partir de la 49ème heure jusqu'à la 54ème heure.

c) L'indemnité spéciale accordée aux ouvriers qui travaillent par équipe (ouvriers de l'exploitation), est portée de 27 à 30 pfennigs.

L'accord, valable jusqu'au 31 janvier 1929, ne pourra pas être dénoncé avant cette date. Les inquiétudes qu'avait fait naître la perspective d'un grave conflit de salaires dans la Reichsbahn ont été heureusement apaisées.

La réforme des salaires entraînera pour la Compagnie 60 millions de dépenses nouvelles par an. L'heure de travail, qui était payée 42 pfennigs en moyenne avant la guerre, est rétribuée désormais à raison de 84 pfennigs, c'est-à-dire que le prix en a doublé. Il s'ensuit que pour un indice du prix de la vie de 150,7, le salaire d'une heure de travail équivaut aujourd'hui, en pouvoir d'achat, à 132,5% du salaire de 1913. On fait des constatations à peu près analogues en calculant le salaire annuel de l'ouvrier. Tandis que le salaire annuel moyen d'un ouvrier de la Reichsbahn était en temps de paix de 1.267 marks, il est aujourd'hui de 2.343 marks, c'est-à-dire qu'il correspond à un indice de 184,93 au lieu de 100 en 1913. Calculé en pouvoir d'achat, le salaire annuel moyen de 1928 équivaudrait à 122,8% du salaire moyen de 1913. La différence constatée entre les résultats des deux méthodes de calcul s'explique par la diminution des heures de travail annuelles qui s'est produite depuis la guerre. Au point de vue du budget de la Reichsbahn, c'est évidemment le calcul par heure de travail qui donne l'idée la plus exacte de l'augmentation des dépenses imposées à la Compagnie.

Les négociations engagées entre la Reichsbahn et les syndicats au sujet de la réduction du temps de travail du personnel de l'exploitation ont abouti à un accord qui abaisse de 60 à 57 heures par semaine la durée maximum du travail prévue par les prescriptions en vigueur sur la durée du service. Les frais supplémentaires occasionnés par cette réforme sont d'environ 5 millions de marks. Il a été impossible, pour des raisons de rendement économique, de satisfaire entièrement les revendications des syndicats tendant à abaisser notamment à 54 heures par semaine la durée maximum du travail.

Pensions. — L'augmentation des traitements et des salaires constitue pour la Reichsbahn une charge d'autant plus lourde qu'elle est accompagnée d'une augmentation proportionnelle des dépenses consacrées aux pensions et aux assurances sociales.

Il est à remarquer qu'il n'existe pas de caisse des retraites pour les fonctionnaires de la Reichsbahn. Aucune réserve n'est constituée pour garantir le versement des pensions et il en était de même déjà avant la guerre. Les pensions sont donc payées directement sur le budget d'exploitation de la Compagnie.

Les pensions comprennent : les pensions de retraite, les pensions versées aux veuves et aux orphelins, et les traitements d'attente (Wartegelder) alloués aux fonctionnaires qui ont été licenciés par suite de l'ordonnance du 27 octobre 1923, concernant la diminution du personnel.

Les dépenses prévues pour ces différents chapitres se sont accrues d'une façon considérable. De 114 millions en 1913, elles sont montées à 405,6 millions en 1925, à 418,5 millions en 1926, à

423,9 millions en 1927, et sont estimées à 500 millions pour 1928, c'est-à-dire que si l'on désigne par 100 la charge des pensions pour 1913, cette charge s'élève maintenant à 438,6. La pension moyenne allouée par année à chaque bénéficiaire était en 1913 de 918 marks, elle est en 1928 de 2.060 marks, ce qui correspond à un indice de 224,4 par rapport à l'indice 100 en 1913.

Cet accroissement continu des charges de pensions s'explique principalement par les motifs suivants :

1. l'augmentation du nombre des veuves et des orphelins à la suite de la guerre.
2. l'inflation de personnel survenue en 1919, au moment où les chemins de fer ont été repris par le Reich, puis l'augmentation brusque du nombre des pensions de retraite, lorsqu'il a fallu procéder, en 1923, au licenciement d'une grande partie de ce personnel superflu.
3. l'élévation du taux maximum des pensions de 75 à 80% et celle du taux de la pension des veuves de 40 à 60%.
4. le classement des anciens pensionnés dans les nouveaux groupes de traitements et l'élévation automatique des pensions provoquée par l'augmentation des traitements des fonctionnaires.

L'effectif des pensionnés s'est accru de 95 % depuis 1913. Le tableau ci-dessous en indique les variations par catégories:

Années	1913	1925	1926	1927
Retraités	59.214	89.204	98.595	114.404
Traitements d'attente	13	49.270	38.544	24.513
Veuves	59.431	72.884	75.375	77.891
Orphelins	5.560	31.089	26.874	25.865
	124.218	242.447	239.388	242.673

La Reichsbahn a dû accepter l'accroissement des charges de pensions comme une nécessité qui lui était imposée par les circonstances. Elle a cherché, dans la mesure du possible, à les diminuer et à alléger notamment le lourd fardeau des traitements d'attente. Elle a transféré dans la catégorie des ouvriers une partie des jeunes fonctionnaires en surnombre des classes inférieures, environ 12.500. Elle a réussi, d'autre part, à faire enrôler dans l'administration des postes 2.000 de ses fonctionnaires en disponibilité.

Mais la charge supplémentaire due aux circonstances exceptionnelles indiquées plus haut ne se réduira que très lentement, puisque les pensionnés et fonctionnaires en disponibilité ont droit à leur traitement ou pension toute leur vie, et la Reichsbahn estime qu'un allègement sérieux de ces charges ne sera pas obtenu avant dix années ou plus.

Une solution rationnelle consisterait à enlever à la Reichsbahn, pour la transmettre au Reich, une partie de la charge des pensions versées aux fonctionnaires superflus qui avaient été engagés en raison des circonstances politiques pendant les années d'inflation. Cette méthode, qui a été appliquée en Autriche, a été aussi préconisée en Allemagne par des organisations professionnelles et des personnalités de diverses tendances politiques, mais ne semble pas avoir retenu l'attention jusqu'à présent.

Charges sociales. — Les ouvriers et employés de la Reichsbahn sont soumis de leur côté aux assurances sociales dans les conditions fixées par la loi. Les charges sociales de la Compagnie, qui étaient en 1913 de 38,5 millions, sont évaluées, pour 1928, à environ 136 millions. Cette augmentation énorme est la conséquence de l'élévation constante des salaires et des taux statutaires.

L'assurance-maladie s'applique obligatoirement à tous les ouvriers sans exception, et aux employés dont le salaire annuel n'excède pas 3.600 marks. Les cotisations sont acquittées à raison de $^1/_3$ par la Compagnie et de $^2/_3$ par l'assuré. Les frais que cette assurance occasionne à la Reichsbahn ont dépassé 22 millions en 1927.

L'assurance-accidents, qui est supportée tout entière par la Compagnie, et qui lui a occasionné en 1927 une dépense de près de 19,5 millions, concerne tous les agents de l'exploitation.

L'assurance pour les invalides (assurance-vieillesse), pour les veuves et les orphelins s'applique à tous les ouvriers de la Reichsbahn. La cotisation est répartie par moitié entre la Compagnie et l'assuré. La Reichsbahn a consacré à cette assurance près de 16 millions en 1927.

Les employés bénéficient d'une assurance spéciale contre l'invalidité, qui grève le budget de la Reichsbahn d'un peu plus de 1 million par an.

Depuis le 1er octobre 1927, l'assistance contre les risques de chômage a été transformée en une assurance légale qui s'applique à tous les bénéficiaires de l'assurance-maladie et dont les frais sont payés moitié par la Compagnie, moitié par l'assuré. Les dépenses de l'assurance-chômage ont dépassé 12 millions l'année dernière.

A côté de ces assurances légales, dont le montant a été évalué à 71,2 millions pour 1927, la Reichsbahn a institué un régime d'assistance bénévole qui complète pour certains agents les rentes accordées par les caisses de l'État et qui garantit les fonctionnaires contre les risques de maladie. On distingue :

a) la caisse pour les malades et les survivants (Kranken- und Hinterbliebenenkasse) à laquelle la Compagnie n'accorde pas de subsides, mais dont elle supporte tous les frais de gestion.

b) la caisse d'assistance-maladie des fonctionnaires de la Reichsbahn (Reichsbahnbeamten-Krankenversorgungskasse) créée le 1er avril 1926, et à laquelle la Compagnie verse, indépendamment des sommes destinées à couvrir les frais de gestion, une subvention qui a atteint en 1927 12 millions.

c) la caisse spéciale d'invalidité des ouvriers de la Reichsbahn, dont la Compagnie assume la gestion. Les cotisations sont payées à raison de $^1/_3$ par les assurés et de $^2/_3$ par la Reichsbahn, et imposent à celle-ci une charge annuelle d'environ 20 millions.

La Reichsbahn distribue en outre des secours de diverse nature. Les sommes consacrées à l'assistance bénévole ont atteint ainsi en 1927, 46,5 millions qui, en s'ajoutant aux 71,2 millions des assurances légales, forment une charge sociale de 117,7 millions. Comme je l'ai déjà mentionné, les prévisions pour 1928 s'élèvent, en raison de la dernière augmentation des salaires, à près de 136 millions de marks.

Il importe de citer encore parmi les efforts qu'a faits la Reichsbahn depuis quelques années afin d'améliorer le bien-être matériel de ses agents, le développement de la construction de logements. La Compagnie a accordé en 1927 à des sociétés coopératives de construction une nouvelle somme de 16 millions de marks à titre d'hypothèques de second rang. Elle a permis ainsi de commencer l'exécution d'un programme de 8.000 logements dont la dépense totale est évaluée à 90 millions. Elle a réussi d'autre part à maintenir à un niveau relativement modéré le loyer de ces nouveaux appartements, en réduisant le taux de ses propres hypothèques ou en prenant à sa charge une partie des intérêts des hypothèques étrangères. Ces mesures ont atténué pour les agents des chemins de fer la crise des logements, mais elles imposent à la Reichsbahn des charges assez lourdes qui s'ajoutent à celles dont il a déjà été parlé.

Si on examine l'ensemble des dépenses actuelles de personnel et qu'on les compare à celles que prévoyait le budget, lors de la création de la Compagnie en 1924, on constate une augmentation totale de 757,7 millions. Depuis un an seulement, l'augmentation a atteint le chiffre considérable de 435,7 millions, qui se décompose ainsi qu'il suit :

a)	augmentation de 20 % des indemnités de logement des fonctionnaires (1er avril 1927, 10 % et 1er octobre 1927, 10 %)	46	millions
b)	augmentation des salaires ouvriers, d'après la sentence arbitrale du 8 avril 1927	75	»
c)	augmentation des indemnités de cherté de vie accordées aux ouvriers (juillet 1927)	1	»
d)	id. (accord du 26 décembre 1927)	11,7	»
e)	augmentation des traitements des fonctionnaires et des pensions, d'après la loi du 16 décembre 1927	215	»
f)	augmentation des salaires des ouvriers, d'après la sentence arbitrale du 21-28 mars 1928	60	»
g)	augmentation des charges sociales	22	»
h)	réforme du temps de travail des ouvriers de l'exploitation	5	»
	Total	435,7	millions.

*
* *

ÉVOLUTION GÉNÉRALE DU TRAFIC.

A la fin de 1927 s'est achevé le troisième exercice de la Compagnie. Il paraît intéressant, avant d'examiner en détail les résultats de 1927, de donner un aperçu rapide du développement du trafic dans les dernières années et d'en déduire, autant que cela est possible, quelques indications sur l'évolution future.

On trouvera dans l'annexe N° VIII une représentation graphique des principaux résultats du trafic des voyageurs et des marchandises à partir de l'année 1924, comparés à ceux de 1913.

Le trafic-voyageurs, encore déprimé en 1924 par la séparation du réseau de la Ruhr et de la Rhénanie, a marqué une très vive reprise en 1925, qui a été l'année la plus favorable pour ce trafic depuis la constitution de la Compagnie. Malgré l'augmentation des tarifs au 1er mai 1925, le mouvement des voyageurs a été très intense, notamment dans les mois d'été. Mais à partir de la fin de l'année il a commencé à fléchir : aussi le nombre des voyageurs en 1926 a-t-il diminué de 13,6%. C'est seulement à partir du printemps de 1927 que l'on remarque une amélioration dans la situation.

Toutefois, le nombre des voyageurs transportés en 1927 a été sensiblement le même que celui de 1924, et il se trouve encore en diminution de 9,4% par rapport à celui de 1925. On voit donc que, dans l'ensemble, depuis 1924, le trafic-voyageurs a très faiblement progressé en Allemagne.

Je remarquerai d'ailleurs que dans d'autres pays, depuis quelques années, on constate une régression sérieuse du trafic-voyageurs : aux Etats-Unis par exemple, le chiffre des voyageurs transportés a diminué d'un tiers de 1920 à 1927, alors que la population a augmenté de 13% pendant ce même délai. La diminution a été, en Angleterre, de 9% pour la période 1923-1927.

Il est intéressant de remarquer que le relèvement économique qui s'est produit entre 1926 et 1927, et qui a été accompagné par une augmentation des salaires et par une amélioration du bien-être général, n'a eu qu'une influence faible et tardive sur le trafic des voyageurs. Ce fait provient, semble-t-il, de ce que les chemins de fer perdent chaque jour davantage, en Allemagne comme ailleurs, leur situation de monopole. L'intérêt du public se porte plutôt vers les autres moyens de transport qui n'ont pas atteint, comme les chemins de fer, leur complet développement. Tandis que le trafic des voyageurs sur la voie ferrée a diminué sensiblement entre 1925 et 1927, le nombre des voyageurs transportés par les services automobiles de la Poste et des principales sociétés a doublé dans la même période, et le nombre des voyageurs transportés par les avions a triplé. Il est possible que l'amélioration des services de la Reichsbahn, accompagnée de certaines réformes tarifaires, puisse en partie arrêter l'émigration des voyageurs vers les autres moyens de transport. Toutefois, la concurrence que ces moyens font à la voie ferrée paraît destinée à s'accroître toujours davantage.

Aussi, bien qu'une certaine augmentation du trafic puisse se produire dans les années prochaines par suite du développement du commerce et de l'industrie et de l'accroissement du bien-être général, on doit cependant rester très réservé en ce qui concerne les prévisions de l'évolution du trafic-voyageurs.

Le dévelloppement du trafic-marchandises depuis 1924 a été beaucoup plus favorable que celui du trafic-voyayeurs. D'une part, l'amélioration de la situation économique qui s'est produite dans ces dernières années s'est manifestée pleinement dans le développement du trafic et, d'autre part, celui-ci a bénéficié en 1926 des transports exceptionnels provoqués par la grève anglaise.

C'est ainsi que, depuis la constitution de la Compagnie jusqu'à l'heure actuelle, le trafic des marchandises a marqué une large progression a peu près continue, exception faite pour la période allant de la fin de 1925 à l'été de 1926, dans laquelle une crise économique a sévi en Allemagne. Les résultats du trafic ont été spécialement favorables en 1927. Si l'on compare ces résultats à ceux de 1925, on trouve pour le tonnage-kilométrique une augmentation de 16 %, ce qui correspond à une progression moyenne d'une année à l'autre d'environ 8 %. Avant la guerre, dans la période où le réseau ferré se développait rapidement, les tonnes-kilomètres augmentaient chaque année en moyenne de 5,5 % seulement.

Toutefois il faut observer que l'augmentation tout à fait remarquable du trafic-marchandises en 1925 et 1927 a été due en grande partie aux conditions spéciales de la vie économique du pays dans ces dernières années.

En effet, l'économie allemande renaissante s'est développée vigoureusement ; l'industrie, se transformant suivant les méthodes de rationalisation, s'est approvisionnée largement et a étendu ses installations au moyen d'investissements considérables favorisés par l'afflux des capitaux étrangers. L'année 1927, en particulier, a été caractérisée par une grande activité de la production et par le développement du marché intérieur, alors que l'exportation diminuait. Il en est résulté un fort accroissement des transports intérieurs et des importations.

Il est probable que les circonstances exceptionnelles des années précédentes ayant disparu, l'évolution économique sera dorénavant moins rapide et qu'il s'en suivra un ralentissement dans la progression du trafic.

Mais il faut aussi considérer certaines causes de diminution des transports par chemin de fer dont l'importance tend à augmenter d'année en année. Je rappelerai en premier lieu l'accroissement des camions automobiles qui se substituent à la voie ferrée, spécialement pour les transports des marchandises sur les petits parcours.

Les progrès techniques réalisés dans l'utilisation du charbon, l'emploi plus généralisé de combustibles liquides, l'extension des réseaux à haute tension pour le transport de l'énergie électrique, provoqueront à l'avenir un ralentissement dans le développement des transports de charbon. Déjà dans la période 1925-1927, malgré l'influence de la grève des mineurs anglais, les transports de charbon ont augmenté de 10,6% seulement, alors que le tonnage des marchandises autres que le charbon accuse une augmentation de 20%.

L'Allemagne s'apprête à exploiter en grand les nouveaux procédés de liquéfaction du charbon, et d'autre part de vastes projets ont été préparés dans ces derniers temps pour le transport et la distribution à grande distance du gaz produit dans les centres miniers. Il n'est pas possible de prévoir actuellement à quel moment ces projets seront complètement réalisés, ni l'influence qu'ils exerceront en définitive sur le trafic du charbon. Il me semble toutefois intéressant de rappeler ici que d'après une estimation d'un économiste parue dans la « Verkehrstechnische Woche » du 9 mars 1927, la réalisation des projets en question provoquerait une diminution de 33% dans les transports de charbon.

De son côté, l'Institut pour la recherche de la conjoncture (organisme annexe de l'Office de statistique du Reich) a estimé, dans une étude récente, qu'en tenant compte de ces diverses données, le trafic par voie ferrée ne devrait pas augmenter de plus 5% de 1927 à 1932.

Cette estimation a été jugée trop pessimiste par certains qui pensent que, si des pertes importantes de trafic doivent résulter des raisons exposées ci-dessus, on n'a pas tenu compte suffisamment d'autres circonstances qui viendront en compenser les effets. L'augmentation de la population, l'accroissement de la consommation, le développement probable de la production industrielle et agricole stimulée par les grands progrès techniques envisagés contribueront comme par le passé au développement du trafic des marchandises.

Néanmoins, pour les raisons déjà données, il y a lieu de croire que ce trafic augmentera à l'avenir avec une progression plus lente que celle que l'on a constatée avant la guerre, et il est évident que la Compagnie doit suivre avec la plus grande attention tous les symptômes qui permettent de discerner l'évolution future des transports, afin d'en tirer les conséquences utiles dans la conduite de sa politique financière. Des prévisions trop optimistes sur l'évolution du trafic pourraient, par exemple, amener la Compagnie à faire des investissements qui se montreraient plus tard insuffisamment rémunérateurs.

*

* *

TRAFIC-VOYAGEURS.

Développement du trafic.

J'ai donné dans mon rapport précédent les résultats provisoires du trafic des voyageurs pour les huit premiers mois de l'année 1927. Je rappellerai que le mouvement des voyageurs, qui avait été dans les premiers mois de l'année sensiblement égal à celui de 1926, a augmenté ensuite et qu'il a été spécialement important dans la période des vacances d'été. On a eu ainsi, pour la période mai-décembre 1927, une augmentation du nombre des voyageurs-kilomètres de 7,6% par rapport à 1926; cette augmentation avait été seulement de 2,5% pour la période janvier-avril.

Les statistiques définitives pour 1927 donnent les chiffres suivants:

Années	1927 en 1000	1926 en 1000	1927 par rapport à 1926
Recettes	1.379.572	1.320.175	+ 4,5 %
Voyageurs transportés	1.899.236	1.810.412	+ 4,9 %
Voyageurs-kilomètres	45.547.898	42.922.387	+ 6,1 %
Distance moyenne de transport ...	23,86	23,59	+ 1,1 %

Il ressort de ces chiffres, pour 1927 par rapport à 1926, une augmentation du trafic, exprimée en voyageurs-kilomètres, de 6,1%. Si l'on compare les résultats de 1927 à ceux de 1913 (pour le réseau limité aux frontières actuelles), on trouve une augmentation de 52,6% pour les recettes et une augmentation de 24,5% pour les voyageurs-kilomètres.

En ce qui concerne la situation du trafic-voyageurs dans les premiers mois de 1928, on trouvera ci-dessous la comparaison des données provisoires de cette année avec celles de 1927. Il en résulte que le mouvement des voyageurs se présente actuellement dans des conditions favorables.

Mois	Recettes		1928 par rapport à 1927	Voyageurs-kilomètres		1928 par rapport à 1927
	1928	1927		1928	1927	
	en 1000 RM			en 1.000.000		
Janvier	97.307	91.360	+ 6,5 %	3.342,5	3.130,9	+ 6,8 %
Février	89.145	81.318	+ 9,6 %	3.054,2	2.777,5	+ 10,0 %
Mars	104.125	96.588	+ 7,8 %	3.528,2	3.258,4	+ 8,3 %
Avril	119.234	113.346	+ 5,2 %	4.068,5	3.765,6	+ 8,0 %

Les recettes des voyageurs et des bagages se sont élevées en 1927 à 1.379,6 millions, en augmentation de 4,5 % par rapport à 1926. Cette augmentation a été moindre que celle constatée dans le nombre des voyageurs-kilomètres, soit 6,1 %. La raison en est dans le déclassement progressif vers les classes meilleur marché et dans la proportion croissante des voyages à prix réduit. Comme le montre le tableau suivant, le pourcentage des voyageurs-kilomètres tend à diminuer chaque année pour les 2ème et 3ème classes et par contre continue à augmenter pour la 4ème classe.

Années	1913 %	1925 %	1926 %	1927 %
1ère classe	0,90	0,39	0,40	0,44
2ème classe	10,09	7,23	6,54	6,09
3ème classe	44,30	34,30	33,58	31,56
4ème classe	44,71	58,08	59,48	61,91

Le déclassement vers les classes meilleur marché est encore plus manifeste si l'on déduit du trafic total les trafics des réseaux de ville et de banlieue de Berlin et de Hambourg. Dans ce cas, sur 100 voyageurs, on en trouve en 4ème classe 59,45 en 1913, 81,69 en 1926 et 83,42 en 1927, et sur 100 marks de recettes 36,25 marks proviennent de la 4ème classe en 1913, 51,09 marks en 1926, et 53 marks en 1927.

Ce déclassement, dont j'ai signalé les motifs dans mes précédents rapports, a causé à la Reichsbahn depuis 1924 une perte de recettes qui est estimée à 30 millions de marks par an. On pense que la réforme projetée de la classification, dont je parlerai plus en détail, pourra accroître le nombre des voyageurs des classes supérieures.

La proportion des voyageurs-kilomètres à prix réduits par rapport au total a augmenté, et elle est passée de 35,68 % en 1926 à 38,71 % en 1927.

Le parcours moyen des voyageurs pour l'ensemble du réseau a été en 1927 de 23,86 km. Ce parcours tend à augmenter lentement d'année en année ; si l'on déduit du trafic total le trafic des réseaux de la ville et de la banlieue de Berlin et de Hambourg, on a les moyennes de : 26,40 km pour 1925, 27,42 km pour 1926 et 27,78 km pour 1927.

A partir du 15 mai 1928, un nouvel horaire est entré en vigueur. Il comprend des améliorations importantes dans les relations intérieures et internationales. Ainsi, on a créé de nouveaux services de wagons-lits d'une part entre Berlin et Constantinople, et entre Berlin et Athènes, d'autre part entre Ostende et Constantinople par Cologne-Nuremberg avec jonction au Simplon-Orient-Express. Des nouveaux trains express ont été mis en marche dans les relations Cologne–Ostende–Londres, Berlin–Königsberg et Berlin–Altona, ainsi qu'un nouvel express composé uniquement de voitures-salons de 1ère et 2ème classes qui circule sur le parcours de Hock van Holland et Amsterdam à Bâle et Lucerne. Ce train, qui traverse une région très pittoresque de l'Allemagne et longe le Rhin, a reçu le nom de « Rheingold ».

La vitesse commerciale des trains express a été augmentée en 1928, au moment de l'entrée en vigueur du nouvel horaire, ainsi qu'il ressort des chiffres suivants :

Lignes	Vitesse moyenne des trains-express		Vitesse du train le plus rapide		
	1927	1928	1914	1927	1928
	km.				
Berlin-Francfort par Erfurt....	62,6	66,6	76	71,2	77,5
Berlin-Cologne par Essen....	63,2	65,0	71	72,9	76,2
Berlin-Hambourg	70,5	75,2	89	82,0	86,1

L'augmentation du trafic qui s'est produite en 1927 a provoqué une augmentation du parcours des trains.

Au total, en comparant avec l'année 1913, le nombre des trains-kilomètres en 1927 est en diminution de 14,7 %, tandis que le nombre des voyageurs-kilomètres est en augmentation de 24,5 %. Ces chiffres montrent le progrès accompli par la Reichsbahn dans son exploitation.

Evolution des tarifs.

Les tarifs-voyageurs n'ont plus été modifiés depuis l'augmentation du 1er mai 1925. J'ai signalé dans mon rapport précédent les facilités qui ont été accordées en 1927 pour les abonnements mensuels ordinaires et à itinéraire facultatif, ainsi que pour les voyages de sociétés. A partir du 1er janvier 1928, la Compagnie a accordé une réduction de 50 % sur les prix normaux de la troisième et de la quatrième classe aux aveugles qui voyagent pour l'exercice de leur profession. De nouveaux tarifs-voyageurs internationaux ont été mis en vigueur pour le trafic entre l'Angleterre et la Hollande d'un côté, et la Pologne et les Pays Baltes de l'autre côté, et entre l'Angleterre et l'Allemagne par Tilbury-Dunkerque.

La recette par voyageur-kilomètre, pour l'ensemble du trafic, est passée de 2,97 pfennigs en 1926 à 2,92 pfennigs en 1927 : cette diminution est due au déclassement des voyageurs dont je viens de parler.

En 1927, la recette par voyageur-kilomètre a été pour les voyages à plein tarif de 3,76 pfennigs, et pour les voyages à tarif réduit de 1,60 pfennigs : l'augmentation par rapport à 1913 est dans le premier cas de 38,7 %, et dans le deuxième cas de 25 %. Dans l'ensemble, et en y comprenant les bagages et les recettes accessoires, la recette moyenne par voyageur-kilomètre s'est élevée en 1927 à 3,03 pfennigs, en augmentation de 22,7 % par rapport à 1913.

Si l'on comprend l'impôt, le prix payé par voyageur-kilomètre pour l'ensemble des voyages à plein tarif et à tarif réduit a été, en 1927, de 33 % plus élevé qu'en 1913. Cette augmentation est moindre que celle que l'on constate pour le prix de la vie, dont l'indice était au mois d'avril égal à 150,7 (1913 = 100).

Projet d'augmentation des tarifs.

J'ai signalé au début de mon rapport; que la Compagnie, par suite de l'augmentation de ses dépenses, se trouve dans l'obligation d'augmenter ses tarifs, afin d'obtenir un surplus de recettes de 250 millions.

Elle a jugé convenable de répartir cette charge sur les transports des voyageurs et des marchandises, et d'obtenir 195 millions par l'élévation des tarifs-marchandises et 55 millions par l'élévation des tarifs-voyageurs. Les tarifs de concurrence seraient exclus de l'augmentation, sinon les recettes très importantes qui en résultent seraient perdues et le reste du trafic devrait supporter des charges d'autant plus lourdes.

Je parlerai plus loin de l'augmentation des tarifs-marchandises. En ce qui concerne les tarifs-voyageurs, la Compagnie a envisagé leur relèvement d'après deux systèmes.

Le premier système consisterait dans une augmentation générale des taux de toutes les classes. Cette solution, malgré sa simplicité, présente des inconvénients. Elle contribuerait en effet à augmenter le déclassement des voyageurs vers les classes à meilleur marché et vers les trains qui ne comportent pas de supplément. En outre, la perte de recettes résultant de l'émigration des voyageurs vers les automobiles, qu'une estimation modérée faite en 1927 chiffre à 100 millions environ par an, augmenterait d'une façon sensible. Il faut également tenir compte de la concurrence croissante de l'aviation, qui entraîne déjà une perte de recettes estimée à plusieurs millions.

Aussi la Compagnie est-elle plutôt favorable à une deuxième solution, qui consisterait à appliquer certains relèvements de tarifs en même temps qu'une réforme du système de classes actuelles.

L'Allemagne est le seul pays en Europe, avec la Pologne et la Roumanie, où il existe quatre classes pour le trafic des voyageurs ; depuis quelques années la question d'une diminution du nombre des classes a été soulevée. Le système des quatre classes pouvait se justifier aussi longtemps que, dans les différentes classes, on offrait aux voyageurs des avantages correspondant à la différence des prix qu'ils avaient à payer. Mais la quatrième classe, qui était autrefois une classe pour voyageurs debout et pour de petits parcours, offre actuellement presque les mêmes avantages que la 3ème classe, dont le tarif est de 52 % plus élevé, cela non seulement en ce qui concerne l'aménagement des voitures, mais aussi la vitesse Il en résulte que les voyageurs de 3ème classe se portent toujours davantage vers la 4ème classe, et qu'ils passent des trains express aux trains à vitesse accélérée qui ne sont pas soumis aux suppléments de prix. Il est intéressant de remarquer que la fréquentation des trains express est très limitée en Allemagne. En 1926, par exemple, sur 1.000 voyageurs, 23,6 utilisaient les trains express, 11,5 les trains directs, 25,8 les trains à vitesse accélérée et 939,1 les trains omnibus.

Le système des quatre classes présente encore un autre inconvénient : comme la différence des taux d'une classe à l'autre est d'environ 50 %, les tarifs de la 1ère et de la 2ème classe sont relativement très élevés. Le rapport des prix de la classe la plus chère à la classe la meilleur marché est en Allemagne de 3,3, tandis que dans les autres pays d'Europe, ce rapport varie entre 2 et 2,50. Les prix trop élevés de la 1ère et de la 2ème classe encouragent le déclassement des voyageurs et leur émigration vers d'autres moyens de transport.

Pour remédier à ces inconvénients, la Compagnie, à l'occasion du relèvement des tarifs, envisage une réforme du système des classes. La 3ème et la 4ème classes seraient fusionnées et en principe il n'existerait à l'avenir que deux classes, une classe-bois et une classe-capitonnée correspondant à la 2ème classe actuelle. La première classe serait conservée comme classe de luxe et seulement dans les trains internationaux, dans quelques express des grandes lignes et dans les wagons-lits.

Les taux kilométriques des nouvelles classes seraient, à partir de la classe la plus basse, dans le rapport de 1 : 1,5 : 2,5. Les prix de la 1ère et de la 2ème classes se trouveraient donc réduits sensiblement. La perte de recettes provoquée par cette dernière mesure et par la suppression de la 3ème classe serait compensée et au-delà par une augmentation du taux de la classe-bois, par une nouvelle réglementation des suppléments pour les trains express et directs, et enfin par le retour qu'on escompte des voyageurs vers les classes plus élevées et vers les trains à plus grande vitesse. La réforme des classes doit finalement procurer à la Compagnie une recette supplémentaire de 55 millions. Ainsi, dans l'ensemble, le taux kilométrique de la classe-bois serait augmenté de 12 % par rapport au taux actuel de la 4ème classe, il resterait toutefois inférieur de 26 % au taux actuel de la 3ème classe. Les taux de la classe de luxe et de la classe capitonnée seraient réduits par rapport aux taux de la 1ère et de la 2ème classes respectivement de 13,0 % et 25,3 %.

Les nouveaux tarifs constitueraient les prix de base pour toutes les catégories de trains ; mais on continuerait à prélever aussi dans les trains à plus grande vitesse des suppléments par zone. Au point de vue tarifaire, il existerait à l'avenir trois catégories principales de trains : trains express, trains directs, trains omnibus, comportant une classe-bois et une classe-capitonnée. Les trains à vitesse accélérée seraient supprimés. Les suppléments actuels des trains express seraient doublés et dans les trains directs, qui ne comportent pas actuellement de suppléments, on appliquerait des suppléments correspondant à la moitié des suppléments pour les trains express. On créerait en outre une 4ème et une 5ème zones pour les suppléments de ces deux catégories de trains. On trouvera dans l'annexe X une comparaison entre les taux kilométriques et les suppléments actuels, et ceux que l'on veut mettre en vigueur.

L'application de la réforme des classes voyageurs, suivant les principes que j'ai brièvement exposés, procurerait, d'après les prévisions de la Compagnie, une recette supplémentaire de 64 millions de marks. Cette recette supplémentaire s'abaisserait toutefois à 55 millions, car on a l'intention d'exclure toutes les cartes d'abonnement de l'augmentation qui sera appliquée à la 4ème classe, dans le but d'éviter toute charge nouvelle aux voyageurs, employés et ouvriers, qui utilisent ces cartes.

En ce qui concerne les voyages avec billets ordinaires, dans la classe-bois de trains omnibus, il convient d'observer que, pour la distance moyenne de ces voyages, qui est de 28 kilomètres, l'augmentation du prix de transport ne dépasserait pas 10 pfennigs.

La Compagnie escompte de cette réforme les avantages suivants : on s'attend en premier lieu à ce que l'introduction du système des deux classes non seulement arrête le déclassement vers les classes inférieures, mais favorise encore le passage vers les classes supérieures. Il est à croire, en effet, qu'une partie des voyageurs actuels de la 3ème classe passera à la nouvelle classe-capitonnée, en raison de la petite différence de prix : 5,6 pfennigs au lieu de 5,0 pfennigs. D'autre part, la diminution du prix des voyages en trains express favorisera l'utilisation de ces trains par les voyageurs actuels des trains directs et des trains à vitesse accélérée. On sait que les prix fixés pour les transports par avion et par automobile correspondent sensiblement aux tarifs de la 1ère et de la 2ème classe en chemin de fer. Aussi la réduction de ces tarifs pourra-t-elle éventuellement diminuer l'émigration des voyageurs des classes supérieures vers les autres moyens de transport. On espère encore que la réforme du système de classification, accompagnée par la diminution du tarif des classes supérieures, produirait un relèvement général du trafic, notamment pour les voyages sur les longs parcours en trains express dont les prix seraient sensiblement réduits.

La diminution du nombre des classes apporterait des avantages dans les services de gares et dans la formation des trains, et elle permettrait une meilleure utilisation des places. Par ailleurs, la construction des wagons en serait simplifiée et les réparations facilitées ; la rationalisation des services de la Reichsbahn ferait ainsi un nouveau progrès. Il ne semble pas que la réforme des classes doive occasionner des dépenses importantes en ce qui concerne le matériel roulant. Les voitures de deuxième classe, actuellement très peu utilisées, seraient, croit-on, suffisantes pour les nouveaux besoins du trafic. Enfin il n'y aura pas besoin de transformer les voitures de 4ème classe, car une grande partie de ces voitures ont déjà un aménagement sensiblement correspondant à celui des voitures de 3ème classe.

La Reichsbahn a soumis à l'approbation et au choix du Ministre des Transports les deux solutions envisagées ci-dessus, c'est-à-dire l'augmentation uniforme des tarifs-voyageurs, ou bien l'introduction du système des deux classes avec augmentation limitée à la classe inférieure.

Dans le choix de la solution à intervenir, il importera évidemment de considérer avec la plus grande attention les répercussions que les nouvelles mesures tarifaires peuvent exercer sur le public, étant donné la progression très lente du trafic-voyageurs dans ces dernières années et la nature même de ce trafic très sensible aux variations des prix de transport.

Service des transports à Berlin.

Au début d'octobre, la Stadtbahn et certaines lignes de banlieue s'y rattachant seront ouvertes à l'exploitation électrique : ensuite, au fur et à mesure que les nouvelles voitures automotrices seront livrées, la traction électrique sera appliquée aussi à la ligne de ceinture. La Compagnie a consacré des sommes très importantes aux travaux d'électrification du réseau de Berlin, dont il est rendu compte dans un paragraphe spécial de ce rapport. Mais l'électrification ne pourra être rémunératrice qu'avec une fréquence des trains très élevée ; il est donc intéressant de suivre avec attention l'évolution du trafic sur le réseau de la ville et de la banlieue de Berlin.

La régression du trafic, que l'on constate d'année en année depuis 1924, a continué dans les premiers mois de 1927. On a eu ainsi pour la période janvier-avril une diminution dans le nombre des voyageurs transportés de 9,3 % par rapport à 1926. Mais à partir du mois de mai, le trafic a commencé à se relever : pour la période mai-décembre, le nombre des voyageurs transportés accuse une augmentation de 6,9 % par rapport à 1926.

Ci-dessous les résultats définitifs pour toute l'année 1927, comparés à ceux des années précédentes:

Années	1924	1925	1926	1927	1927 par rapport à 1926
Voyageurs transportés, en 1.000	468.311	397.749	354.156	358.872	+ 1,3 %
Recettes, en 1.000 RM . .	61.217	69.804	64.590	64.673	—

L'augmentation des voyageurs sur les chemins de fer de la ville et de la banlieue de Berlin à partir de l'été de 1927 est due d'une part au relèvement du trafic constaté sur l'ensemble du réseau, et d'autre part à certaines modifications appliquées aux tarifs de la Reichsbahn et à ceux des entreprises concurrentes de la ville de Berlin (tramways, autobus, métropolitain).

Comme je l'ai signalé dans mon rapport précédent, ces dernières entreprises ont adopté au 15 mars 1927 un tarif unique de 20 pf., alors que sur la Reichsbahn le prix des parcours à l'intérieur de la ville n'est que de 15 pf. D'autre part, depuis le 1er septembre la Compagnie a diminué son tarif pour le trafic dit « Eckverkehr » (voyages entre une gare de la ligne de ceinture ou de la Stadtbahn et une gare de la première zone des lignes de banlieue) et elle a donné plus d'extension au tarif de 15 pf. sur les lignes de banlieue, pour lutter contre la concurrence des entreprises municipales.

Par l'effet sans doute de ces mesures tarifaires, on a observé, pour la période de septembre à décembre 1927, que le nombre des voyageurs transportés a augmenté par rapport à 1926 de 9,7 %, et les recettes par contre de 2,6% seulement.

La situation du trafic a continué à être favorable dans les premiers mois de 1928 ; d'après les statistiques provisoires pour la période janvier-avril, le nombre des voyageurs transportés est en augmentation de 11,5% par rapport à 1927.

Le tarif unique appliqué par les entreprises de la ville de Berlin donne droit à la correspondance entre les différents moyens de transport. En vue de seconder les efforts de la Ville qui tendent à l'unification des transports en commun, la Compagnie a créé, à partir du 1er janvier 1928, un billet de correspondance entre les lignes urbaines et suburbaines (première section) de la Reichsbahn et les autres entreprises de transport. Le prix de ce billet est fixé à 30 pfennigs, la recette étant répartie également entre la Compagnie et la ville de Berlin. Le nombre des voyageurs qui ont utilisé les billets de correspondance a été, pour le premier trimestre de l'année, d'environ 500.000 dans chaque sens.

De ce qui précède, il résulte que la Compagnie, avec l'électrification et l'application des différentes mesures tarifaires mentionnées, a fait tout son possible pour améliorer les conditions de ses lignes urbaines et suburbaines de Berlin. Néanmoins, la situation du trafic sur ces lignes est évidemment influencée par le développement des entreprises concurrentes. On trouvera dans l'annexe XI de ce rapport la statistique du nombre des voyageurs transportés et des recettes réalisées à partir de 1924 par les diverses entreprises.

Tandis que le trafic a diminué sur les lignes de la Compagnie de 23,3% entre 1924 et 1927, il a par contre augmenté dans la même période de 47,1 % sur l'ensemble des autres entreprises de transport en commun. Si l'on compare les résultats de 1927 avec ceux de 1926, on constate une diminution de 4,9% dans le nombre des voyageurs transportés par les tramways ; mais il faut ajouter qu'à l'occasion de l'introduction du tarif unique, on a augmenté le prix du billet sur les tramways de 15 à 20 pfennigs. Le nombre des voyageurs transportés par le métropolitain et par les autobus a augmenté par contre respectivement de 14,6% et de 38,8% par rapport à 1926. Cet accroissement de trafic est dû en partie aux réductions tarifaires pour les longs parcours appliquées au 15 mars 1927; mais surtout à l'extension que la ville de Berlin, en suivant l'exemple des administrations des autres grandes capitales, a donnée aux services d'autobus et du métropolitain.

Alors que la Reichsbahn n'avait réalisé depuis 1907 aucune amélioration vraiment importante pour le réseau urbain et suburbain de Berlin, les entreprises de transport en commun ont dépensé par contre dans ces dernières années des sommes considérables pour le développement de leurs lignes et l'augmentation de leur matériel roulant. Dans le tableau 2 de l'annexe XI on trouvera une statistique qui montre l'extension des lignes de tramways, des autobus et du métropolitain et les accroissements dans leur parc de matériel roulant depuis 1924.

Il me paraît intéressant maintenant de reproduire ci-dessous une statistique d'origine anglaise, qui donne le nombre des voyages par tête d'habitant dans les grandes capitales.

Années	1923	1924	1925	1926	1927
Berlin	284	313	362	353	379
Paris	393	407	411	399	390
Londres.............	420	440	463	457	483
New York	531	547	545	551	554

On remarquera que le trafic a augmenté dans ces dernières années pour la ville de Berlin, plus rapidement que dans les autres grandes capitales, sans avoir atteint toutefois le niveau du trafic de celles-ci. Il est donc fort probable que le mouvement des voyageurs augmentera encore à Berlin dans les années prochaines. Il faut espérer que les lignes urbaines et suburbaines de la Reichsbahn pourront s'assurer une part importante de cet accroissement, étant donné les améliorations que l'application de la traction électrique va amener dans l'exploitation.

Concurrence des automobiles.

J'ai exposé dans mes précédents rapports comment la concurrence s'exerce en Allemagne, comme en d'autres pays, entre l'automobile et le chemin de fer. Je me bornerai ici à donner quelques renseignements sur la situation actuelle de cette concurrence et aussi sur la collaboration qui s'est établie dans une certaine mesure entre les deux moyens de transport.

Le nombre des camions et des automobiles a augmenté rapidement dans ces dernières années : il est passé de 193.000 voitures en 1924 à 369.000 en 1927, soit une augmentation de 91%. Si l'on considère toutefois que le nombre d'automobiles par rapport à la population est encore peu élevé en Allemagne en comparaison avec d'autres pays d'Europe et d'Amérique, et si l'on a égard aux progrès que l'industrie automobile a faits dans ces derniers temps, notamment en ce qui concerne le niveau des prix, on doit s'attendre à voir un plus grand développement des automobiles dans les années prochaines. En conséquence, la concurrence que les automobiles font au chemin de fer pour le transport des voyageurs et des marchandises est destinée à s'accroître toujours plus. L'emploi des camions automobiles est en Allemagne particulièrement favorable à cause de la grande concentration de l'industrie dans certaines régions, telles que la Ruhr ou la Saxe, et des transports considérables aux courtes distances qui en résultent. En ce qui concerne les transports-voyageurs, les lignes automobiles ont pris également une très grande extension.

Parmi les entreprises automobiles, l'administration de la Poste occupe la première place. On trouvera ci-dessous les données statistiques montrant le développement de ses services :

Années	Nombre des lignes postales	Longueur des lignes postales en kilomètres	Parcours des automobiles postales en kilomètres	Nombre des voyageurs transportés
	à la fin de l'exercice			
1910 (1)...........		1.234	2.230.000	1.537.000
1924 (1)...........	583	10.547	10.100.000	8.507.000
1925 (1)...........	1.241	23.848	26.100.000	24.818.000
1926 (2)...........	1.482	28.275	38.200.000	36.100.000
1927 (2)...........	1.670	31.516	47.300.000	48.500.000

(1) Exercices du 1er avril au 31 mars.
(2) Année solaire.

Le nombre des omnibus automobiles qui était de 130 unités en 1910, est passé à 2.572 unités à la fin de l'année 1926 et à 2.869 unités à la fin de l'année 1927.

A côté de la Poste, l'organisme de transport le plus important est la « Kraftverkehr Deutschland G. m. b. H. » qui groupe 17 grandes sociétés. L'extension du trafic de ces entreprises est mis en évidence par les chiffres suivants :

Année	Nombre des lignes		Longueur des lignes		Parcours des voitures		Voyageurs transportés	Nombre des voitures à la fin de l'année	
	Voyageurs	Marchandises	Voyageurs	Marchandises	Omnibus	Camions		Omnibus	Camions
			en kilomètres		en millions de kilomètres		en millions		
1926	—	—	—	—	18,80	7,20	32,30	748	
1927	380	45	6.304	2.109	26,03	9,88	40,28	972	742

Si l'on tient compte de l'effectif moyen des voitures dans l'année, le parcours kilométrique a été en 1927 de 30.000 km. pour chaque omnibus et de 13.000 km. pour chaque camion.

La Reichsbahn a conclu au mois de mars 1924 une convention avec la « Kraftverkehr Deutschland G. m. b. H. » ayant pour objet la suppression des concurrences inutiles et l'organisation en commun de lignes automobiles pour le transport des voyageurs et des marchandises. Les résultats de ces services dits « Eisenbahnkraftwagenverkehr » ont été les suivants :

Années	Nombre des lignes	Trafic des voyageurs		Trafic des marchandises		Recettes	
		Parcours des automobiles en km.	Nombre des voyageurs	Parcours des camions en km.	Tonnes transportées	Voyageurs	Marchandises
1925	27	82.962	112.298	334.370	98.769	70.008	495.592
1926	49	404.037	669.899	721.990	196.382	351.600	956.329
1927	63	801.609	1.516.615	1.126.908	317.512	732.573	1.652.634

Au 31 décembre 1927 la longueur totale des lignes exploitées en commun était de 1.572 km., dont 1.194 km. pour le trafic des marchandises et 378 km. pour le trafic des voyageurs.

Malgré l'augmentation que l'on constate en 1927, les services d'automobiles organisés en commun n'ont pas pris le développement auquel on aurait pu s'attendre. La raison en est que souvent les sociétés faisant partie de la « Kraftverkehr » ne disposent pas des ressources nécessaires pour ouvrir des nouvelles lignes automobiles. D'autre part, la Compagnie a une trop faible influence dans les affaires de ces sociétés.

Aussi la Reichsbahn, suivant en celà les suggestions d'une commission d'enquête créée en 1927 pour étudier la question de la concurrence entre les automobiles et la voie ferrée, a décidé de rendre plus active sa collaboration avec les sociétés automobiles, en prenant une participation financière dans ces sociétés. Au commencement cette collaboration doit être limitée à quelques sociétés importantes dans des régions industrielles où l'emploi des camions est très généralisé. La Compagnie a pu déjà s'assurer, en collaboration avec le Ministère des transports, la majorité des actions de la « Rheinische Verkehrsgesellschaft » de Cologne, et des négociations sont en cours avec une autre société pour arriver au même résultat. Le programme de collaboration avec les deux sociétés, préparé par la Compagnie, prévoit la création de nouvelles lignes automobiles, notamment pour le trafic des marchandises. Il s'agit non seulement de lignes destinées à apporter du trafic à la Reichsbahn, mais aussi de lignes parallèles à la voie ferrée et sur lesquelles on pourra obtenir une diminution de la durée de transport, par rapport au chemin de fer, allant jusqu'à 35 heures. On prévoit d'autre part la création, dans les centres les plus importants de trafic, de parcs de camions qui pourront être loués aux intéressés pour le transport des marchandises.

La participation du Reich aux sociétés de transport par automobiles a le but suivant : organisation méthodique des transports automobiles en collaboration avec le chemin de fer en vue de concilier les intérêts des transporteurs, et aussi d'améliorer les transports et d'en abaisser le prix au bénéfice du public.

J'ajouterai que le Reich a aussi un intérêt spécial à l'établissement de certaines lignes automobiles qui sont destinées à remplacer des voies ferrées dont la construction est réclamée depuis longtemps. Ces chemins de fer ne pourraient pas être construits par la Compagnie à cause de leur rentabilité douteuse; aussi est-ce en définitive sur le Reich que retomberait la charge de leur construction.

Les efforts que la Reichsbahn a faits pour arriver à une entente avec la Poste et la « Kraftverkehr » ont été imités par les compagnies de chemins de fer privées. Celles-ci ont fait des conventions avec la Poste et la « Kraftverkehr » dans le but d'éliminer la concurrence entre les lignes d'automobiles et les voies ferrées. D'autre part, la Poste et la « Kraftverkehr » se sont aussi engagées réciproquement à ne pas créer à l'avenir des lignes automobiles pour le transport des voyageurs en concurrence l'une avec l'autre.

En dehors de la participation aux sociétés d'automobiles, la Compagnie, dans le but de regagner à la voie ferrée les transports enlevés par les camions, a continué dans ces derniers mois à accorder de nombreux tarifs exceptionnels dits tarifs K. Ces tarifs, qui sont surtout dirigés contre la concurrence que les transports occasionnels font à la voie ferrée, semblent avoir donné des résultats favorables.

Transports aériens.

L'aviation commerciale, à la suite des perfectionnements réalisés, a pris place aujourd'hui dans l'économie générale des transports et notamment des transports internationaux. Elle s'est développée très largement en Allemagne depuis la guerre, grâce à la politique des subventions gouvernementales et à la situation géographique du pays, qui se trouve sur les artères principales du trafic européen. Il est donc intéressant pour le chemin de fer de suivre avec attention le développement de ce nouveau moyen de transport sans penser à engager avec lui une lutte de concurrence. La Compagnie, comme nous le verrons plus loin, a par contre déjà réussi à établir une collaboration avec les sociétés d'aviation dans l'intérêt de la collectivité.

Le développement des services de transport par avion en Allemagne est mis en évidence par les chiffres suivants, qui donnent les résultats du trafic en 1925, 1926 et 1927 sur les lignes exploitées par les différentes sociétés:

Années		1925	1926	1927	1927 par rapport à 1926
Kilomètres de vol		4.949.661	6.541.159	9.969.995	+ 52,4%
Voyageurs transportés		55.185	84.594	151.091	+ 78,6%
Voyageurs-kilomètres		10.603.035	14.680.151	26.953.998	+ 84,1%
Tonnes transportées	marchandises et bagages	521	1.057	2.326	+ 120,0%
	poste	287	551	827	+ 50,1%
Tonnes-kilomètres		178.328	311.266	681.661	+ 118,9%

Il est à remarquer que dans la statistique ci-dessus les voyageurs et les tonnes ont été comptés à nouveau pour chaque escale. Mais si l'on considère le nombre réel des voyageurs transportés par la « Lufthansa » qui exploite 94% des lignes régulières, on trouve que ce nombre est passé de 56.268 en 1926, à 102.681 en 1927, en augmentation de 82.5%. Les tonnes transportées ont augmenté pour les marchandises et les bagages de 644 à 1.463, et pour la poste de 302 à 480 tonnes. L'importance du développement de l'aviation apparaît clairement, si l'on considère que le nombre des voyageurs transportés par avion en 1927 a été un septième du nombre des voyageurs de 1ère classe de la Reichsbahn.

L'utilisation des places a été en 1927 de 50% environ: sur 304.046 places offertes, 151.091 ont été occupées. D'autre part, sur 29.473 vols prévus par l'horaire, 26.659 vols ont été effectués, ce qui donne un coefficient de régularité de 90%.

En Allemagne, les subventions à l'aviation sont accordées non seulement par le Reich, mais aussi par les Etats, les communes et les chambres de commerce. Pour ce motif, de nombreuses lignes ont été créées pour établir des liaisons intérieures à courtes distances qui ne semblent pas avoir en général un bon rendement, sans doute parce qu'elles ne présentent pas pour les voyageurs des avantages sensibles par rapport aux chemins de fer. Aussi la Lufthansa concentre maintenant ses efforts sur les grandes lignes intérieures et surtout sur les lignes internationales qui sont les plus fréquentées, en évitant autant que possible les escales intermédiaires, pour diminuer la durée du parcours. C'est ainsi que pour la période été-automne 1928, des lignes express spéciales ont été créées, à savoir : London express (Berlin-Londres), Paris express (Berlin-Paris), Mein express (Berlin-Francfort), Suisse express (Berlin-Zurich), Isaar express (Berlin-Munich), Adria express (Berlin-Vienne-Venise-Rome), Est-express (Berlin-Moscou), Alster express (Berlin-Hambourg).

Les avantages des voyages en avion apparaissent surtout pour certaines lignes internationales. En partant le matin de Londres, il est possible d'atteindre Moscou le jour suivant à trois heures de l'après-midi, en utilisant la ligne de nuit au départ de Berlin. Les 2.100 km qui séparent Berlin de Madrid peuvent être franchis en deux jours de vol avec un arrêt d'une nuit à Genève. D'autre part, la création de la ligne sans escale Berlin-Vienne permet d'atteindre Rome par Venise le même jour, avec 11 heures de trajet au lieu de 36 par chemin de fer. En ce qui concerne les communications de l'Allemagne avec l'Italie, je signalerai encore la création de la ligne d'essai entre Munich et Milan, réservée pour le moment au transport de la poste et des marchandises.

On a commencé d'établir le jalonnement lumineux des routes pour les vols de nuit. Des services de nuit ont été ainsi organisés entre Berlin-Königsberg et Berlin-Hanovre : ce dernier service sera prolongé prochainement jusqu'à Cologne. L'intérêt de cette innovation apparaît surtout pour les longs parcours. En évitant aux passagers d'avion de s'arrêter la nuit, on supprime l'infériorité dans laquelle se trouvait jusqu'à présent l'avion par rapport au train.

L'organisation des vols de nuit a d'autre part une grande importance en ce qui concerne les transports de marchandises. C'est ainsi que la « Lufthansa » a ouvert récemment à l'exploitation les deux lignes de nuit Berlin–Hanovre–Amsterdam–Londres et Berlin–Hanovre–Essen–Cologne–Paris ou Londres servant exclusivement au transport des marchandises. On s'attend à ce que la création de ces lignes donne un grand développement aux transports combinés par chemin de fer et par avion. En effet, les envois qui arrivent le soir ou dans la nuit aux gares de Berlin, Hanovre, Essen et Cologne sont remis aux destinataires, à Londres et à Paris, vers midi le jour suivant.

On trouvera ci-dessous une comparaison entre les prix qui sont appliqués pour les relations les plus importantes par la « Lufthansa » et par le chemin de fer aux transports des voyageurs et des marchandises.

Relation	Voyageurs				Marchandises	
	Prix du voyage en avion en marks	Prix du voyage en 1ère cl. des trains express en marks	Durée du voyage en avion heures heures	Durée du voyage en train-express heures	Prix par avion pour 100 kg en marks	Prix pour les colis express en chemin de de fer pour 100 kg en marks
Berlin-Munich..	85 (1)	83,00 (2)	4,20	9,00	80	28
Berlin Dresde. .	30	25,60	1,15	3,17	25	12
Berlin-Breslau .	42	42,40	2,15	4,19	45	18
Berlin-Königsberg	90	71,00	4,40	8,10	100	28
Berlin-Francfort	85 (1)	71,00 (2)	3,15	6,55	70	26
Berlin-Cologne .	80 (1)	69,00	3,45	8,02	75	26
Berlin-Paris ...	160 (1)	106,50	7,15	19,00	155	—
Berlin-Londres .	190 (1)	137,20	6,55	20,00	170	—
Berlin-Vienne..	135 (1)	85,00	3.50	13,30	100	42
Berlin-Zurich ..	150 (1)	115,00	5,15	15,12	115	37
Berlin-Moscou .	300 (1)	185,00	16,00	42,00	400	—

1) Prix pour les lignes d'avion express.
2) Prix pour les trains rapides (F. D.)

Sur les lignes les plus importantes partant de Berlin, le prix des voyages en avion comparé à celui de la 1ère classe des trains express est d'environ 18 % plus cher pour les relations intérieures et d'environ 49 % plus cher pour les relations internationales. Cette différence se réduit en moyenne à 20 %, si l'on considère que pour les longs voyages en chemin de fer au prix de transport proprement dit s'ajoute le supplément pour le wagon-lit. Pendant la saison d'hiver les prix des voyages en avion sont sensiblement égaux, au moins pour les relations intérieures, aux prix de la 1ère classe des trains express.

En ce qui concerne le transport des marchandises, les prix appliqués par la Lufthansa sont environ trois fois plus élevés que ceux des colis express sur la Reichsbahn.

Il convient d'observer qu'en Allemagne, comme ailleurs, les tarifs appliqués par l'aviation commerciale ne correspondent pas de loin aux prix de revient. Ainsi les dépenses d'exploitation de la « Lufthansa » se sont élevées, amortissements et frais généraux non compris, à 13,8 millions en 1926 et à 21,7 millions en 1927. Les recettes du trafic ont été par contre de 3,2 millions en 1926 et de 6 millions en 1927. La « Lufthansa » a reçu du Reich et des autres institutions publiques des subventions se montant à 14,2 millions en 1926 et à 23,6 millions en 1927. Pour 1928, le projet de budget du Reich prévoit une réduction de 1,9 millions dans les subventions accordées au trafic aérien.

Au point de vue de la rentabilité, on peut s'attendre cependant à une amélioration de la situation de l'aviation commerciale. Le prix de revient des transports aériens, qui a déjà diminué dans ces dernières années, est appelé à décroître encore, notamment par suite de l'emploi des grands avions et de l'augmentation de la charge utile par rapport au poids total. On doit penser naturellement qu'il sera encore possible de réaliser de grands progrès techniques pour un instrument de transport si récent progrès non seulement quant au prix de revient, mais aussi quant à la sécurité qui est un élément encore plus important.

La Reichsbahn, s'inspirant de l'intérêt général du trafic, a conclu des accords avec la « Lufthansa » en vue de coordonner les transports par voie ferrée et par avion. Ainsi, comme je l'ai déjà signalé dans un de mes rapports précédents, depuis 1926 des carnets spéciaux de billets pour les voyages combinés en chemin de fer et en avion sont délivrés par les bureaux de voyages. De plus, les passagers d'avion peuvent expédier leurs bagages par chemin de fer sans être obligés d'acheter un billet à la Compagnie. Des négociations sont entamées actuellement entre la Reichsbahn et la « Lufthansa », dans le but d'offrir aux voyageurs d'avions qui interrompent leurs voyages à cause d'un atterrissage forcé ou pour d'autres raisons, le transport en 1ère classe sur le chemin de fer, en tenant compte du prix du billet d'avion.

En ce qui concerne le trafic des marchandises, la Compagnie a conclu le 20 août 1927 un accord avec la « Lufthansa » pour le transport combiné par chemin de fer et par avion.

Cet accord permet d'effectuer les transports des marchandises remises avec une lettre de voiture par avion, en utilisant soit la voie ferrée, soit la voie de l'air, sans qu'on ait besoin de la collaboration de l'expéditeur au passage d'un système de transport à l'autre. Il est à remarquer que les documents de transport pour le parcours en chemins de fer sont établis par la gare expéditrice au nom de la « Lufthansa » : ainsi la Compagnie n'engage sa responsabilité que vis-à-vis de la « Lufthansa ».

Le tarif applicable à un transport combiné s'obtient en soudant la taxe de la « Lufthansa » pour le parcours aérien à celle du tarif des colis express pour le parcours par voie ferrée, et en ajoutant une taxe spéciale de transbordement.

Le trafic combiné dit « Fleiverkehr » est entré en vigueur le 1er octobre 1927 ; les résultats n'ont pas été jusqu'à présent importants, mais on s'attend à un certain développement de ce trafic, surtout dans les relations avec l'étranger, par suite de la création des nouvelles lignes d'avion destinées uniquement au transport des marchandises.

J'ajouterai que les chemins de fer fédéraux suisses ont conclu avec la société d'aviation « Balair », pour les transports combinés par chemin de fer et par avion, un contrat analogue à celui passé entre la Reichsbahn et la « Lufthansa ». Aussi, dans ce cas, les transports sont effectués au nom des sociétés d'aviation, qui seules ont la responsabilité vis-à-vis de l'expéditeur. Il est à remarquer qu'en Suisse, les transports combinés chemin de fer — avion sont admis seulement dans le trafic en provenance et à destination de l'étranger ou en transit.

Le contrat que les chemins de fer suédois ont passé avec la « Aktiebolaget Aerotransport » en mai 1926 pour les transports combinés par voie ferrée et par avion présente un caractère différent. En effet, dans ce cas, les transports sont effectués au moyen d'une lettre de voiture unique d'un modèle spécial, mais sous le régime de la responsabilité distincte pour le trajet aérien et pour le trajet par voie ferrée.

*

* *

TRAFIC-MARCHANDISES.

Développement du trafic.

Les résultats du trafic dans les six premiers mois de 1927, dont j'ai donné les chiffres définitifs dans mon rapport précédent, ont été très satisfaisants : le tonnage transporté a augmenté de 13,4% par rapport à 1925 et de 24,3% par rapport à 1926. Le trafic a continué à se développer d'une manière favorable dans les mois suivants: ainsi, pour la période juillet — décembre, le tonnage transporté accuse encore une augmentation de 19,2% par rapport à 1925 et de 5,5% par rapport à 1926. Cette dernière augmentation par rapport à 1926 paraît moindre que celle constatée dans les six premiers mois de l'année, car c'est à partir de l'été 1926 que le trafic s'est relevé d'une manière exceptionnelle à la suite des transports de charbon provoqués par la grève des mineurs anglais.

Dans l'ensemble, pour toute l'année 1927, les résultats définitifs comparés à ceux des années 1925 et 1926, ont été les suivants:

Années	1925	1926	1927	1927 par rapport à	
				1925	1926
Recettes (en 1.000 *RM*)	2.868.713	2.830.619	3.226.401	+ 12,5 %	+ 14,0 %
Tonnes transportées (en 1.000)	373.009	381.868	434.063	+ 16,4 %	+ 13,7 %
Tonnes-kilomètres (en 1.000)	55.965.403	59.016.334	64.887.715	+ 15,9 %	+ 9,9 %
Distance moyenne de transport en km. .	150,04	154,55	149,49	— 0,4 %	— 3,3 %

On a eu ainsi en 1927, par rapport à 1926, une augmentation dans le nombre de tonnes transportées de 13,7 %, et dans le nombre de tonnes-kilomètres de 9,9 %. Pour les marchandises autres que le charbon, le tonnage transporté s'est élevé en 1927 à 274.386.104 tonnes, en augmentation de 24,5 % par rapport à 1926.

Il est à remarquer que la distance moyenne de transport tend à diminuer d'année en année ; ainsi elle est passée de 156,0 km en 1924 à 149,49 km en 1927: l'augmentation que l'on constate en 1926 est due aux transports exceptionnels de charbon sur les longs parcours. La diminution de la distance moyenne de transport provient, semble-t-il, de ce que les industries tendent toujours plus à se rapprocher des sources de matières premières et des ports fluviaux et aussi du fait que les courants de transport reprennent peu à peu leur physionomie d'avant-guerre. On sait qu'en 1913 la distance moyenne de transport était de 128 km seulement.

Si l'on compare les résultats de 1927 à ceux de 1913 pour un réseau ramené aux frontières actuelles, on constate une augmentation de 26,2 % dans le nombre des tonnes-kilomètres et une augmentation de 8,8 % dans le nombre des tonnes transportées. Pour la première fois depuis la stabilisation monétaire le tonnage transporté a été supérieur à celui de 1913.

Malgré la diminution des tarifs appliquée le 1er août, les recettes du trafic-marchandises en 1927 se sont élevées à 3.226 millions, en augmentation de 14 % par rapport à 1926. Comparées aux recettes de 1913 (réseau limité aux frontières actuelles) elles se trouvent en augmentation de 67,4 %.

J'ai donné dans l'annexe N° XII une représentation graphique du trafic en 1925, 1926 et 1927. Les courbes pour 1927 font ressortir le développement très favorable du trafic dans cette année, elles sont sensiblement parallèles aux courbes du trafic de 1925.

L'accroissement important du trafic que l'on a constaté en 1927 a été une conséquence du relèvement rapide de l'économie allemande à partir de 1926; maintenant la situation économique semble à peu près stabilisée. Dans les premiers mois de 1928, les chiffres de la production ont été en général supérieurs à ceux de 1927. Toutefois, au mois d'avril, la production de la houille et de l'acier est en diminution par rapport à l'année dernière, et la situation de certaines industries, notamment l'industrie textile et l'industrie du bâtiment, ne paraît pas satisfaisante. Bien que le nombre des chômeurs en Allemagne accuse une diminution sensible par rapport à 1927, il semble se manifester un certain fléchissement dans l'activité économique. Cette situation est destinée à avoir une répercussion sur le trafic de la Compagnie.

On trouvera ci-après les résultats provisoires du trafic-marchandises jusqu'au mois de mars 1928, comparés avec ceux de 1927.

Mois	Recettes provisoires			Tonnes transportées		
	1928	1927	1928 par rapport à 1927	1928	1927	1928 par rapport à 1927
	en 1 000					
Janvier	260.569	232.180	+ 12,2 %	34.786	32.184	+ 8,1 %
Février	258.464	235.743	+ 9,6 %	35.374	32.509	+ 8,8 %
Mars	288.105	269.699	+ 6,8 %	39.696	37.339	+ 6,3 %
Avril	242.820	257.587	— 5,9 %	—	—	—

La distance moyenne de transport, suivant la tendance dont j'ai parlé auparavant, a diminué sensiblement par rapport aux mois correspondants de 1927; ainsi le nombre de tonnes-kilomètres a été pour les premiers mois de cette année légèrement inférieur à celui de 1927.

Le tableau suivant fait connaître le nombre moyen des wagons chargés par jour ouvrable :

Mois	Nombre total des wagons chargés			Wagons chargés dans les principaux bassins charbonniers		
	1928	1927	1928 par rapport à 1927	1928	1927	1928 par rapport à 1927
Janvier	136.174	128.627	+ 5,9	47.156	45.905	+ 2,7
Février	143.360	135.218	+ 6,0	45.358	44.798	+ 1,2
Mars	150.698	144.012	+ 4,6	44.523	42.339	+ 5,1
Avril	149.511	145.389	+ 2,8	43.801	42.057	+ 4,1

Les données ci-dessus montrent, dans leur ensemble, que la situation du trafic des marchandises a continué à être assez favorable dans les premiers mois de cette année. Toutefois, les chiffres du trafic tendent toujours plus à se rapprocher de ceux de 1927. Dans la première quinzaine de mai le nombre de wagons chargés est même tombé au-dessous du chiffre de l'an dernier. Dans la situation actuelle, il n'est pas possible de prévoir quels seront les résultats du trafic en 1928, mais il ya tout lieu de penser qui si quelque progression se manifeste encore elle ne sera pas comparable à celle des années précédentes.

Il me paraît intéressant de donner maintenant quelques détails sur les résultats du trafic en 1927. Je commencerai par les transports de charbon qui ont une importance exceptionnelle pour le réseau allemand. Voici les chiffres statistiques des transports de charbon en 1927 comparés à ceux de 1926:

Années	Tonnage transporté en 1000			Tonnes-kilomètres	Recettes
	Houille	Lignite	Total	en 1000	en 1000 R.M
1925...............	95.592	48.800	144.392	19.567.879	718.525
1926...............	113 405	47.995	161.400	25.975.827	810.359
1927...............	106.847	52.830	159.677	22.675.360	742.252
1927 par rapport à 1926..........	— 5,8 %	+ 10.0 %	— 1,1 %	— 12,7 %	— 8,4 %

On voit donc qu'en 1927 le tonnage transporté a été sensiblement le même qu'en 1926 ; l'augmentation des transports intérieurs due à l'accroissement de la consommation du charbon dans le pays a compensé la diminution des transports exceptionnels pour l'exportation provoqués en 1926 par la grève des mineurs anglais. La diminution de ces transports, effectués en général sur de longs parcours, a amené en 1927 une contraction sensible de la distance moyenne de transport ; c'est pour cette raison que le nombre des tonnes-kilomètres et les recettes sont en diminution par rapport à 1926. On remarquera encore l'augmentation progressive des transports de lignite, dont la consommation s'accroît en Allemagne d'année en année, tant pour les besoins domestiques que pour ceux de l'industrie.

La situation des transports dans les bassins charbonniers les plus importants de l'Allemagne est mise en évidence par les chiffres du tableau ci-dessous qui donne le nombre moyen des wagons chargés par jour ouvrable dans les différents bassins en 1925, 1926 et 1927.

Bassins	Nombre moyen des wagons chargés par jour ouvrable				
	1925	1926	1927	Augmentation en 1927 par rapport à	
				1925	1926
Ruhr	24.361	28.320	28.367	+ 16,4 %	—
Haute-Silésie	4.225	5.272	5.664	+ 34,0 %	+ 7,4 %
Basse-Silésie..........	1.442	1.451	1.502	+ 4,2 %	+ 3,5 %
Allemagne du Centre ..	8 867	8.569	9.232	+ 4,1 %	+ 7,7 %

Les transports de charbon pour les services de la Compagnie, qui avaient été en 1926 de 12.490.140 tonnes, se sont élevés en 1927 à 14.189.436 tonnes. Cette augmentation s'explique en partie par le fait que la Compagnie a dû reconstituer cette année-ci les stocks qui avaient diminué sensiblement vers la fin de 1926.

L'annexe n° XIII donne la répartition du tonnage transporté en 1926 et en 1927 par destination et par provenance. On remarquera que l'augmentation constatée en 1927 par rapport à 1926, a porté surtout sur le trafic intérieur de la Reichsbahn. Pour le trafic étranger, on observe une augmentation sensible pour les transports en provenance de l'étranger, mais une diminution pour les transports à destination de l'étranger ou en transit. En 1927 le tonnage des exportations y compris les transports de réparations a diminué en Allemagne de 19,9 % par rapport à 1926, par contre le tonnage des importations a augmenté de 57,3 %. La légère diminution que l'on constate en 1927 dans le trafic de transit provient de la cessation des transports de charbon tchécoslovaques et polonais en transit à travers l'Allemagne.

Les transports de service de la Compagnie y compris le charbon se sont élevés en 1927 à 54.981.882 tonnes; ils avaient été de 56.677.821 tonnes en 1926.

Le tableau ci-dessous donne les chiffres statistiques des transports de marchandises express et de marchandises à grande vitesse comme colis de détail et comme wagons complets.

Années	Marchandises express		Marchandises à grande vitesse (colis de détail et wagons complets)	
	Tonnage	Recettes	Tonnage	Recettes
1925	660.436	47.194.772	4.800.919	116.873.854
1926	659.792	45.843.900	4.928.741	92.672.701
1927	745.910	54.187.965	5.393.911	114.112.671
1927 par rapport à 1926	+ 13,0 %	+ 18,1 %	+ 9,4 %	+ 23,1 %

On remarquera que, tandis que le tonnage des marchandises à petite vitesse autres que le charbon a augmenté en 1927 de 20,0 % par rapport à 1925, le tonnage des marchandises express et à grande vitesse a augmenté seulement de 12,4 %. Ce fait semble dû à la concurrence toujours plus importante que les transports par automobiles font au chemin de fer, surtout pour les marchandises les plus riches. J'ajouterai que la Poste effectue elle aussi un service de marchandises express sur ses lignes automobiles.

L'augmentation du trafic que l'on constate en 1927 a amené une augmentation du nombre des trains-kilomètres par rapport à 1926. Voici quelques renseignements statistiques sur les trains de marchandises, trains de service non compris, pour les années 1925, 1926 et 1927 :

Années	1925	1926	1927	1927 par rapport à 1926
Trains-kilomètres en 1.000	206.080	218.993	234.733	+ 7,2 %
Essieux-kilomètres des wagons vides et chargés en 1.000	15.745.272	17.208.180	18.737.322	+ 8,9 %
Nombre moyen d'essieux par train	76	79	80	

La charge utile d'un essieu chargé a été de 5,76 tonnes en 1927, elle avait été de 5,89 tonnes en 1926 ; les transports importants de charbon que l'on a eus dans cette dernière année ont permis une meilleure utilisation de la capacité de chargement des wagons.

Évolution des tarifs.

J'ai exposé dans mon rapport précédent les raisons qui ont amené la Compagnie à appliquer à partir du 1er août 1927 une révision des tarifs normaux, ainsi que les principes de cette révision. Je rappellerai brièvement ici qu'avant la révision en question la tarification des produits finis avait été, par rapport à la situation d'avant-guerre, beaucoup plus élevée que celle des matières premières. D'autre part, l'augmentation des prix de transport par rapport à 1913 était surtout ressentie pour les courtes distances.

La révision des tarifs du 1er août 1927 a eu pour but de corriger autant que possible ces inégalités et de mieux adapter le système des tarifs aux conditions actuelles de la vie économique en Allemagne. Ainsi les prix de base des classes supérieures A, B, C et D qui sont en général appliqués aux produits finis ou demi-fabriqués ont été réduits. En même temps la taxe d'expédition, qui s'ajoute aux prix de transport proprement dits, et qui, avant la révision, était la même pour toutes les distances, a été réduite pour les distances jusqu'à 100 km. et pour les classes de A à E. On a ainsi obtenu un abaissement des prix de transport aux courtes distances sans toucher à l'échelle des tarifs. La révision a été complétée par une réduction sensible des prix pour les expéditions de dix tonnes.

Les mesures appliquées aux tarifs normaux ont été étendues peu à peu, à partir du 1er août, aux tarifs exceptionnels les plus importants.

La révision des tarifs normaux, avec sa répercussion sur les tarifs exceptionnels, représente pour l'économie allemande une réduction sur les frais de transport qui, compte tenu de l'étendue actuelle du trafic, ne doit pas être éloignée de 80 millions de marks.

Dans le dernier semestre, la Compagnie a continué, dans le domaine des tarifs exceptionnels, sa politique tarifaire qui tend à développer son trafic et à favoriser l'économie nationale.

Dans le but d'augmenter les exportations de charbon allemand, elle a mis en vigueur de nouveaux tarifs exceptionnels qui s'appliquent aux charbons de la Haute et de la Basse Silésie et de la Saxe destinés à la Tchécoslovaquie et aux charbons du bassin Rhénan-Westphalien à destination de la Hongrie et de la Yougo-Slavie par les ports allemands du Danube. La réduction consentie par ces tarifs varie entre 10 et 25 %.

Dans les premiers mois de l'année, la Compagnie a été amenée à modifier les tarifs du charbon pour les régions côtières, dans le but d'augmenter les débouchés allemands en concurrence avec le charbon anglais dont l'importation en Allemagne a repris depuis la fin de la grève de 1926. Ainsi, depuis le mois de février, il est accordé par voie de ristourne une réduction par tonne, respectivement de 2,40 marks et 1,90 marks pour les transports de charbon de soute à destination des ports de la mer du Nord et des ports de la Baltique. Cette remise, qui s'ajoute à la réduction prévue par les tarifs AT 6e et AT 6f pour les régions côtières, est accordée seulement lorsque les transports de charbon de soute sont effectués en surplus du tonnage minimum auquel l'application des deux tarifs en question est subordonnée. En outre, les taux des tarifs exceptionnels pour les transports de charbon des bassins de la Haute-Silésie et de la Basse-Silésie vers le port de Stettin ont été sensiblement réduits à partir du 1er janvier 1928.

Au commencement du mois de mars, la Compagnie a mis en vigueur de nouveaux tarifs exceptionnels pour le coke du bassin de la Ruhr à destination des hauts-fourneaux du Luxembourg et pour le charbon du bassin d'Aix-la-Chapelle à destination de la Lorraine. Ces tarifs, qui sont appliqués seulement aux transports passant par les gares frontières de Igel et de Perl, ont pour but de concurrencer les lignes étrangères parallèles à la frontière ouest de l'Allemagne.

En ce qui concerne les marchandises autres que le charbon, je signalerai seulement l'extension du tarif pour le vin aux expéditions de détail, la réduction du tarif pour les produits en fer et en acier destinés à la Prusse orientale, la réduction du tarif pour les importations de minerais de fer dans la Haute-Silésie et la révision des tarifs exceptionnels pour les pierres destinées à la construction des routes.

La Reichsbahn a continué activement dans ces derniers mois la politique tarifaire destinée à favoriser les importations et les exportations par les ports de mer allemands et par les frontières terrestres. Ainsi de nouveaux tarifs exceptionnels ont été consentis pour les importations de la mitraille de fer et d'acier, du tabac brut, du borax non raffiné et pour l'exportation du malt et du spath fluor.

La réforme des tarifs normaux du 1er août 1927 a entraîné des modifications dans les tarifs exceptionnels les plus importants pour les ports de mer. Une réduction qui varie en général entre 2 et 9 % a été consentie pour ces tarifs ; elle ne s'applique toutefois qu'aux gares situées dans la zone de concurrence des ports de mer étrangers.

A partir du 1er mars 1928 une modification importante a été apportée au tarif exceptionnel AT 35 pour les exportations des produits en fer et en acier par les ports de mer allemands. Malgré l'augmentation de la production du fer et de l'acier que l'on a observée en Allemagne en 1927, le tonnage transporté d'après ce tarif a diminué de 22.000 tonnes environ par rapport à 1926. En 1926, un huitième seulement du tonnage des articles en fer les plus importants exportés de l'Allemagne occidentale a emprunté la voie directe par chemin de fer vers les ports de mer allemands. Les exportations des produits en fer et en acier de ces régions tendent toujours davantage à passer par les ports de mer étrangers en utilisant la voie d'eau directe du Rhin ou bien la voie combinée par chemin de fer et par eau. Pour conserver ce trafic, la Compagnie a été amenée à réduire encore de 6 à 10 % les taux du tarif exceptionnel AT 35 pour les produits en fer des classes A à D: la réduction par rapport aux tarifs normaux s'élève actuellement pour les régions les plus exposées à la concurrence des ports de mer étrangers jusqu'à 60 %. La mesure tarifaire en question causera à la Compagnie une perte de recettes brutes d'environ un million et demi de marks par an ; on espère toutefois que cette perte sera en grande partie compensée, notamment par l'augmentation des transports vers le port de Brême.

En ce qui concerne le transit à travers l'Allemagne, des modifications importantes ont été apportées aux tarifs dits SD. Ainsi on a augmenté les taux du tarif SD 2 pour le trafic entre les gares de la frontière suisse-allemande et les ports de mer allemands, lorsqu'il s'agit d'envois à destination des Pays Scandinaves, des Pays Baltes et de la Russie. Je remarquerai à ce propos que des négociations sont en cours entre la Compagnie et les chemins de fer français pour atténuer la concurrence sur les lignes françaises et allemandes parallèles à la frontière de l'ouest.

La Compagnie a en outre modifié les taux du tarif SD 6 pour le trafic entre les gares de la frontière tchécoslovaque-allemande et les ports de mer allemands, en adaptant ces taux aux prix de transport pratiqués sur les lignes aboutissant aux ports de l'Adriatique.

J'ai signalé dans mes rapports précédents, à propos de la lutte tarifaire entre Trieste et Hambourg, qu'un accord provisoire avait été conclu vers la fin de 1926 entre la Reichsbahn et les administrations étrangères intéressées, en vue de suspendre pour un an les mesures exceptionnelles de concurrence qui étaient très onéreuses pour les chemins de fer en présence. Cet accord provisoire, qui a permis à la Compagnie de relever sensiblement les taux des tarifs pour le trafic entre la Tchécoslovaquie et l'Autriche et les ports de mer allemands, est venu à expiration le 31 décembre 1927. Les négociations entre les administrations intéressées pour arriver à une solution définitive du problème de la lutte tarifaire entre Trieste et Hambourg n'ayant pas encore abouti, l'accord provisoire a été prolongé pour une période de six mois jusqu'au 30 juin 1928.

Dans les nombreuses conférences auxquelles ces négociations ont donné lieu, les points de vue des administrations en présence paraissent s'être rapprochés. Il faut donc espérer que l'on arrivera bientôt à un accord qui tienne compte des intérêts économiques des ports en concurrence, et aussi des intérêts financiers des chemins de fer qui seraient les premiers à souffrir de la reprise de la concurrence tarifaire.

Un nouveau règlement du trafic (Eisenbahnverkehrsordnung) a été préparé par le Ministère des transports en collaboration avec la Compagnie, en tenant compte des désirs exprimés par les associations de l'industrie et du commerce. Les dispositions de ce règlement ont été mises en harmonie autant que possible avec celles du droit international comprises dans les deux nouvelles conventions internationales, qui ont été conclues à Berne le 23 octobre 1924 pour le trafic des marchandises et pour le trafic des voyageurs et bagages. Il est remarquer toutefois que dans le nouveau règlement allemand, on n'a pas adopté les dispositions des nouvelles conventions internationales sur la fixation d'un montant maximum général de dédommagement pour le trafic des marchandises et des bagages. Les dispositions adoptées sur ce point sont donc plus favorables que celles des conventions internationales.

Le nouveau règlement du trafic a déjà été soumis au « Reichseisenbahnrat » qui a donné son avis favorable ; il entrera probablement en vigueur le 1er octobre 1928.

La Compagnie s'est efforcée, avec la réforme des tarifs normaux appliquée en 1927, de donner satisfaction aux différents intérêts économiques.

Néanmoins certaines demandes présentées alors et reconnues justifiées n'ont pu être acceptées en raison de la situation financière de la Compagnie. A fin de leur donner satisfaction, on envisage maintenant d'accorder pour quelques marchandises les réductions suivantes :

a) pour les charbons diminution de la taxe d'expédition de 11 pfennigs pour 100 kg. à 9 pfennigs pour 100 kg.

La réduction du prix de transport du charbon, appliquée sous cette forme, a l'avantage d'éviter toute modification dans la concurrence entre les différents bassins, car elle produit un abaissement égal des prix de transport pour toutes les distances. Avec l'application de la réduction proposée, le tarif du charbon se comparerait comme suit au tarif existant en 1914.

Prix en pfennigs pour 100 kg.

Kilomètres :	50	100	150	200	300	500
1914........	18	29	40	51	73	105
après la réduction ...	24	39	54	69	99	127
augmentation par rapport à 1914	33,3 %	34,5 %	35 %	35,3 %	35,6 %	21,0 %

A partir de 683 km. les prix de transport seraient égaux à ceux d'avant-guerre. La réduction de la taxe d'expédition serait appliquée non seulement au tarif général AT 6, mais aussi aux autres tarifs exceptionnels pour le charbon ; toutefois on ne l'appliquerait pas aux tarifs exceptionnels dont les taux sont établis d'après les prix en vigueur sur les voies étrangères concurrentes. La mesure en question provoquerait pour la Compagnie une perte de recettes de 25 millions par an.

b) pour les produits en fer et en acier des classes A à D exportés par les frontières terrestres, réduction de 20 % par rapport aux taux des classes normales de juillet 1927.

Déjà en 1925, la Commission permanente des tarifs avait recommandé l'application de réductions tarifaires pour les exportations des produits en fer par les fontières terrestres ; de telles réductions existaient avant la guerre. J'ajouterai que la Compagnie avait accordé en 1927 des facilités analogues pour les exportations du papier et des produits en verre et argile. La réduction proposée provoquerait pour la Compagnie une perte de recettes de 3,9 millions de marks.

c) pour la paille et le foin, réduction de 15 % par rapport aux tarifs de la classe normale E.

A cause de leur faible poids, la paille et le foin sont généralement taxés d'après le tarif relativement élevé des transports par expéditions de 5 tonnes, ils supportent ainsi une charge assez lourde soit par rapport au tarif d'avant-guerre soit par rapport à leurs prix de vente. On pense que la réduction proposée pourra accroître les transports à longue distance et permettre une répartition plus rationelle de ces produits dans les différentes régions de l'Allemagne et une diminution des importations de l'étranger.

La perte de recettes provoquée par cette mesure s'élèverait à 1,9 millions de marks par an.

Le Conseil d'Administration de la Compagnie a reconnu les avantages économiques des mesures tarifaires proposées, mais il a dû tenir compte de la perte de recettes très élevée qu'elles pourraient provoquer, dans l'ensemble 30,8 millions par an, ainsi que des nouvelles charges que la Compagnie doit supporter par ailleurs. Aussi a-t-il décidé que les réductions en question ne pourraient entrer en vigueur qu'avec l'augmentation générale des tarifs marchandises, qui est exposée ci-après.

Projet d'augmentation des tarifs.

Vers la fin de l'année 1927, l'augmentation considérable des charges qui lui sont imposées a obligé la Compagnie, comme il a été exposé précédemment, à envisager la nécessité d'une augmentation générale des tarifs.

Depuis la constitution de la Compagnie, au mois d'octobre 1924, les tarifs-marchandises n'ont jamais été augmentés, sauf dans des cas très particuliers. Par contre, la Compagnie a accordé de nombreuses réductions, les unes d'application générale, les autres concernant les exportations, les importations, ou les transports pour certaines régions déterminées, Siegerland, Haute-Silésie, Prusse orientale. Cette politique tarifaire, soucieuse de favoriser les intérêts économiques du pays, a atteint son plein développement avec la réforme des tarifs normaux en août 1927. Je rappellerai que les réductions les plus importantes appliquées depuis la fin de 1926 ont à elles seules occasionné une perte de recettes qui peut-être estimée à plus de 100 millions de marks par an.

Les sacrifices financiers de la Compagnie en faveur de l'économie allemande sont mis d'autre part en évidence par la diminution progressive de la recette moyenne par tonne-kilomètre des transports commerciaux. Voici les chiffres de cette recette à partir de 1924 :

Années	Recette moyenne par tonne-kilomètre (sans impôt)	Augmentation par rapport à 1913 %	Recette moyenne par tonne-kilomètre (avec l'impôt)	Augmentation par rapport à 1913 %
	en pfennigs		en pfennigs	
1913.........	3,59	—	3,59	—
1924.........	5,35	49	5,64	57
1925.........	4,92	37	5,17	44
1926.........	4,59	28	4,81	34
1927.........	4,76	33	5,09	42

En 1926, la recette par tonne-kilomètre a baissé considérablement par suite de l'augmentation exceptionnelle des transports de charbon dont les tarifs sont relativement faibles. En ce qui concerne la recette de la tonne-kilomètre pour l'année 1927, je remarquerai que les réductions de tarifs normaux n'ont eu sur cette recette qu'une influence partielle, car elles ne sont entrées en vigueur que le 1er août. Mais si l'on considère la recette de la tonne-kilomètre pour la période août-décembre, on trouve qu'elle est passée de 5,09 pfennigs en 1925 à 4,80 en 1927, soit une diminution d'environ 6 %.

Tandis que les prix de transport ont dans l'ensemble diminué depuis 1925, l'indice des prix de gros s'est relevé d'une façon à peu près continue de 134 dans le milieu de l'année 1925, à 140 en avril 1928. Dans la même période, l'indice du coût de la vie est passé de 138 à 150,7.

Il apparaît donc que l'obligation où se trouve la Compagnie d'augmenter ses tarifs aura seulement pour effet d'ajuster les tarifs de transports au niveau général des prix, ce qui est conforme aux lois économiques.

D'après le projet que la Compagnie a soumis à l'approbation du Gouvernement, le relèvement des tarifs-marchandises doit produire un surplus de 195 millions sur les recettes des transports des marchandises et des animaux vivants, évaluées pour l'année 1928 à 3.100 millions. Les tarifs de concurrence, qui procurent une recette de 268,5 millions, ne seraient pas touchés par l'augmentation des tarifs. On appliquerait, en même temps que cette augmentation, les réductions dont j'ai déjà parlé pour le charbon, la paille et le foin et pour les exportations du fer, qui entraînent une perte de recettes de 30,8 millions. On considère, d'autre part, que le relèvement des tarifs produira une contraction du trafic de 2 %. Dans ces conditions, pour obtenir un surplus de recettes de 195 millions, il faudrait augmenter les tarifs de 10 %.

L'augmentation des prix de transport qui en résulterait est relativement peu importante par rapport au prix de la plus grande partie des marchandises et notamment de celles qui sont les plus nécessaires aux besoins de la vie. Le montant de cette augmentation serait, par 50 kilogrammes de marchandises et suivant la distance de :

1,5 à 6,0 pfennigs pour les pommes de terre,
4,0 à 14,5 » » les céréales et la farine,
0,5 à 5,5 » » le coke,
1,0 à 5,0 » » la potasse.

En ce qui concerne le charbon, l'augmentation des tarifs serait, à cause de la réduction préalable de 2 pfennigs pour la taxe d'expédition, compensée en général jusqu'à 52 km., et atténuée pour les plus grandes distances.

A la suite du relèvement le prix moyen de la tonne-kilomètre se trouverait à l'avenir par rapport à l'année 1913 en augmentation d'environ 44 % sans l'impôt et 51 % avec l'impôt. Il serait encore inférieur au prix de la tonne-kilomètre en 1924, et d'autre part l'augmentation correspondrait à l'élévation actuelle du prix de la vie par rapport à l'année 1913, soit 50,7 % pour le mois d'avril.

*
* *

TRAVAUX.

Dans mon rapport précédent, j'ai donné des renseignements concernant l'activité développée par la Compagnie pendant l'exercice 1927, pour renouveler, améliorer et étendre ses installations de sécurité, son réseau téléphonique, etc. Je ne m'étendrai pas cette fois sur cette question.

J'ai exposé également dans ce rapport le programme des travaux d'entretien et de renouvellement des voies de l'année 1927. Ce programme, d'ailleurs largement conçu devait selon les estimations de novembre 1927, comporter entre autres le renouvellement complet d'environ 4.020 kilomètres de voies principales par des matériaux neufs, y compris le ballast. Ces prévisions ont, en réalité, été dépassées quelque peu, et, pendant l'exercice écoulé, on a entièrement renouvelé 4.130 kilomètres de voies principales. On a dépassé ainsi de plus de 1.000 kilomètres le chiffre de 3.100 kilomètres considéré par l'administration comme représentant le renouvellement normal, correspondant à environ 4 % du développement des voies principales.

Etant donné sa situation financière actuelle, la Reichsbahn s'était tracé pour l'exercice 1928, un programme de renouvellement réduit à 2.097 kilomètres, mais elle pourra vraisemblablement, grâce aux recettes supplémentaires réalisées pendant les premiers mois de l'année et dans la mesure où celles-ci ne seront pas compensées ultérieurement par des pertes, renouveler environ 700 à 800 kilomètres supplémentaires.

Le mémoire adressé par la Compagnie au Gouvernement, à l'appui de sa demande d'augmentation des tarifs, expose qu'il existe encore actuellement sur le réseau de la Reichsbahn, un retard dans le renouvellement normal des voies provenant de la période de guerre et d'après-guerre, que la Compagnie se propose de rattraper dans une période d'environ 8 ans, moyennant une dépense supplémentaire de 70 millions par an. J'observerai simplement que le retard n'est pas imputable à la Compagnie, car au cours des exercices 1925, 1926 et 1927, c'est-à-dire pendant une période de 3 ans et quart (du 1er octobre 1924 au 31 décembre 1927) elle a renouvelé respectivement des longueurs de 3.107, de 4.043 et de 4.136 kilomètres de voies principales, soit un total de 11.286 kilomètres dépassant le chiffre du renouvellement normal qui n'aurait dû être, pendant la même période, que de 3.100 × 3,25 = 10.075 kilomètres environ.

En ce qui concerne les travaux neufs, le tableau ci-après donne les dépenses extraordinaires imputées directement au compte d'établissement, à savoir résultats définitifs de l'exercice 1927 et prévisions minima de l'exercice 1928.

Nature des dépenses	Résultats définitifs de l'exercice 1927	Prévisions minima pour l'année 1928
	reichsmarks	reichsmarks
A. DÉPENSES POUR LES TRAVAUX D'ORDRE GÉNÉRAL À EXÉCUTER SUR L'ENSEMBLE DU RÉSEAU.		
1° Logements du personnel de la Reichsbahn	1.621.117	1.600.000
2° Installations fixes pour le service des freins Kunze-Knorr	866.412	—
3° Renforcement des ponts en vue de l'augmentation des charges	47.041.515	20.500.000
4° a) Installation du blocksystem sur les lignes importantes	1.814.870	500.000
b) Parachèvement d'installations de signalisation, non terminées	—	200.000
5° Installation de l'éclairage électrique des signaux et des indicateurs de position d'aiguille	969.115	350.000
6° Etablissement de nouvelles installations téléphoniques et améliorations des installations existantes	2.227.815	450.000
7° Mesures contre le dépassement des signaux d'arrêt	2.530.587	3.000.000
8° Amélioration des installations des gares de triage	134.017	800.000
9° Dépenses imprévues	6.557.222	30.000.000
Total A	64.303.570	66.500.000
B. DÉPENSES POUR LES TRAVAUX DES 30 DIRECTIONS RÉGIONALES. (Construction de nouvelles lignes, établissement de voies supplémentaires sur les lignes existantes, construction et transformation de gares et de remise aux locomotives, électrification de lignes, construction d'ateliers de réparation, etc.)	255.000.000	164.500.000
Total (A + B)	319.303.570	231.000.000

Il résulte des explications que j'ai données dans mon rapport précédent, que les chiffres indiqués ci-dessus ne représentent pas les dépenses totales d'extension réellement effectuées ou prévues par la Compagnie. Pour déterminer ces dernières, il faut ajouter aux totaux (A et B) du tableau précédent, les dépenses correspondantes pour frais généraux, ainsi que les dépenses d'extension faites à l'occasion des travaux d'entretien et de renouvellement et qui sont imputées d'abord provisoirement au compte d'exploitation. Il faut ensuite en déduire les dépenses d'entretien et de renouvellement engagées à l'occasion des travaux neufs, de même que les recettes provenant de la vente de terrains, etc.

La ventilation de ces diverses dépenses et recettes s'établit comme l'indique le tableau ci-après:

Nature des dépenses	Résultats définitifs de l'exercice 1927		Prévisions minima pour l'exercice 1928	
	Sommes approximatives en millions de reichsmarks			
I. DÉPENSES IMPUTÉES DIRECTEMENT AU COMPTE D'ETABLISSEMENT:				
A. TRAVAUX.				
1°. Travaux d'ordre général à exécuter sur l'ensemble du réseau	64,3		66,5	
2°. Travaux divers des 30 Directions régionales	255,0		164,5	
B. MATÉRIEL ROULANT	—		—	
Total	319,3		231,0	
à ajouter pour frais généraux	40,5		28,0	
Ensemble	359,8		259,0	
à déduire pour les dépenses d'entretien et de renouvellement engagées à l'occasion des travaux neufs	78,8		58,0	
Reste	281,0		201,0	
II. DÉPENSES D'EXTENSION ENGAGÉES A L'OCCASION DES TRAVAUX D'ENTRETIEN ET DE RENOUVELLEMENT et imputées d'abord provisoirement au compte d'exploitation:				
a) matériel d'équipement, mobilier, etc.	14,1	139,0	12,0	123,0
b) voie, bâtiments, etc.	50,1		57,0	
c) matériel roulant et outillage des ateliers	74,8		54,0	
Total	420,0		324,0	
à déduire pour les recettes provenant de la vente de terrains et la «réserve pour exécution du programme de construction», constituée en 1926, etc.	71,5		1,4	
Reste comme DÉPENSE FINALE D'EXTENSION (Anlagezuwachs)	348,5		322,6	

Dépenses d'extension (Anlagezuwachs).

La dépense de 164,5 millions prévue dans les deux tableaux précédents pour les divers travaux neufs à exécuter pendant l'exercice 1928 dans les 30 directions régionales (dépense imputée directement au compte d'établissement), constitue la dépense minimum que l'Administration estime nécessaire, eu égard à ses ressources actuelles limitées, pour permettre d'exécuter les travaux les plus urgents au point de vue d'une exploitation technique rationnelle et ceux dont il serait difficile ou préjudiciable de différer trop l'achèvement.

Tenant compte de l'augmentation des recettes pendant les premiers mois de l'année, la Compagnie en arrêtant le programme détaillé provisoire des travaux neufs à exécuter dans chacune des 30 directions régionales, a admis un chiffre global de dépenses un peu plus élevé (172,4 millions au lieu de 164,5 millions).

Le tableau ci-après indique, en chiffres ronds, comment les dépenses pour les travaux dont il est question, se répartissent suivant la nature de ces travaux, en ce qui concerne les résultats définitifs de l'année 1927 et les prévisions pour l'exercice 1928.

Nature des travaux	Dépense réellement faite pendant l'année 1927	Dépense prévue pour l'année 1928
	en millions de *RM*	
a) Construction de nouvelles lignes et établissement de voies supplémentaires sur des lignes existantes	61,1	49,2
b) Transformation de gares, de remises aux locomotives et de bâtiments de service, etc.	107,2	79,7
c) Electrification de lignes	78,0	38,6
d) Construction et transformation d'ateliers de réparation pour locomotives, voitures, wagons, appareils de voie, etc.	8,7	4,9
	255,0	172,4

Je donne ci-après un relevé des crédits prévus pour l'exécution, en 1928, des travaux qui donnent lieu aux dépenses les plus élevées, dans chacune des catégories dont il est question dans le tableau précédent. J'indique en même temps la dépense faite pour chaque travail du 15 novembre au 31 décembre 1927, ainsi que la dépense totale correspondante :

a. Construction de nouvelles lignes et de voies supplémentaires sur des lignes existantes.

Désignation	Direction régionale	Dépense prévue pour 1928	Dépense faite du 15.11.1923 au 31.12.1927	Dépense totale approximative
		en milliers de RM.		
1. Nouvelles lignes.				
Ceinture de Hambourg.......	Altona	2.000	17.016	55.222
Borna-Großbothen..........	Dresde	1.000	637	5.982
Witten-Barmen	Elberfeld	3.000	1.884	6.335
Verden-Rotenburg	Hanovre	1.520	2.526	4.211
Titisee-Seebrugg	Karlsruhe	440	1.093	2.120
Holzheim-Rommerskirchen-Mödrath-Liblar-Ringen-Sinzig	Cologne	1.820	20 118	44.647
Eisenberg-Enkenbach	Ludwigshafen	2.450	2.055	5.835
Preußen (près Dortmund-Munster, Westph.)	Munster	4.700	9.815	14.020
Mickeltschütz-Brynneck......	Oppeln	2.002	3.176	5.500
Zwiesel-Bodenmais	Ratisbonne	1.308	1.706	3.014
Stettin: ligne de raccordement pour marchandises.........	Stettin	2.015	24.028	53.201
Klosterreichenbach-Raumünznach	Stuttgart	1.474	1.658	3.132
Schömberg-Rottweil	»	858	1.149	2.033
2. Construction de voies supplémentaires sur des lignes existantes.				
Tegel-Velten: 2ème voie.....	Berlin	700	6.610	13.543
Bommern-Vorhalle: 2ème voie	Elberfeld	400	4.741	5.869
Cologne-Dusseldorf-Duisbourg: 3ème et 4ème voies	»	300	—	50.000
Poste de bloc Prinz von Preußen à Langendreer(Ruhr): 3ème et 4ème voies........	Essen	643	—	2.165
Halle-Weißenfels: 3ème et 4ème voies	Halle (Saale)	2.045	734	27.700
Hamm (Westph.)-Wunstorf: 3ème et 4ème voies........	Hanovre	1.283	8.897	26.595
Cologne-Dusseldorf-Duisbourg: 3ème et 4ème voies.........	Cologne	445	—	20.000
Munster (Westph.)-Poste de bloc de Hörne (Osnabrück): 3ème et 4ème voies..........	Munster (Westph.)	1.400	3.537	6.583
Stettin-Zabelsdorf-Cavelwisch: 2ème voie...............	Stettin	550	1.768	10.210
Böblingen-Eutingen: 2ème voie	Stuttgart	700	1.888	6.253
Horb-Rottweil: 2ème voie....	»	2.703	2.558	23.850
Jagstfeld-Osterburken: 2ème voie	»	850	1.501	8.737
Rottweil-Hattingen: 2ème voie	»	3.023	—	10.778

b. Construction et transformation de gares, de remises aux locomotives et d'installations accessoires pour le service des locomotives.

Désignation	Direction régionale	Dépense prévue pour 1928	Dépense faite du 15. 11. 1923 au 31. 12. 1927	Dépense totale approximative
		en milliers de RM.		
Berlin-Tempelhof : agrandissement de la gare de triage.	Berlin	1.800	7.923	12.798
Breslau (gare centrale) : Remise aux locomotives ; transformation des installations du service des locomotives ...	Breslau	1.365	855	5.808
Liegnitz : aménagement	»	1.077	2.844	7.301
Zwickau : agrandissement de la gare	Dresde	3.500	9.332	31.972
Düsseldorf : aménagement	Elberfeld	4.376	7.054	33.053
Duisbourg : agrandissement de la gare	Essen	3.200	11.944	23.627
Mülheim (Ruhr)- Heissen : agrandissement de la gare ..	»	2.000	4.645	8.958
Halle (Saale) : agrandissement de la gare	Halle (Saale)	959	12.361	15.544
Brême : transformation de la gare	Hanovre	1.000	3.508	14.589
Fribourg : agrandissement de la gare aux voyageurs	Karlsruhe	1.843	1.989	20.000
Heidelberg : aménagement ...	»	1.042	5.174	23.227
Düren : transformation de la gare	Cologne	964	3.849	12.778
Gremberg : gare de triage ...	»	1.200	4.042	7.757
Königsberg (Pr.) : construction de nouvelles gares et modifications aux lignes d'accès ..	Königsberg	7.112	24.703	42.771
Kaiserslautern : nouvelle gare de triage et agrandissement de la gare aux voyageurs .	Ludwigshafen	1.265	4.634	9.040
Brunswick : transformation de la gare	Magdebourg	1.117	6.840	10.000
Magdebourg (Buckau) : gare de triage	»	1.200	4.197	9.520
Munster (Westph.) : dépôt aux locomotives	Munster	2.300	1.494	7.775
Munster (Westph.) : aménagement			11.564	21.734
Beuthen : aménagement	Oppeln	1.424	3.909	7.524
Gleiwitz : aménagement	»	1.067	8.596	11.978
Stuttgart : transformation de la gare	Stuttgart	5.065	21.143	42.745

J'ai exposé dans mon précédent rapport le programme des travaux pour la mise à quadruple voie de la ligne Cologne-Dusseldorf-Duisbourg-Essen-Dortmund.

Les dépenses prévues pour ces travaux dans l'exercice 1928 s'élèvent à 25.331.000 *RM*.

c. Electrification de lignes.

Cette question est traitée dans une autre partie du présent rapport.

d. Construction et transformation d'ateliers de réparation.

Désignation	Direction régionale	Dépense prévue pour l'exercice 1928	Dépense faite du 15. 11. 23 au 31. 12. 27	Dépense totale approximative
		En milliers de RM.		
Brandenburg-West: agrandissement	Berlin	523	13.518	21.513
Bruswick: nouvel atelier	Dresden	730	6.047	7.014
Dessau: atelier pour locomotives électriques	Dresden	1.370	5.750	11.700
Freimann: transformation de l'ancienne usine »Neumeyer Werke«	Munich	1.570	3.349	7.452

La dépense totale pour la construction de nouveaux ouvrages d'art, le renouvellement et le renforcement des ouvrages existants, comprise dans les prévisions indiquées précédemment pour l'exercice 1928, mais sans tenir compte des dépenses courantes d'entretien, est estimée à 70.593.000 *RM*, dont 42.332.000 correspondent aux dépenses d'extension proprement dites et le solde aux dépenses de renouvellement à imputer, en dernière analyse, au compte d'exploitation.

Les chiffres donnés dans les tableaux précédents pour quelques-uns des travaux les plus importants, cités à titre d'exemples, donnent une idée de l'ampleur de certains travaux. Il convient de signaler que le programme dont la Reichsbahn prévoit l'achèvement comporte plus de deux cents travaux en cours d'exécution dont l'achèvement complet en un certain nombre d'années, à partir du début de 1928, exigera une dépense totale estimée à environ 1 milliard de *RM* par l'administration.

Il s'agit là d'un programme très vaste dont l'exécution a été en majeure partie commencée autrefois alors que les Chemins de fer allemands obtenaient aisément des ressources pour l'extension et l'amélioration de leur réseau. Depuis sa création, la Compagnie a ajouté à ce programme de nouveaux travaux pour répondre aux besoins du trafic et aux demandes des intéressés. Je citerai notamment l'électrification des lignes de Berlin et le quadruplement des voies de la ligne Cologne-Dortmund.

Dans son mémoire adressé au Gouvernement, la Compagnie expose que, pour une période de 8 années, il faudra prévoir encore une dépense supplémentaire d'environ 600 millions pour de nouveaux travaux à entreprendre, y compris ceux correspondant à l'achèvement du programme d'extension et d'amélioration du réseau de la Ruhr et de la Rhénanie.

Pendant la même période de 8 ans, la Reichsbahn prévoit, en outre, une dépense nouvelle de 200 millions pour les travaux d'électrification des grandes lignes. La dépense totale de ce programme s'élèverait donc à : 1.000 + 600 + 200 = 1.800 millions de *RM.* Si ces travaux étaient achevés en 8 ans, ils donneraient lieu à une charge annuelle de 225 millions. A celle-ci, il faudra ajouter une dépense annuelle d'environ 50 millions pour les travaux d'ordre général à exécuter sur l'ensemble du réseau (construction de logements pour le personnel, amélioration et extension des installations de sécurité et du réseau téléphonique, etc.). La dépense annuelle totale serait ainsi de 225 + 50 = 275 millions environ. A cette somme s'ajouteront encore les dépenses d'extension qui sont engagées à l'occasion des travaux d'entretien et de renouvellement des installations fixes et du matériel roulant. Aussi, dans son mémoire au Gouvernement au sujet de l'augmentation des tarifs, la Reichsbahn évalue au total ses dépenses de capital dans une année normale à plus de 500 millions.

Il s'agit là de dépenses très considérables que la Compagnie aura sans doute beaucoup de peine à couvrir étant données la pénurie et la cherté des capitaux disponibles en Allemagne, et aussi la nécessité, dans l'intérêt général, de ménager les ressources en capital.

Pour réduire autant que possible les charges résultant de ce programme, la Compagnie devra examiner avec soin si l'exécution de certains travaux ne peut être retardée ou si les dépenses correspondantes ne peuvent être réduites. Elle devra en tout cas surveiller constamment les modifications qui se produiraient dans le trafic ou dans les méthodes d'exploitation, afin de proportionner les dépenses des travaux aux nécessités réelles de l'exploitation et n'exécuter, en premier lieu, que les travaux qui pourront, le plus rapidement, devenir rémunérateurs ou ceux dont l'arrêt serait vraiment antiéconomique.

ÉLECTRIFICATION

Electrification des grandes lignes.

Silésie. — J'ai indiqué dans mon rapport No 6 les raisons qui ont fait décider de l'électrification du dernier tronçon exploité à la vapeur de la grande ligne de montagne de Breslau à Görlitz. Ce tronçon *Königszelt-Breslau,* d'une longueur de 40 kilomètres, a été ouvert à l'exploitation électrique le 28 janvier 1928. Les embranchements *Lauban-Kohlfurt* et *Lauban-Marklissa,* d'une longueur totale de 32 kilomètres, sont également pourvus de la traction électrique, le premier depuis le 3 avril dernier, le second, qui est une ligne d'intérêt secondaire, depuis quelques jours. Ainsi se trouve achevée l'électrification de la grande ligne de Silésie, avec ses principaux embranchements vers les monts Sudètes, sur une longueur totale d'environ 350 kilomètres. De plus, il a été électrifié en 1927 au voisinage de Breslau 8 kilomètres de lignes réservées au service des marchandises.

Allemagne centrale. — Bien qu'aucun travail d'électrification n'ait été entrepris dans les Directions de Halle et de Magdebourg depuis la constitution de la Compagnie (à l'exception des 6 kilomètres de lignes de marchandises ouverts à l'exploitation le 1er juillet 1925 entre Magdebourg et la gare de triage de Magdebourg-Rothensee) il peut être intéressant de signaler ici que la Compagnie a mis en marche au mois de mars dernier sur les lignes Halle-Leipzig et Leipzig-Magdebourg, exploitées à l'électricité depuis 1923, six automotrices à courant alternatif qui sont capables de fournir une vitesse de 100 kilomètres à l'heure. Aussi franchit-on maintenant en 34 minutes les 38 kilomètres qui séparent Halle de Leipzig, malgré un arrêt au port d'aviation de Schkeuditz et malgré de fortes courbes où la vitesse doit être réduite à 75 kilomètres à l'heure.

Ces automotrices ont une puissance de démarrage très forte. Chacune d'elles, à deux bogies, est munie de deux moteurs d'une puissance continue de 190 chevaux chacun. Tout l'équipement électrique, y compris l'interrupteur principal à huile et le transformateur, est logé sous la caisse ; une cabine de conduite est installée à chaque extrémité de la voiture ; la manette de manœuvre commande un interrupteur qui ne laisse passer le courant de traction que si le machiniste appuie sur un bouton : dès que le bouton est abandonné à lui-même, le courant est interrompu automatiquement.

Une autre innovation a consisté dans la mise en service, au début de 1928, dans la Direction de Halle, d'une locomotive électrique d'express munie de moteurs à suspension par le nez (« Tatzenlagermotoren »), comme ceux qu'on emploie pour les automotrices et surtout pour les tramways.

Cette locomotive, à courant monophasé, a été construite par les établissements Siemens-Schuckert pour la partie électrique et par les usines Borsig pour la partie mécanique. Elle a été étudiée pour remorquer à la vitesse de 95 kilomètres à l'heure des trains de voyageurs de 600 tonnes. Sa puissance continue devait être, d'après le cahier des charges, de 2.000 kilowatts aux plus grandes vitesses ; elle a été de 2.200 kilowatts à 110 kilomètres à l'heure.

Les 4 moteurs décapolaires, avec enroulement série compensé, sont logés par groupes de deux à l'intérieur des deux bogies ; d'un côté ils reposent sur l'essieu par un palier solidaire du palier du pignon d'engrenage, de l'autre ils sont suspendus au bogie par deux tiges filetées munies de ressorts amortisseurs.

Le mode de construction et le poids relativement faible des moteurs font que les masses non suspendues par des ressorts sont moins importantes que dans les grosses locomotives à vapeur.

C'est la première fois que la Reichsbahn se sert de moteurs électriques à suspension par le nez pour une locomotive à grande vitesse. Des locomotives équipées de cette manière, mais étudiées pour le service des marchandises, à vitesse moindre, sont employées depuis trois ans sur la ligne de montagne Görlitz-Königszelt-Breslau, où elles donnent de bons résultats.

Bavière. — La section *Rosenheim-Traunstein* (53 km) a été ouverte à l'exploitation électrique le 27 mars 1928 ; il en a été de même le 20 avril pour la section *Traunstein-Freilassing* (28 km). Ainsi s'est trouvée achevée l'électrification de la grande ligne Salzbourg-Munich, de 153 kilomètres de longueur, dont le premier tronçon Salzbourg-Freilassing, presque entièrement en territoire autrichien, avait été muni de la traction électrique en 1918.

A la fin du mois de mai 1928, abstraction faite des lignes exploitées à l'électricité sur les réseaux urbains et de banlieue de Berlin et de Hambourg, la longueur totale des lignes électriques en service sur la Reichsbahn s'est élevée à 1.268 kilomètres.

La longueur de l'ensemble des lignes électrifiées de la Reichsbahn représente actuellement 2,3 % de la longueur totale du réseau. Cette proportion est sensiblement la même qu'en France.

L'électrification des chemins de fer doit être examinée en premier lieu du point de vue économique. Si l'exploitation électrique est moins développée en Allemagne qu'en Italie, en Suède et surtout en Suisse — la proportion des lignes électrifiées par rapport à l'ensemble des réseaux d'Etat était de 6,75 % pour l'Italie au 30 juin 1927, de 15,0 % pour la Suède et de 49,8 % pour la Suisse à fin 1927 — cela tient aux conditions économiques dans ces pays, qui importent la majeure partie ou même la totalité de leur charbon, et le payent par suite plus cher que les pays producteurs. La situation se présente évidemment sous un jour tout différent en Angleterre et en Amérique; aussi, sur les 31.117 kilomètres exploités par les quatre principales compagnies de Grande-Bretagne, il n'y avait au 1er janvier 1927, que 640 kilomètres électrifiés, soit 2,06 % de la longueur de l'ensemble des quatre réseaux, et aux Etats-Unis la proportion ne dépasse pas 0,75 %.

On peut donc dire que l'extension à donner à l'électrification des chemins de fer est une question qui mérite d'être traitée avec grande prudence. L'exemple des Chemins de fer fédéraux autrichiens qui, après avoir investi des capitaux considérables dans ces dernières années pour l'électrification de leurs lignes principales, ont décidé en novembre dernier de suspendre au moins temporairement l'équipement électrique des lignes Vienne–Graz et Vienne–Salzbourg pour des motifs d'ordre financier, peut donner lieu à réfléchir. La faiblesse du pourcentage des électrifications aux Etats-Unis, où cependant les capitaux abondent et où l'industrie électrique est extrêmement développée, est encore plus frappante.

Aussi comprend-on que la Compagnie doive se montrer très réservée en face des invitations pressantes qui lui sont faites de procéder sans retard à l'électrification de nombreuses lignes dans l'Allemagne centrale, en Wurtemberg et en Bade.

Electrification des lignes de Berlin et de sa banlieue.

Les travaux d'électrification des lignes de la ville et de la banlieue de Berlin, dont le programme a été indiqué dans mes rapports précédents progressent très régulièrement et la Compagnie espère que la plupart des installations fixes, à l'exception de quelques menus travaux de parachèvement, seront terminées fin juin 1928.

Les dépenses réellement faites pendant l'exercice 1927, pour les installations fixes, c'est-à-dire non compris le matériel roulant, s'élèvent à 58.736.086 RM, celles engagées depuis l'origine des travaux jusqu'au 31 décembre 1927 à 62.820.451 RM. La dépense prévue pour l'exercice 1928 est de 29.900.000 RM et le coût total de l'ensemble des installations fixes, y compris l'équipement électrique de la ligne Jungfernheide-Siemensstadt-Gartenfeld, dont l'électrification n'a été décidée qu'après la conception du projet primitif, sera, d'après les estimations, de 95.767.000 RM.

Comme matériel roulant, il a été commandé jusqu'à présent 368 automotrices et 340 remorques. Ces véhicules coûteront au total, y compris leur équipement électrique, environ 57,3 millions de RM. Il en résulte que la dépense totale engagée est d'environ 95.767.000 + 57.300.000 = 153.067.000 RM. Cette dernière somme correspond à peu près à l'estimation primitive, si l'on y ajoute le supplément de dépenses de la ligne additionnelle Jungfernheide-Siemensstadt-Gartenfeld.

Mais, comme le trafic-voyageurs s'est accru depuis l'époque où l'électrification a été décidée en 1926, on estime que le matériel commandé deviendra bientôt insuffisant et qu'il est judicieux de commander dès à présent pour la ligne de ceinture un supplément de 81 automotrices et de 90 remorques. Ce supplément procurera un volant pour les périodes de trafic intense, et permettra d'assurer un entretien méthodique du matériel.

En outre, la Compagnie envisage la commande de 79 automotrices et 75 remorques pour assurer le service des lignes de la banlieue nord déjà exploitées à l'électricité et du tronçon Jungfernheide-Siemensstadt-Gartenfeld et pour renouveler, et augmenter de deux trains neufs, le matériel roulant très usé de la ligne de Berlin (Potsdamer Ringbahnhof) à Lichterfelde-Ost, qui a été ouverte à l'exploitation électrique il y a 25 ans.

Au total, la Compagnie se propose donc de commander encore, pendant l'exercice en cours, 160 automotrices et 165 remorques d'un coût total de 34 millions de RM environ, payables sur les exercices 1928 et 1929.

Le block-system automatique et les signaux lumineux de jour et de nuit fonctionneront sur les lignes de la Stadtbahn entre la gare de Silésie et celle de Charlottenburg, au plus tard le 30 juin. On prévoit qu'aux moments du plus fort trafic, l'intervalle de temps des trains pourra être réduit à deux minutes.

Le premier voyage d'essai d'un train à traction électrique a été fait dans la nuit du 23 au 24 avril dernier, sur la ligne est-ouest d'Erkner à Potsdam et la Compagnie poursuit les essais de ce genre pour la mise au point des installations nouvelles. Elle compte pouvoir mettre en service public environ cinq trains à traction électrique, sur la même ligne, au début de juin.

Provisoirement, ces trains remplaceront des trains à traction à vapeur et circuleront d'après les horaires actuellement en vigueur. La traction exclusivement électrique, avec trains plus fréquents et plus rapides (sur certaines lignes le gain de temps sera d'environ 30 %), fonctionnera en automne de l'année en cours, sur la Stadtbahn proprement dite (ligne qui traverse le centre de la ville de l'est à ouest), ainsi que sur les lignes de banlieue qui s'y greffent. La ligne de la ceinture sera exploitée électriquement un peu plus tard.

*

* *

MATÉRIEL ROULANT.

Effectifs, acquisitions, radiations d'inventaire.

La comparaison entre les effectifs du matériel roulant au 31 décembre 1927 et au 30 septembre 1924 (création de la Compagnie) met en évidence pour le réseau entier, à voie normale et à voie étroite, les variations indiquées dans le tableau suivant.

Catégories	Effectif au 30.9.1924 (1)	Effectif au 31.12.1927	Variation au 31.12.1927 par rapport au 30.9.1924
Locomotives à vapeur	29.645	24.575	— 5.070
do. électriques	182	316	+ 134
do. Diesel	0	4	+ 4
Rames d'automotrices	433	583	+ 150
Total des locomoteurs ...	30.210	25.478	— 4.782
Voitures à voyageurs	65.486	61.704	— 3.782
Fourgons à bagages	22.416	21.002	— 1.414
Wagons à marchandises	690.553	663.466	— 27.087
dont: couverts	231.503	226.551	— 4.952
découverts	459.050	436.915	— 22.135
Wagons de service	6.482	10.831	+ 4.349

Les rames d'automotrices comprenaient le matériel suivant:

Types	Rames		Automotrices		Remorques	
	30. 9. 24	31. 12. 27	30. 9. 24	31. 12. 27	30. 9. 24	31. 12. 27
électrique à pantographe	162	201	162	201	170	258
à 3ème rail	72	140	72	140	82	160
	234	341	234	341	252	418
à accumulateurs ...	171	174	330	333	14	11
avec moteurs à explosion	5	50	7	51	—	20
avec moteurs à vapeur	23	18	23	18	—	—
	433	583	594	746	266	458

(1) Les modifications apportées à certains chiffres de cette colonne par rapport à ceux que j'ai donnés dans mon rapport du 28 octobre 1925 résultent d'évaluations plus récentes faites par la Compagnie.

Ainsi le total des automotrices et des remorques était à la fin de l'année 1927 de 1.204 véhicules, contre 860 à l'origine de la Compagnie, ce qui représente une augmentation de 28 %.

Le tableau précédent montre que, depuis sa création, la Compagnie a augmenté surtout les effectifs des locomotives électriques, des rames d'automotrices et des wagons de service.

L'âge moyen des véhicules est indiqué dans le tableau ci-après :

Catégories	à fin 1926		à fin 1927
Locomotives à vapeur	12,2	12,1 ans	12,4 ans
Locomotives électriques	3,9		
Automotrices	11,8	»	10,1 »
Remorques	10,3	»	
Voitures à voyageurs	18,0	»	18,1 »
Fourgons à bagages	14,9	»	15,3 »
Wagons à marchandises	13,8	13,6 »	14,0 »
Wagons de service	25,1		

Dans le courant des années 1926 et 1927 la Compagnie a mis en service comme matériel neuf :

Catégories	1926	1927	1927 par rapport à 1926
Locomotives à vapeur ou autres	116	135	+ 19
Automotrices	71	72	+ 1
Remorques	89	62	— 27
Voitures à voyageurs	146	724	+ 578
Fourgons à bagages	16	56	+ 40
Wagons de toutes sortes	1.600	16.304	+ 14.704

et elle a supprimé de son inventaire à la suite d'avaries graves ou à cause de leur vétusté :

Catégories	1926			1927	1927 par rapport à 1926
Locomotives à vapeur	1.718	de 25,8 ans	en moyenne	1.156	— 559
Locomotives électriques	2	12,0	do		
Automotrices	8	15,6	do	0	— 8
Remorques	5			0	— 5
Voitures à voyageurs	1.532	42,5	do	1.358	— 174
Fourgons à bagages	484	43,7	do	424	— 60
Wagons à marchandises	23.031	30,8	do	16.094	— 7.853
Wagons de service	313	47,2	do		

Au 1er janvier 1928, il est resté à livrer sur les commandes passées jusqu'à cette date 579 locomotives à vapeur ou autres, dont 102 locomotives électriques, et en outre 394 automotrices électriques à prise de courant par fil ou par rail, 27 automotrices d'autres types, 382 remorques, 1.015 voitures à voyageurs, 45 fourgons à bagages, 3.345 wagons à marchandises ou wagons pour les travaux et 32 wagons de service.

La valeur du matériel roulant acquis en 1927 s'est élevée à 216 millions *RM*, mais il n'a été réglé sur le budget de 1927 que 202 millions *RM*.

Besoins en matériel roulant selon l'estimation des services de la Compagnie.

J'ai indiqué dans mon précédent rapport que la Compagnie estimait au 1er octobre 1924 la valeur du matériel roulant, qui lui était remis en excédent de l'effectif nécessaire à son exploitation normale, à 1.104 millions de marks. L'excédent portait sur 6.000 locomotives, 3.000 fourgons à bagages et 60.000 wagons à marchandises. Cette situation a amené naturellement la Compagnie à restreindre considérablement les nouvelles commandes dans les premières années en les limitant aux catégories spéciales de matériel dont elle pouvait avoir besoin. La situation changera avec les années à venir et les commandes devront s'élever alors en proportion du développement du trafic.

L'effectif du parc comprenait à la constitution de la Deutsche Reichsbahn-Gesellschaft 29.645 locomotives à vapeur et 132 locomotives électriques. Si le nombre de ces dernières s'est accru de 184 au 31 décembre 1927, celui des locomotives à vapeur a diminué de 5.070. Néanmoins, malgré la forte augmentation du trafic survenue depuis 1924, la Compagnie estime qu'il existe encore maintenant 2.275 locomotives à vapeur en excédent de l'effectif nécessaire à son exploitation. Cette situation provient non seulement de la plus grande puissance des locomotives commandées dans ces dernières années, mais aussi et surtout de la meilleure utilisation des locomotives, à la suite de l'équipement du matériel à marchandises avec le frein continu et d'améliorations apportées à la formation des trains, aux roulements (personnel et locomotives) et aux tableaux de marche.

L'excédent comprend environ 1.800 locomotives à marchandises dont 500 de faible et 1.300 de moyenne puissance, plus 200 locomotives à tender séparé pour trains omnibus et 275 locomotives-tenders légères de types peu appropriés aux besoins actuels de l'exploitation.

Malgré l'excédent dont elle dispose, mais dont les trois-quarts seulement sont en état de marche, la Compagnie estime qu'elle aurait besoin d'acquérir en 1928 82 locomotives d'express et environ 200 locomotives perfectionnées de types légers. Pour les prochaines années, elle envisage une dépense annuelle de 50 millions *RM* pour l'achat de 300 locomotives neuves, mais elle est d'avis que la dépense sera plus tard trois fois plus forte, car il faudra acquérir une moyenne de 900 locomotives par an.

Pour les voitures à voyageurs, dont l'état laisse en général à désirer, il s'est manifesté en 1927, aux époques de fort trafic, une pénurie telle qu'il a fallu aménager aux jours de fête, pour le transport des personnes, environ 5.000 wagons à marchandises couverts, qui ne conviennent pas évidemment au service des voyageurs. Le chiffre de 5.000 devrait, selon toutes probabilités, être augmenté cette année pour faire face aux besoins, à cause des réformes que la vétusté d'une partie du parc impose, tant pour que la sécurité de l'exploitation soit assurée, que pour éviter des frais de réparation excessifs. D'après les observations faites sur les chemins de fer allemands, l'âge des voitures ne devrait pas normalement dépasser 35 ans; cependant 5,1 % des voitures ont plus de 35 ans, et en outre 4 % ont plus de 40 ans d'existence.

De l'avis de la Compagnie, la proportion des voitures ayant plus de 25 ans ne devrait pas dépasser 14 % de l'effectif total. Pour obtenir ce résultat, on devrait réformer 3.000 voitures par an, ce qui n'a pu être réalisé ces dernières années. On a prévu au budget provisoire de 1928 la commande de 1.025 voitures.

Pour les wagons à marchandises, ainsi que je l'ai dit, l'excédent d'effectif au 1er octobre 1924 sur les besoins réels a été évalué à 60.000 wagons. D'après une étude récente on pense que cet excédent s'élèvera encore à 36.000 wagons au 31 décembre prochain. Mais la Compagnie estime qu'un wagon à marchandises devrait être réformé normalement au bout de 33 ans; or, son parc comprend encore 6,1 % de wagons de plus de 33 ans, 3 % de plus de 40 ans et 1,8 % de plus de 50 ans. Il faudra donc procéder à des mises à la réforme importantes à l'avenir. Toutefois, en raison de l'excédent de matériel disponible, on pourra ne remplacer pendant les premières années que la moitié des wagons mis à la réforme. Les seuls wagons à marchandises qui manquent sont des wagons couverts à grande capacité, très recherchés par les expéditeurs ; comme wagons de service, on aurait besoin de certains types spéciaux, tels que les wagons à ballast, les wagons-réservoirs et les wagons-grues.

Quant aux fourgons à bagages, leur renouvellement normal devrait être de 600 par an, pour que l'effectif de ceux de plus de 25 ans ne dépasse pas comme proportion 16 % de l'effectif total.

Les besoins indiqués ci-dessus s'accroîtront encore par suite des nécessités du renouvellement des matériels spéciaux tels que : locomotives électriques, automotrices, voitures de service et bateaux.

Dans son récent Mémoire au Gouvernement à l'appui de la demande d'augmentation des tarifs, la Compagnie a évalué au total à 285 millions de marks les commandes de matériel roulant dans les prochaines années. Pour l'année 1928, en attendant qu'une solution intervienne sur sa demande d'augmentation des tarifs destinée à lui apporter les ressources nécessaires, elle a limité à 200 millions la somme prévue au budget provisoire pour les commandes de matériel neuf. Le tableau ci-dessous donne la comparaison des dépenses de cette nature effectuées dans les dernières années et prévues pour 1928.

Dépenses de matériel roulant et de navigation				
Catégories	Dépense réelle			Dépense minimum prévue pour 1928
	en 1925	en 1926	en 1927	
	(en millions de marks)			
Locomotives à vapeur..	11,5	17,2	24,9	26,5
Locomotives électriques.	10,6	9,0	11,9	18,0
Automotrices	10,0	14,2	25,9	48,0
Voitures à voyageurs ..	7,9	10,7	26,9	52,0
Fourgons à bagages ...	0,6	0,4	1,2	4,0
Wagons..............	14,8	11,3	1,10	51,2
Bateaux..............	2,0	1,3	0,2	0,3
Total....	58,3	64,1	201,9	200,0

Programme spécial d'améliorations du matériel roulant.

En plus des achats de matériel neuf, la Compagnie consacre chaque année des sommes importantes aux perfectionnements du matériel, tant pour accroître la sécurité des transports que pour mettre le parc à la hauteur des progrès techniques et pour améliorer autant que possible le rendement du matériel. Ces perfectionnements sont l'objet de programmes dits « spéciaux » qui comprennent des travaux à exécuter d'ordinaire pendant une période de plusieurs années, tel que cela a été le cas, par exemple, pour l'installation du frein continu Kunze Knorr sur les wagons à marchandises.

Le programme spécial actuellement en cours a trait surtout aux travaux suivants :

a) éclairage électrique des voitures à couloir existantes, ainsi que des fourgons des trains express (il reste à équiper avec l'éclairage électrique un millier de véhicules munis de l'éclairage au gaz d'huile) ;

b) chauffage des voitures d'express par circulation d'eau chaude qui permet, mieux que la vapeur, de régler la température : .

c) installation sur les locomotives de l'éclairage électrique, ainsi que de dispositifs de surchauffe et de réchauffeurs d'eau d'alimentation destinés à réaliser des économies de charbon ;

d) renforcement des organes de fermeture des wagons couverts de 20 tonnes, afin d'éviter que les portes ne s'ouvrent en pleine marche, ce qui a été souvent la cause d'accidents graves ;

e) remplacement des ressorts de suspension trop faibles des wagons ouverts de 20 tonnes par des ressorts en acier de meilleure qualité ;

f) remplacement des vieilles toitures des wagons couverts et des toits en carton posés pendant la guerre par des couvertures bitumées, imperméables à la pluie ;

g) installation de coussinets de boîtes à graisse du type nouveau unifié, l'expérience ayant montré qu'il résulte de leur emploi une diminution très grande du nombre des boîtes chauffantes ;

h) remplacement des vieux tampons à tige des voitures et wagons par des tampons à douille qui évitent la tendance au chevauchement dans les manœuvres et les tamponnements, quand les axes des tampons ne sont pas à la même hauteur. L'équipement du parc avec des tampons à douille demandera une dépense de 142 millions de *RM* ; on n'a pu jusqu'ici en exécuter que le tiers par suite de l'insuffisance des fonds disponibles; aussi les trains express eux-mêmes ne peuvent-ils pas encore être composés tous uniquement avec des voitures munies de tampons à douille ;

i) équipement des wagons à marchandises avec des attelages renforcés de 65 tonnes de résistance à la rupture, munis de crochets de traction, tendeurs, etc., plus forts. Cette transformation, qui coûtera environ 72 millions de *RM*, est déjà faite pour les deux tiers. Il importe du reste de terminer cette transformation aussi rapidement que possible, car le nombre des ruptures d'attelage, bien que déjà fortement réduit par les renforcements exécutés, est encore actuellement en moyenne de 12 par jour sur le réseau de la Reichsbahn.

L'exécution du programme spécial actuel entraînerait pour 1928 et les années futures les plus voisines une dépense de 100 millions de *RM* par an, en comptant sur une durée de travaux de 2 ans pour les attelages, de 6 ans pour les tampons et de 4 ans pour les ressorts. D'ailleurs des améliorations du même genre seront constamment nécessaires : c'est ainsi qu'on envisage dans un avenir prochain un programme spécial pour l'application de dispositifs empêchant les mécaniciens de franchir les signaux à l'arrêt, ce qui entraînera une dépense de quelque 200 millions de *RM*.

Il faut observer que les perfectionnements apportés au matériel n'ont pas seulement pour effet d'en améliorer le rendement et d'accroître la sécurité des transports, mais aussi de réduire les dépenses d'exploitation et notamment les frais d'entretien. A ces égards, elles constituent donc des dépenses productives au moins pour partie.

Dépenses d'entretien du matériel roulant.

D'après une statistique nouvelle, les dépenses d'entretien du matériel roulant dans les ateliers de la Compagnie se sont montées en 1927 à 778.852.000 *RM*, se décomposant comme il suit :

	RM	en %
locomotives à vapeur	301.018.000	38,6
locomotives électriques	4.678.000	0,6
automotrices	6.958.000	0,9
ensemble des locomoteurs	312.654.000	40,1
voitures et fourgons des trains de voyageurs	134.609.000	17,3
wagons et fourgons des trains de marchandises	277.773.000	35,7
dépenses diverses	53.816.000	6,9
	778.852.000	100,0

Si l'on rapporte ces dépenses aux effectifs moyens de 1927, on trouve comme dépenses d'entretien :

	RM.
par locomotive à vapeur	12.011
» locomotive électrique	15.238
» automotrice	12.337
» voiture ou fourgon de train de voyageurs...	1.914
» wagon ou fourgon de train de marchandises	405
» 1.000 loc-km de locomotives à vapeur	305
» 1.000 loc-km de locomotives électriques ...	318
» 1.000 automotrices-kilomètres	221
» 1.000 ess-km de voiture ou fourgon de train de voyageurs	14,9
» 1.000 ess-km de wagon ou fourgon de train de marchandises	14,5

Les dépenses consacrées à l'entretien du matériel roulant dans des usines privées sont de peu d'importance relative. Elles se sont élevées en 1927 à 5,7 millions de *RM.*

Les chiffres correspondant à la statistique précédente n'ont pas été établis pour l'année 1926.

Comparaison des dépenses du service de la traction en 1926 et 1927.

Dans mon rapport du 2 décembre 1927, j'ai donné quelques précisions sur la rationalisation des types de matériel roulant de la Reichsbahn, plus particulièrement des types de locomotives à vapeur, et j'ai indiqué les économies qu'on espère obtenir par l'adoption de locomotives puissantes à charge d'essieu de 20 tonnes, la généralisation de la surchauffe, l'emploi de réchauffeurs d'eau d'alimentation, l'installation de grilles basculantes à vis, etc.

Il est intéressant de se rendre compte des résultats obtenus au point de vue financier par le perfectionnement des méthodes d'exploitation, en comparant les dépenses réelles du service de la traction en 1927 et 1926, ainsi que les prestations du trafic, telles qu'elles résultent des statistiques de la Reichsbahn.

L'unité de comparaison la plus appropriée au calcul paraît être la tonne-kilomètre brute remorquée, c'est-à-dire le travail utile effectivement fourni par les locomoteurs pour la traction des trains. De même que la tonne-kilomètre brute tarifaire, la tonne-kilomètre brute remorquée ne comprend pas le travail dépensé pour le transport du poids propre des locomoteurs, pour les manœuvres, les marches à vide, le chauffage des trains, le service de réserve et autres services accessoires ; mais elle est préférable à la tonne-kilomètre brute tarifaire, parce que cette dernière ne se rapporte pas toujours aux prestations de transport réellement fournies sur les lignes, mais a trait seulement aux prestations payées.

En 1927, le service de la traction de la Reichsbahn a fourni avec les locomoteurs de tous genres (locomotives à vapeur, locomotives électriques et automotrices diverses) 245.410 millions de tonnes-kilomètres brutes remorquées, contre 224.100 millions en 1926, ce qui représente une augmentation de 9,5 % en 1927. Ces nombres se décomposent comme il suit :

Années	1927	1926
	(millions de t-km brutes)	
pour les trains de voyageurs..................	79.230	73.722
pour les trains de marchandises et de service...	166.180	150.378
	245.410	224.100
dont :		
avec l'exploitation à la vapeur..............	238.410	218.700

A titre d'indication complémentaire, le poids brut des trains de voyageurs a été de 216,4 tonnes en 1927 contre 213,1 tonnes en 1926 et le poids brut des trains de marchandises et de service a été de 693 tonnes en 1927 contre 673 tonnes en 1926 (le poids utile de ces trains a été de 318 tonnes en 1927 contre 311 tonnes en 1926).

D'autre part, les dépenses d'exploitation du service de la traction se sont élevées à 1.245,7 millions *RM* en 1927 contre 1.211,5 millions *RM* en 1926, y compris 243,3 millions en 1927 et 241,5 millions en 1926 pour les intérêts et l'amortissement au taux de 10 % du prix d'achat des locomotives, évalué à 1.400 *RM* en moyenne la tonne. Les dépenses de 1927 n'ont été, par suite, supérieures à celles de 1926 que de 2,63 % seulement.

Si on les rapporte à 1 million de tonnes-kilomètres brutes remorquées, on trouve une dépense de 5.076 *RM* en 1927 contre 5.401 *RM* en 1926 pour les effectifs de locomotives et d'automotrices nécessaires aux besoins du trafic, avec les réserves et les machines en réparation, à savoir : 23.500 locomoteurs d'un poids de 1.725.000 tonnes en 1926, 23.203 locomoteurs d'un poids de 1.738.000 tonnes en 1927. La dépense par million de tonnes-kilomètres brutes remorquées a été, par conséquent, en 1927 inférieure de 6 % à celle de 1926.

On voit donc que si l'on avait dû payer en 1927 la même somme qu'en 1926 par tonne-kilomètre brute remorquée, on aurait dépensé 245.410 × 5.401 = 1.325,5 millions *RM*, alors qu'on n'en a dépensé en réalité que 1.245,7. L'économie réalisée ressort donc grosso modo à 79 millions et demi de marks, ou à 6 %.

Cette économie est attribuée à des causes multiples : augmentation du trafic, meilleure utilisation des locomotives par une collaboration plus étroite entre les services du mouvement et de la traction, organisation rationelle du travail dans les grands ateliers de réparations, réfection plus rapide des petites avaries dans les dépôts, attribution plus étendue des primes d'économie de charbon aux mécaniciens, instituées au 1er avril 1926, améliorations apportées au matériel roulant, mise à la réforme des locomotives trop faibles ou d'un mauvais rendement, etc.

Il est intéressant d'observer que le nombre des kilomètres parcourus par les locomotives entre deux grosses réparations est passé de 67.000 kilomètres en moyenne en 1925, à 73.000 kilomètres en 1926 et à 82.000 kilomètres en 1927, ce qui a entraîné de fortes réductions dans les dépenses des ateliers.

Une autre économie appréciable a été réalisée sur la consommation de charbon des locomotives à vapeur. Cette consommation a baissé sur la Reichsbahn de 55 t 14 en 1926 à 53 t 79 en 1927 par million de tonnes-kilomètres brutes remorquées.

Ces chiffres sont les quotients des quantités de charbon réellement consommées par les locomotives à vapeur (12.059 milliers de tonnes en 1926 — soit 11,5 % de l'ensemble de la consommation de charbon de toute l'Allemagne — et 12.811,4 milliers de tonnes en 1927) divisées par les nombres de tonnes-kilomètres que j'ai indiqués plus haut.

Pour une comparaison générale des dépenses du service de la traction entre 1927 et 1926, il est nécessaire d'ajouter certains suppléments de combustible, évalués par la Compagnie à 312.000 tonnes pour 1926 et à 384.000 tonnes pour 1927, afin de tenir compte des tonnes-kilomètres brutes remorquées par les locomotives électriques ou Diesel et les automotrices autres que les automotrices à vapeur. Dans ces conditions, si l'on estime le prix du charbon à 21 *RM* la tonne, on a une dépense de 1.158 *RM* en 1926 et de 1.129 *RM* en 1927 par million de tonnes-kilomètres brutes remorquées, ce qui met en évidence une économie de 2,5 % en 1927 par rapport à 1926 sur les frais du charbon de traction.

Mais l'économie la plus importante pour les services de la traction a été faite sur les dépenses d'entretien des locomotives et des automotrices dans les grands ateliers de la Compagnie et les dépenses pour les ouvriers de métier employés aux réparations dans les ateliers de dépôt. Ces dépenses ne se sont montées en 1927 qu'à 1.274 *RM* par million de tonnes-kilomètres brutes remorquées, contre 1.400 *RM* en 1926. L'économie est de 9 %. Elle est attribuée en grande partie aux soins plus attentifs donnés aux locomotives pendant la marche et au maintien en état de propreté des tubes de vapeur et de fumée, des foyers et des chaudières, ce qui a permis une économie sur les matières d'atelier, les pièces de rechange et les journées de réparations.

Gaston LEVERVE

Commissaire des chemins de fer allemands.

Annexes.

ANNEXE I

CONSEIL D'ADMINISTRATION DE LA DEUTSCHE REICHSBAHN-GESELLSCHAFT.

MM. C. F. von Siemens, *président.*
C. Stieler, *vice-président.*
M. Margot, *vice-président.*
A. von Batocki.
C. Bergmann.
G. Bianchini.
O. Blum.
W. Buck.
D. Fischer.

MM. P. Habich.
V. von Hertel.
J. Jadot.
P. Kloeckner.
H. Luther.
H. O. Mance.
O. von Miller.
H. Muenchmeyer.
F. Ott.

Commissaire de la Deutsche Reichsbahn-Gesellschaft:
M. G. Leverve.

Trustee des obligations de la Deutsche Reichsbahn-Gesellschaft:
M. L. Delacroix.

DIRECTION GÉNÉRALE DE LA DEUTSCHE REICHSBAHN-GESELLSCHAFT.

MM. Dorpmueller, Directeur général.
Weirauch, Directeur général adjoint et Directeur du Service du Personnel.
Vogt, Directeur du Service du Trafic et des Tarifs.
Kumbier, Directeur des Services de l'Exploitation technique, de la Voie et des Travaux.
von Frank, Directeur du Groupe administratif de la Bavière.
Anger, Directeur des Services du Matériel et de la Traction.
Jahn, Directeur des Services des Finances et du Contentieux.
Wolf, Directeur des Services administratifs.
Hammer, Directeur du Service des Approvisionnements.

ANNEXE II

SERVICE DES OBLIGATIONS DE RÉPARATION.

Dates	Marks-or (1)	Reichsmarks (2)	Exercice social de la Compagnie
1ère année de réparation			
1er mars 1925	100.000.000	100.255.000,00	Exercice 1925
1er août 1925	40.000.000	39.706.539,82	
31 août 1925	60.000.000	59.930.880,00	
Total	200.000.000	199.892.419,82	
2ème année de réparation			
1er octobre 1925	50.000.000	48.599.028,90	
2 novembre 1925	50.000.000	48.808.355,05	
1er décembre 1925	50.000.000	49.069.588,96	
2 janvier 1926	50.000.000	49.363.293,67	
1er février 1926	50.000.000	49.691.582,58	Exercice 1926
1er mars 1926	50.000.000	49.870.427,31	
1er avril 1926	50.000.000	48.750.540,51	
1er mai 1926	50.000.000	48.995.795,29	
1er juin 1926	50.000.000	49.256.233,81	
1er juillet 1926	50.000.000	49.520.893,90	
2 août 1926	50.000.000	49.723.265,69	
1er septembre 1926	45.000.000	44.857.845,00	
Total	595.000.000	586.512.850,67	
3ème année de réparation			
1er octobre 1926	45.000.000	43.771.356,00	
1er novembre 1926	45.000.000	44.037.622,65	
1er décembre 1926	45.000.000	44.301.559,66	
3 janvier 1927	45.000.000	44.422.596,67	
1er février 1927	45.000.000	44.873.737,87	Exercice 1927
1er mars 1927	50.000.000	50.074.550,00	
1er avril 1927	40.000.000	39.115.030,20	
2 mai 1927	45.000.000	44.234.406,65	
1er juin 1927	45.000.000	44.484.655,76	
1er juillet 1927	45.000.000	44.668.988,46	
1er août 1927	45.000.000	44.748.745,30	
1er septembre 1927	55.000.000	54.985.095,00	
Total	550.000.000	543.718.344,22	
4ème année de réparation			
1er octobre 1927	55.000.000	53.858.526,23	
1er novembre 1927	55.000.000	53.971.773,63	
1er décembre 1927	55.000.000	54.315.254,38	
2 janvier 1928	55.000.000	54.562.119,51	Exercice 1928
1er février 1928	55.000.000	54.837.856,20	
1er mars 1928	55.000.000	55.003.950,00	
2 avril 1928	55.000.000	53.769.646,25	
1er mai 1928	55.000.000	53.991.672,87	
1er juin 1928	55.000.000		
etc.	etc.		

(1) Montants dûs par la Compagnie, sans déduction de l'escompte dont elle bénéficie pour les paiements faits en avance sur les échéances semestrielles prévues au paragraphe 8 des statuts.

(2) Montants payés par la Compagnie, compte tenu du change du mark-or en reichsmark et de l'escompte bonifié à la Compagnie pour les paiements faits en avance. Cet escompte a été calculé à raison de 6% pendant les trois premières années de réparation ; il est fixé à 5% pour la quatrième année.

ANNEXE III

PAYEMENT DE L'IMPÔT SUR LES TRANSPORTS.

1ère année de réparation.

La Compagnie a versé au Reich tout le produit de l'impôt.

2ème année de réparation.

Versements de la Compagnie au compte des réparations,

13 versements mensuels échelonnés du 21 septembre 1925 au 15 septembre 1926 :

— montant total en reichsmarks : 249.451.093,90.

— valeur en marks-or : 250.000.000,00.

Produit total de l'impôt (en reichsmarks) 271.486.419,23.

3ème année de réparation.

Versements de la Cie au Reich		Versements du Reich au compte des réparations		
Dates	Montants en reichsmarks	Dates	Montants en reichsmarks	Valeurs en marks-or
21 oct. 1926 ...	24.111.379,10	25 sept. 1926 ...	22.431.127,50	22.500.000
22 nov. 1926 ...	24.121.530,92	25 oct. 1926	22.441.030 00	22.500.000
21 déc. 1926 ...	22.145.242,23	25 nov. 1926	22.496.107,50	22.500.000
21 janv. 1927 ..	21.776.073,37	27 déc. 1926	22.439.947,50	22.500.000
21 févr. 1927...	21.968.915,27	25 janv. 1927 ...	22.551.187,50	22.500.000
21 mars 1927 ..	19.866.506,19	25 févr. 1927 ...	22.518.067,50	22.500.000
21 avril 1927 ..	23.529.754,10	25 mars 1927 ...	22.523.580,00	22.500.000
21 mai 1927....	24.810.701,83	25 avril 1927 ...	22.555 530,00	22.500.000
21 juin 1927 ...	25,959.841,78	25 mai 1927	22.567.702.50	22.500.000
21 juillet 1927 .	29.136.873,14	25 juin 1927	22.567.702,50	22.500.000
22 août 1927 ...	29.723.162,57	25 juillet 1927 ..	22.471.852,50	22.500.000
17 sept. 1927 ..	30.831.062,01	25 août 1927	22.486.185,00	22.500.000
21 oct. 1927 ...	644.899,75	15 sept. 1927 ...	20.012.200,00	20.000.000
21 nov. 1927 ...	857.580,28			
21 déc. 1927 ...	1.128.880,02			
21 janv. 1928...	— 175.425,88			
Total pour la 3ème année de réparation........	300.376.976,68	Total pour la 3ème année de reparation	290.062.240,00	290.000.000

4ème année de réparation.

Versements de la Cie au Reich		Versements du Reich au compte des réparations		
Dates	Montants en reichsmarks	Dates	Montants en reichsmarks	Valeurs en marks-or
21 oct. 1927 ...	26.998.288,77	15 oct. 1927	24.148.817,97	24.166.000
21 nov. 1927 ...	26.773.722,35	15 nov. 1927	24.160.635,15	24.166.000
21 déc. 1927 ...	23.344.411,63	15 déc. 1927	24.194.950,87	24.166.000
21 janv. 1928...	24.046.298,98	16 janv. 1928....	24.222.161,78	24.166.000
21 févr. 1928...	23.961.422,25	15 févr. 1928	24.186.661,93	24.166.000
21 mars 1928 ..	22.489.372,33	15 mars 1928....	24.138.160,77	24.166.000
21 avril 1928...	25.873.736,94	16 avril 1928	24.147.633,84	24.166.000
21 mai 1928 ...	24.848.015,91	15 mai 1928.....	24.128.687,70	24.166.000
Total à ce jour ..	198.335.269,16	Total à ce jour ..	193.327.710,01	193.328.000

ANNEXE IV

COMPTE D'EXPLOITATION DE LA DEUTSCHE REICHSBAHN-GESELLSCHAFT POUR L'EXERCICE 1927.

	Reichsmarks
RECETTES:	
Trafic-voyageurs	1.379.571.978,57
Trafic-marchandises	3.226.400.653,45
Recettes diverses	433.296.590,86
Total	5.039.269.222,88
DÉPENSES:	
I. Dépenses d'exploitation et d'entretien	
a. Dépenses de personnel	
Traitements des fonctionnaires	1.068.395.590,86
Salaires des employés et des ouvriers de l'exploitation	399.646.915,14
Pensions de retraite, traitements d'attente, pensions d'ayants droit	423.966.358,33
Autres dépenses de personnel	286.074.494,80
Total	2.178.083.359,13
A déduire: Frais généraux concernant le renouvellement et l'extension des installations	88.624.568,45
Reste a: Dépenses de personnel	2.089.458.790,68
b. Dépenses de matériel	
Consommation de charbon et d'autres matières, entretien du mobilier et de l'équipement	440.115.211,34
Entretien des installations fixes	308.477.135.27
Entretien du matériel roulant	542.041.362,86
Autres dépenses de matériel	97.561.348,11
Total	1.388.195.057,58
A déduire: Frais généraux concernant le renouvellement et l'extension des installations	39.816.835,10
Reste b: Dépenses de matériel	1.348.378.222,48
Total des dépenses d'exploitation et d'entretien (a et b)	3.437.837.013,16
II. Dépenses de renouvellement	
Renouvellement du mobilier et de l'équipement	2.166.626,88
Renouvellement des installations fixes	479.324.748,18
Renouvellement du matériel roulant	239.435.180,80
Total des dépenses de renouvellement	720.926.555,86
Total des dépenses du compte d'exploitation (I et II)	4.158.763.569,02
Excédent	880.505.653,86

ANNEXE V

COMPTE DE PROFITS ET PERTES DE LA DEUTSCHE REICHSBAHN-GESELLSCHAFT POUR L'EXERCICE 1927.

DOIT			AVOIR	
		Reichsmarks		Reichsmarks
Service des obligations de réparation			Report de 1926.......	167.703.054,27
intérêts...........		553.799.948,33	Excédent du compte d'exploitation de 1927...	880.505.653,86
amortissement......		36.666.666,67		
Service des dettes et emprunts nouveaux......		2.125.833,33		
Imputation à la réserve légale..............		100.785.384,46		
Réserve pour amortissement du droit d'exploitation............		120.000.000,00		
Bénéfice net...........		234.830.875,34		
A partager ainsi qu'il suit:				
— Dividende de préférence				
Acompte payé sur la série IV.....	5.250.000,00			
Reste à payer (Séries I, II et III et solde pour la série IV)	56.409.202,13			
	61.659.202,13			
— A reporter à nouveau...	173.171.673,21			
	234.830.875,34			
Total....		1.048.208.708,13	Total....	1.048.208.708,13

ANNEXE VI

BILAN DE LA DEUTSCHE REICHSBAHN-GESELLSCHAFT AU 31 DÉCEMBRE 1927

Actif

			Reichsmarks
Droit d'exploitation du réseau initial		24.500.000.000,00	
moins amortissement légal		36.666.666,67	24.463.333.333,33
Droit d'exploitation des extensions du réseau			995.141.607,76
Approvisionnements			407.538.963,44
Caisse			66.080.047,05
Banques			374.109.090,97
Acompte payé sur dividende de préférence (Série IV)			5.250.000,00
Titres			171.567.728,88
Effets de commerce			994.400,00
Créances	Décomptes des recettes du trafic	11.386.221,69	
	Organismes d'assurance et de prévoyance	131.832,89	
	Créances diverses	76.970.816,61	88.488.871,19
Comptes transitoires			49.096.509,65
Participations			16.500.000,00
		Total....	26.638.100.552,27

Passif

			Reichsmarks
Actions ordinaires			13.000.000.000,00
Actions de préférence:			
a) dont le produit doit revenir au Reich			500.000.000,00
b) dont le produit doit revenir à la Reichsbahn-Gesellschaft		1.500.000.000,00	
À déduire: actions non émises.		1.119.000.000,00	381.000.000,00
Obligations de réparation		11.000.000.000,00	
moins amortissement légal........		36.666.666,67	10.963.333.333,33
Réserve légale			304.975.050,12
Réserve d'exploitation.........................			756.085.548,72
Réserve pour amortissement du droit d'exploitation.			340.000.000,00
Dettes	Cautionnements et comptes d'attente	4.124.486,06	
	Crédits du Reich:		
	pour combattre le chômage.	80.000.000,00	
	pour achever les constructions de lignes interrompues...	28.700.000,00	
	Organismes d'assurance et de prévoyance	5.056.594,48	
	Dettes diverses	39.994.664,22	157.875.744,76
Bénéfice net			234.830.875,34
à partager ainsi qu'il suit:			
— Dividende de préférence:			
acompte payé sur la série IV ...		5.250.000,00	
reste à payer (séries I, II, III et solde pour la série IV)		56.409.202,13	
		61.659.202,13	
— À reporter à nouveau..........		173.171.673,21	
		234.830.875,34	
		Total...	26.638.100.552,27

Les sommes en marks-or sont inscrites avec l'équivalence 1 mark-or = 1 reichsmark.

Berlin, le 16 Mai 1928.

DEUTSCHE REICHSBAHN-GESELLSCHAFT

Le Président du Conseil d'Administration
signé: C. F. von SIEMENS.

Le Directeur Général
signé: DORPMUELLER.

ANNEXE VII

RECETTES MENSUELLES DE LA REICHSBAHN en 1925, 1926, 1927 et 1928.

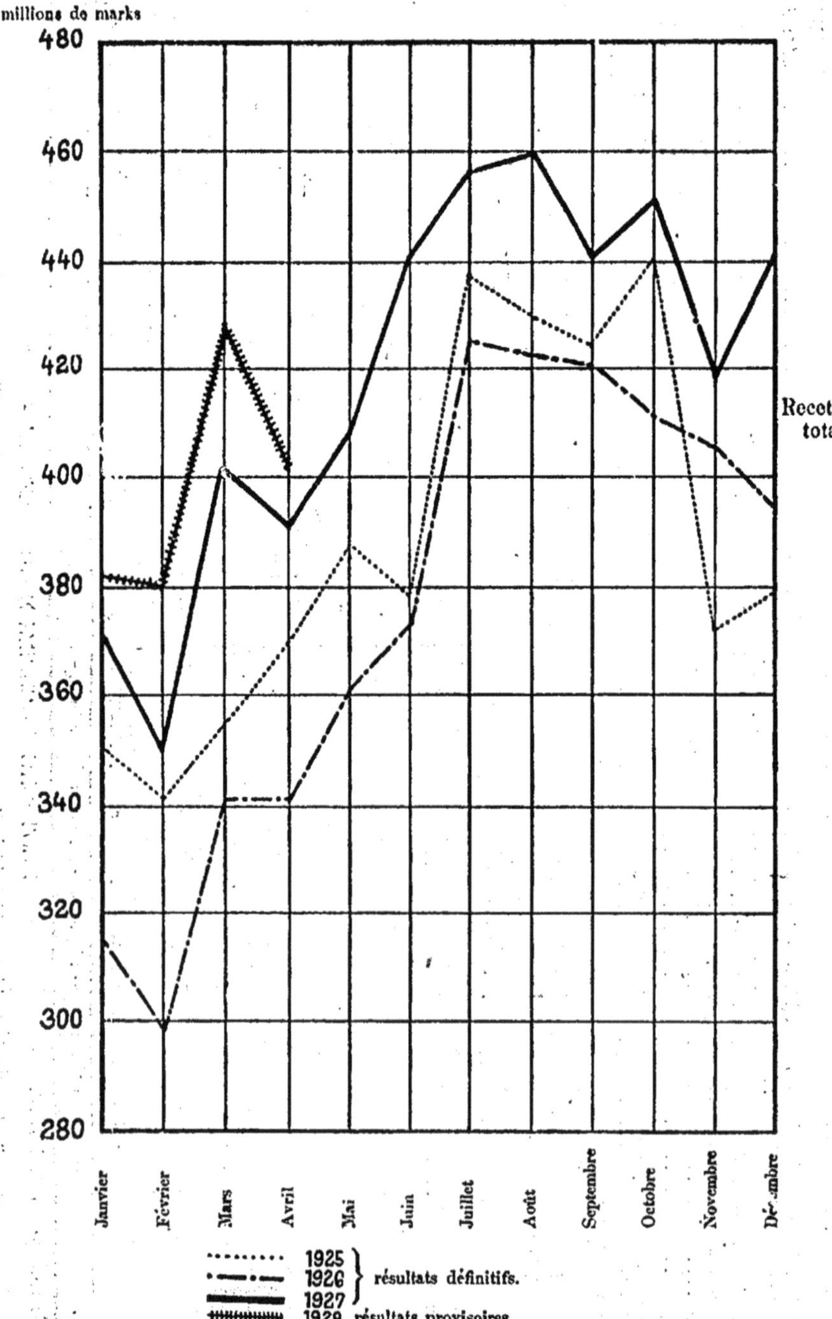

Les recettes totales comprennent, outre celles du trafic-voyageurs et du trafic-marchandises, les recettes diverses.

ANNEXE VII

RÉCETTES MENSUELLES DE LA REICHSBAHN en 1925, 1926, 1927 et 1928.

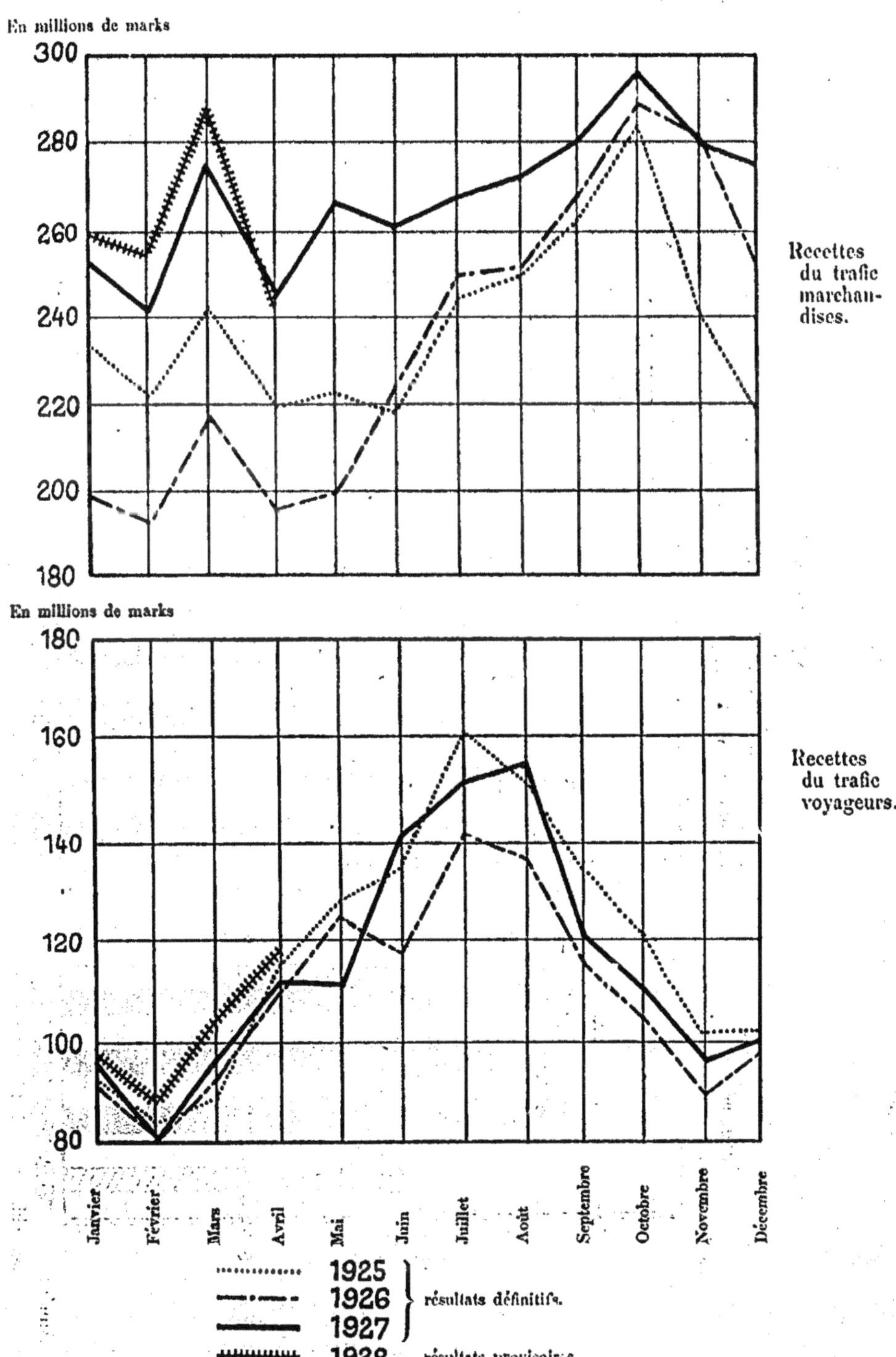

ANNEXE VIII

TRAFIC DES VOYAGEURS.

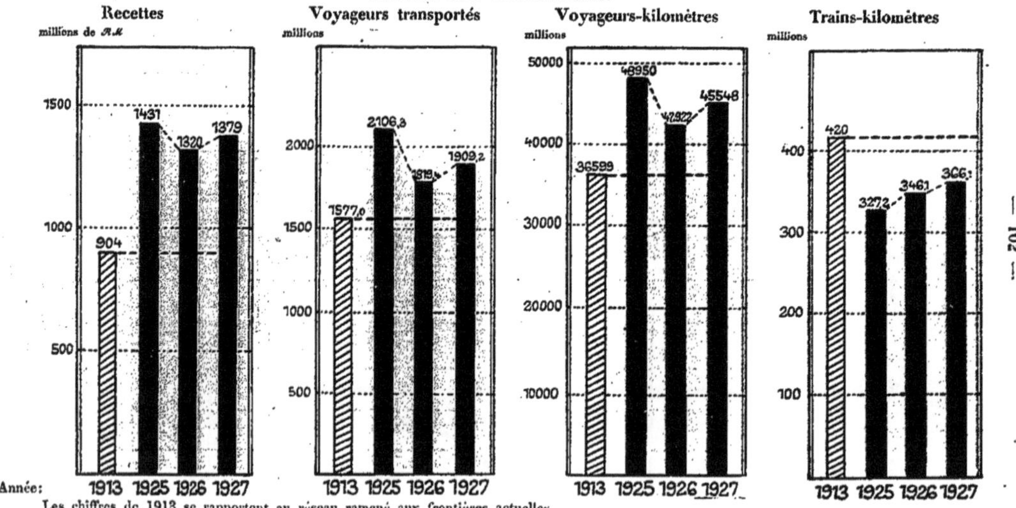

Les chiffres de 1913 se rapportent au réseau ramené aux frontières actuelles.

ANNEXE VIII

TRAFIC DES MARCHANDISES.

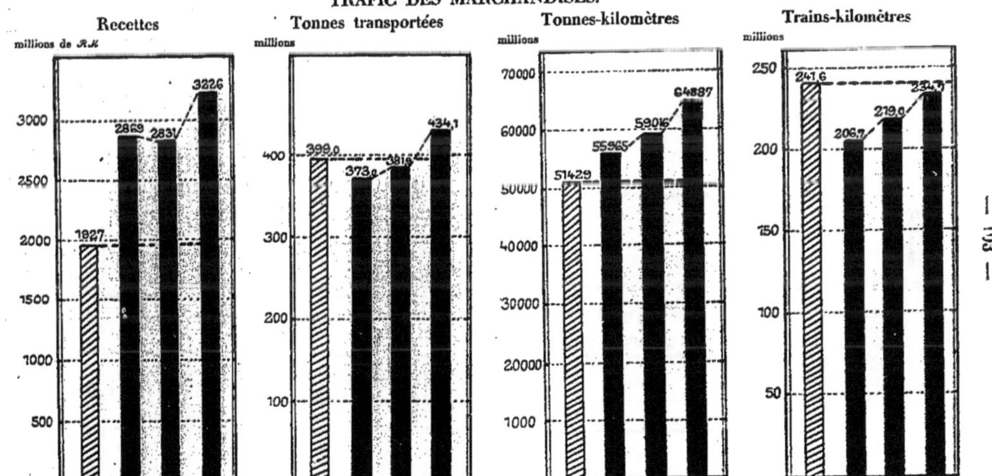

Les chiffres de 1913 se rapportent au réseau ramené aux frontières actuelles.

ANNEXE IX

STATISTIQUE COMPARÉE DU TRAFIC-VOYAGEURS en 1913, 1925, 1926 et 1927.

Trafic des voyageurs et bagages.

Années	Recettes voyageurs et bagages en *R.M.*	Nombre de voyageurs	Voyageurs-kilomètres	Recette moyenne avec bagages par voyageur-kilomètre en pfennigs	Parcours moyen en kilomètres
1913 (sans les territoires cédés)	904.000.000	1.577.000.000	36.599.000.000	2,47	23,22
1925	1.430.742.938	2.106.277.975	48.950.272.942	2,92	23,24
1926	1.320.175.242	1.819.411.756	42.922.387.124	3,08	23,59
1927	1.379.571.979	1.909.235.890	45.547.898.048	3,03	23,86
1927 par rapport à 1926	+ 4,50 %	+ 4,94 %	+ 6,12 %	— 1,62 %	+1,14 %

Trafic des voyageurs (bagages non compris).

Classes	1926	1927	en % du total 1926	en % du total 1927
	RECETTES en *R.M.*			
1e classe	18.496.106	20.822.549	1,45	1,56
2e classe	158.491.188	159.252.689	12,45	11,97
3e classe	485.740.286	487.111.004	38,15	36,61
4e classe	610.516.747	663.493.576	47,95	49,86
Total	1.273.244.327	1.330.679.818	100,00	100,00
dont voyages à prix réduit	238.290.876	282.348.920	18,72	21,22
Classes	**NOMBRE DE VOYAGEURS-KILOMÈTRES**		**en % du total 1926**	**en % du total 1927**
1e classe	170.889.320	199.007.614	0,40	0,44
2e classe	2.807.361.283	2.771.581.252	6,54	6,09
3e classe	14.413.745.712	14.376.503.142	33,58	31,56
4e classe	25.530.390.809	28.200.806.040	59,48	61,91
Total	42.922.387.124	45.547.898.048	100,00	100,00
dont voyages à prix réduit	15.313.753.983	17.631.390.720	35,68	38,71
Classes	**NOMBRE DE VOYAGEURS**		**en % du total 1926**	**en % du total 1927**
1e classe	630.814	722.740	0,04	0,04
2e classe	89.364.245	85.843.249	4,91	4,49
3e classe	600.225.535	601.778.367	32,99	31,52
4e classe	1.129.191.162	1.220.891.534	62,06	63,95
Total	1.819.411.756	1.909.235.890	100,00	100,00
dont voyages à prix réduit	900.101.393	998.697.039	49,47	52,31
Classes	**RECETTE MOYENNE PAR VOYAGEUR-KILOMÈTRE**		**PARCOURS MOYEN 1926**	**PARCOURS MOYEN 1927**
	pfennigs	pfennigs	kilomètres	kilomètres
1e classe	10,82	10,46	270,90	275,35
2e classe	5,65	5,75	31,41	32,29
3e classe	3,37	3,39	24,01	23,89
4e classe	2,39	2,35	22,61	23,10
Voyages de toute nature	2,97	2,92	23,59	23,86
Voyages à prix réduit	1,56	1,60	17,01	17,65

ANNEXE X

TARIFS — VOYAGEURS.

Comparaison entre les taux kilométriques et suppléments — dans le régime actuel — et dans le régime en projet modifiant le système des classes.

1. *Taux kilométriques.*

Régime actuel		Régime en projet		Nouveaux prix par rapport aux anciens
Classes	Prix en pf. par kilomètre, impôt compris	Classes	Prix en pf. par kilomètre, impôt compris	
1ère classe......	10,8	classe de luxe..	9,3	— 13,9 %
2ème classe.....	7,5	classe capitonnée	5,6	— 25,3 %
3ème classe.....	5,0	classe bois	3,7	— 26,0 %
4ème classe.....	3,3			+ 12,0 %

2. *Suppléments.*

Zones	Trains express						Zones	Trains directs	
	régime actuel			régime en projet				régime en projet	
	1ère classe	2ème classe	3ème classe	classe de luxe	classe capitonnée	classe bois		classe capitonnée	classe bois
	en RM							en RM	
1 à 75 km.	2,00	1,00	0,50	3,00	2,00	1,00	1 à 35 km.	0,50	0,25
							36 à 75 »	1,00	0,50
76 à 150 »	4,00	2,00	1,00	6,00	4,00	2,00	76 à 150 »	2,00	1,00
151 à 225 »	6,00	3,00	1,50	9,00	6,00	3,00	151 à 225 »	3,00	1,50
226 à 300 »	—	—	—	12,00	8,00	4,00	226 à 300 »	4,00	2,00
au-delà de 301 km.	—	—	—	15,00	10,00	5,00	au-delà de 301 km.	5,00	2,50

Note: Aucun supplément n'est appliqué aux trains directs dans le régime actuel.

ANNEXE XI

ENTREPRISES DE TRANSPORT EN COMMUN DE LA VILLE DE BERLIN.

I. *Voyageurs transportés et recettes.*

Années	Chemins de fer urbains et suburbains		Tramways		Métropolitain		Autobus	
	Voyageurs transportés	Recettes	Voyageurs transportés	Recettes	Voyageurs transportés	Recettes	Voyageurs transportés	Recettes
	millions	millions RM	millions	millions RM	millions	millions RM	millions	millions RM
1924	468,3	61,2	528,1	69,4	182,9	23,8	47,9	8,5
1925	397,7	69,8	768,1	101,9	172,2	28,6	76,9	13,3
1926	354,2	64,6	813,1	107,2	162,9	28,0	112,9	20,0
1927	358,9	64,7	773,0	118,4	186,9	33,3	156,8	31,5

II. *Extension des lignes et situation du matériel roulant.*

Années	Tramways			Métropolitain			Autobus		
	Longueur des lignes en exploitation à la fin de l'année en km	Nombre des automotrices et remorques à la fin de l'année	Acquisitions de nouvelles automotrices et remorques dans l'année	Longueur des lignes à la fin de l'année en km	Nombre des automotrices et remorques à la fin de l'année	Acquisitions de nouvelles automotrices et remorques dans l'année	Nombre des lignes à la fin de l'année	Nombre des voitures à la fin de l'année	Acquisitions de nouvelles voitures dans l'année
1924	1247	3332	—	46,9	481	56	16	182	29
1925	1407	3889	1000	46,9	687	206	19	291	109
1926	1495	3927	300	53,3	793	106	27	450	159
1927	1519	3641	343	56,2	828	35	29	585	135

ANNEXE XII.

TRAFIC-MARCHANDISES en 1925, 1926, 1927 et 1928.

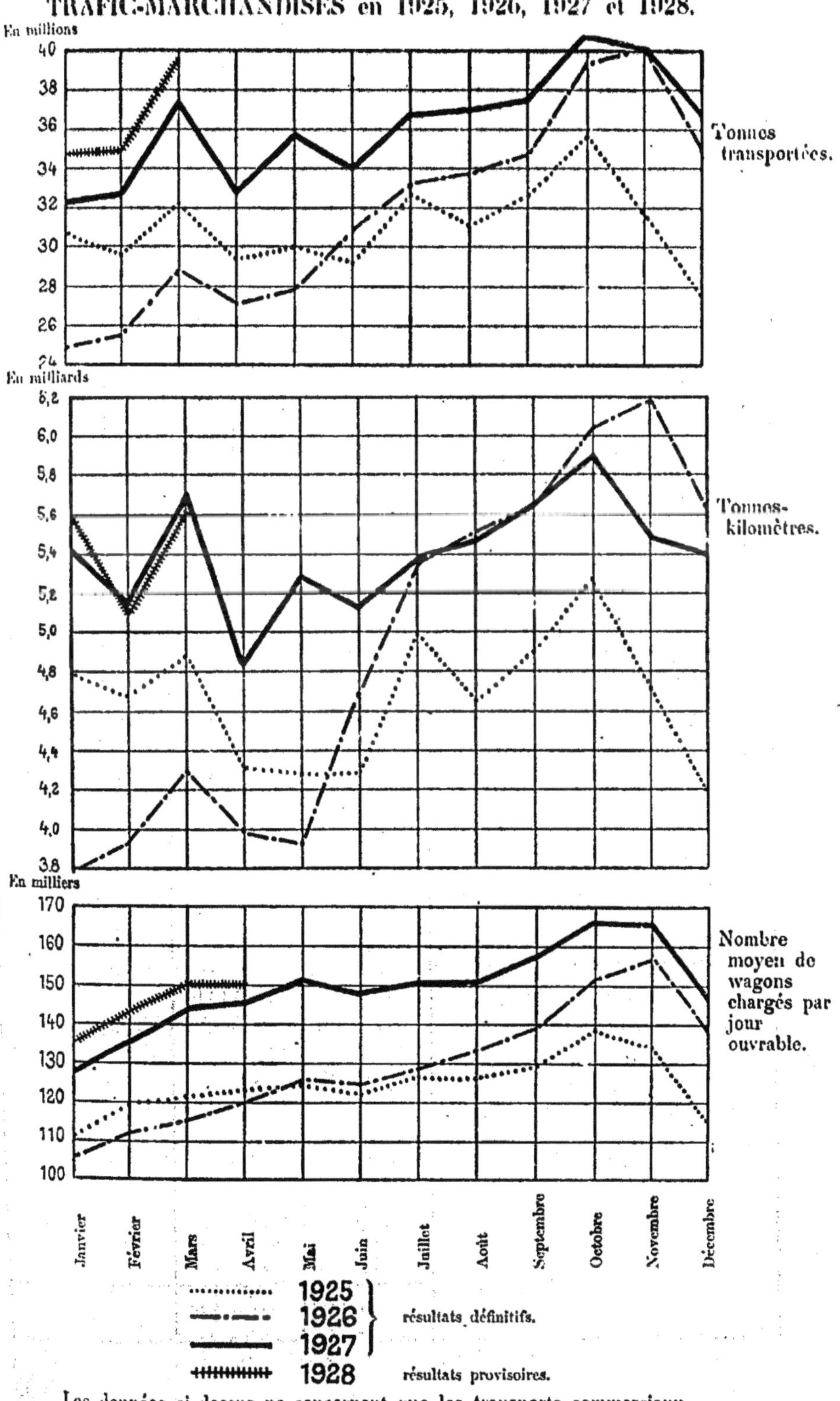

Les données ci-dessus ne concernent que les transports commerciaux.

ANNEXE XIII

STATISTIQUE COMPARÉE DU TRAFIC-MARCHANDISES EN 1913, 1925, 1626 ET 1927.

Années	Recettes totales des marchandises en *RM*	Tonnes transportées	Tonnes-kilomètres	Parcours moyen de la tonne, en kilomètres	Recette par tonne-kilomètre, en pfennigs
1913 (sans les territoires cédés)	1.927.000,000	399.000.000	51.429.000.000	128,00	3,59
1925	2.868.713.445	373.008.913	55.965.403.531	150,04	4,92
1926	2.830.619.404	381.868.296	59.016.334.065	154,55	4,59
1927	3.226.400.653	434.063.454	64.887.715.154	149,49	4,76
1927 par rapport à 1926	+ 13,98 %	+ 13,67 %	+ 9,95 %	+ 3,27 %	+ 3,70 %

Les chiffres ci-dessus ne se rapportent qu'aux transports commerciaux.

Les recettes totales englobent les frais accessoires, tandis que la recette par tonne-kilomètre ne les comprend pas.

RÉPARTITION PAR PROVENANCE ET PAR DESTINATION DU TONNAGE TRANSPORTÉ EN 1926 ET EN 1927.

	1926 tonnes	1927 tonnes	Variation en 1927 par rapport à 1926
I. Pour le Commerce:			
en trafic intérieur...........	308.358.840	356.251.140	+ 15,5 %
en provenance ou à destination d'autres compagnies allemandes	28.699.363	31.759.813	+ 10,7 %
en trafic étranger:			
en provenance de l'étranger..	18.798.470	20.646.730	+ 9,8 %
à destination de l'étranger...	23.337.732	22.913.115	— 1,8 %
en transit.................	2.673.891	2.492.656	— 6,8 %
Total....	381.868.296	434.063.454	+ 13,7 %
II. Pour le service de la Compagnie:			
avec payement de frais de transport	7.479.215	7.830.543	+ 4,7 %
sans payement de frais de transport	49.198.606	47.151.339	— 4,2 %
Total....	56.677.821	54.981.882	— 3,0 %
Total général....	438.546.117	489.045.336	+ 11,5 %

RAPPORT
DU COMMISSAIRE
À LA REICHSBANK

---

5 juin 1928

BERLIN

TABLE DES MATIÈRES.

RAPPORT DU COMMISSAIRE À LA REICHSBANK.

(1er septembre 1927 à 31 mai 1928)

Berlin, le 5 juin 1928.

Le présent rapport intermédiaire embrasse la période qui s'étend du 1er septembre 1927 au 31 mai 1928. Pour les événements qui se sont produits entre septembre et le début de décembre 1927, nous pouvons, d'une façon générale, renvoyer au dernier rapport annuel, publié le 7 décembre 1927.

I. CONSEIL GÉNÉRAL.

La composition du Conseil Général n'a pas été modifiée pendant la période qui fait l'objet du présent rapport.

La réélection de M. Max M. Warburg comme membre du Conseil Général a été ratifiée le 14 mars 1928 par les actionnaires de la Reichsbank de nationalité allemande.

L'Annexe A contient la liste des membres du Conseil Général et des membres du Directoire de la Reichsbank.

Le Conseil Général a tenu des séances mensuelles pendant la période qui fait l'objet du présent rapport. Dans ces séances, les rapports mensuels du Président, ainsi que ceux du Commissaire, ont été reçus et vérifiés.

Le Commissaire a assisté régulièrement aux séances hebdomadaires du Directoire de la Reichsbank avec les délégués du Comité central.

II. BILLETS DE LA REICHSBANK.

Conformément au § 27 de la Loi sur la Banque du 30 août 1924, la préparation et la fabrication, l'émission, le retrait et la destruction des billets de banque sont effectués sous le contrôle du Commissaire.

La tâche du Commissaire consiste essentiellement à garantir l'exécution des dispositions de la Loi et des statuts de la Banque qui se rapportent à l'exercice du droit d'émission des billets et au maintien de la couverture or pour les billets en circulation.

a. Émission des billets de la Reichsbank.

Outre les émissions mentionnées dans le rapport annuel 1926-1927, la Reichsbank, pour augmenter sa réserve en billets et pour remplacer les billets de banque devenus inutilisables, a procédé, en novembre 1927, à une émission complémentaire de billets de 10 et de 20 *RM.* L'apposition du timbre de contrôle du Commissaire a été commencée le 9 décembre 1927; ainsi qu'il a été fait lors des émissions antérieures, il est procédé à cette apposition à l'Imprimerie du Reich sous la surveillance de deux contrôleurs de nationalité néerlandaise.

GRAPHIQUE I.
MOYENS DE PAYEMENT EN CIRCULATION.

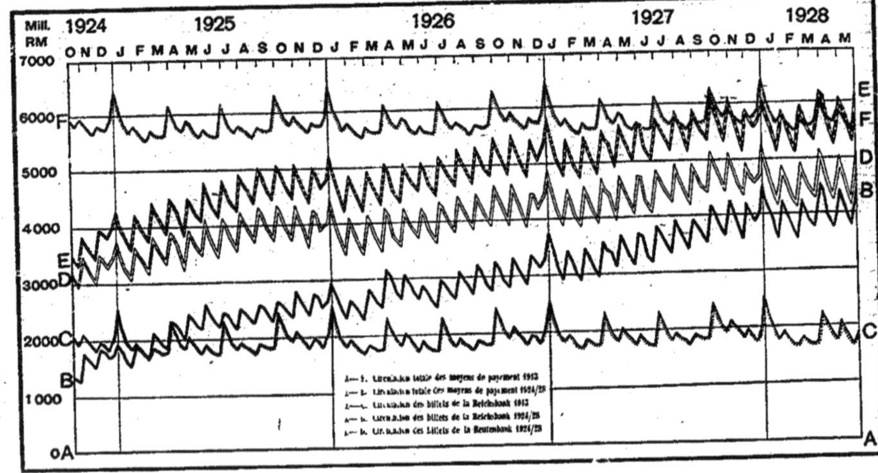

La destruction des billets libellés en reichsmarks devenus inutilisables dans la circulation, à laquelle il est procédé suivant les besoins, a lieu sous le contrôle du Commissaire.

On a pu constater que le timbre de contrôle a soutenu comme auparavant l'épreuve de la pratique.

Le montant des billets de la Reichsbank en circulation était :

le 31 août 1927	3.934.724.000 *RM*.
» 31 octobre 1927	4.230.568.000 »
» 31 décembre 1927	4.564.047.000 »
» 29 février 1928	4.268.220.000 »
» 30 avril 1928	4.409.460.000 »
» 31 mai 1928	4.486.906.000 »

Le graphique I et l'annexe B donnent à cet égard des indications plus détaillées.

b. Couverture des billets de la Reichsbank.

Conformément au § 28 de la Loi sur la Banque, la Reichsbank est tenue de maintenir constamment pour le montant de ses billets en circulation :

1. une couverture de 40 % au moins en or ou en devises; cette couverture doit consister en or pour les $^3/_4$ au moins (§ 28 a);
2. pour le reste du montant de la circulation, des lettres de change commerciales escomptées ou des chèques (§ 28 b).

L'or, au sens de cette disposition, est l'or en lingots ainsi que les pièces d'or allemandes et étrangères, calculées à raison de 1.392 *RM* la livre d'or fin, en tant que ledit or se trouve, soit dans les caisses de la Banque, soit déposé dans une banque centrale d'émission étrangère, de manière à être toujours à la libre disposition de la Reichsbank.

Les devises sont les billets de banque, les lettres de change à échéance de 14 jours au plus, les chèques et les créances exigibles le jour même, payables en monnaies étrangères, dans une banque reconnue solvable sur une place étrangère. Elles doivent être comptées à leur valeur actuelle en or.

Nous donnons ci-après un tableau du développement de cette couverture. Elle est représentée au graphique II; les chiffres sont joints au rapport en tant qu'annexe C. Nous indiquons la signification de ces chiffres dans le chapitre consacré à la politique suivie par la Reichsbank.

Couverture en or et en devises.

La couverture en or et en devises qualifiées pour servir de couverture atteignait :

le 31 août 1927	2.009.980.000 *RM*.
» 31 octobre 1927	2.012.755.000 »
» 31 décembre 1927	2.146.629.000 »
» 29 février 1928	2.170.303.000 »
» 30 avril 1928	2.208.668.000 »
» 31 mai 1928	2.314.835.000 »

GRAPHIQUE II.
COUVERTURE DES BILLETS DE LA REICHSBANK.

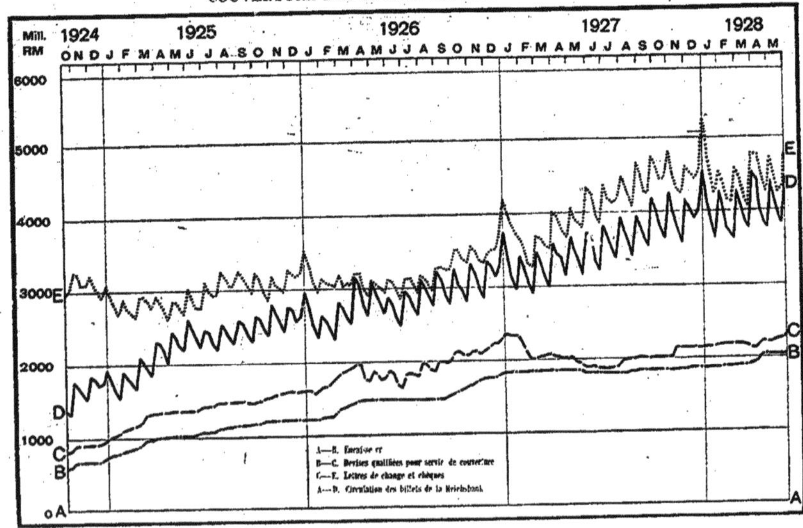

Le graphique III montre le développement, depuis le 31 décembre 1926, du pourcentage de la couverture en or et en devises qualifiées pour servir de couverture. À titre de comparaison, nous indiquons la couverture moyenne pendant les années précédentes. Pendant la période qui fait l'objet du présent rapport, cette couverture atteignait en moyenne 53,6 % de la circulation des billets (maximum au 23 novembre 1927 : 59,8 %, minimum au 31 décembre 1927 et 31 mars 1928 : 47,0 %). Les chiffres qui s'y rapportent figurent à l'annexe D.

GRAPHIQUE III.

POURCENTAGE DE LA COUVERTURE DES BILLETS DE LA REICHSBANK EN OR ET EN DEVISES QUALIFIÉES POUR SERVIR DE COUVERTURE.

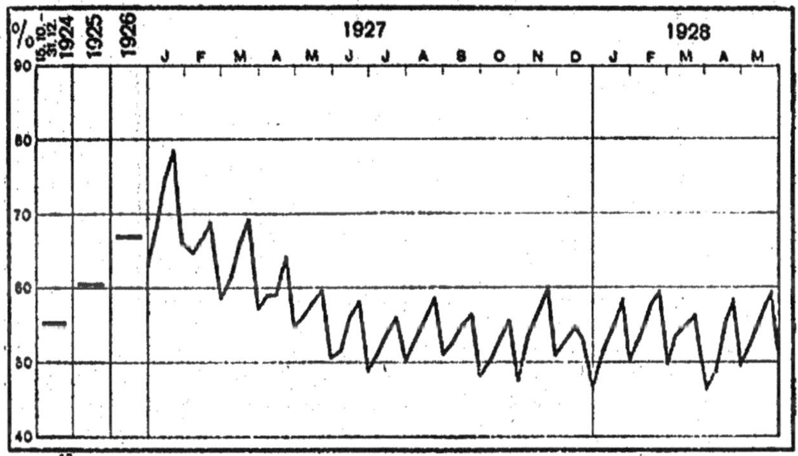

Or.

L'encaisse or s'est maintenue au niveau de 1.852 millions de *RM* du début de septembre 1927 au début de novembre 1927. Depuis, on constate une augmentation presque constante.

L'encaisse or a atteint:

Date	Encaisse or	
	Total (reichsmarks)	déposée dans des banques centrales étrangères (reichsmarks)
31 août 1927	1.852.671.000	66.543.000
31 octobre 1927	1.851.300.000	66.543.000
31 décembre 1927	1.864.648.000	81.437.000
29 février 1928	1.888.350.000	85.626.000
30 avril 1928	2.040.931.000	85.626.000
31 mai 1928	2.040.781.000	85.626.000

Il ressort du tableau ci-dessus que l'encaisse or a augmenté, au total, de 188,3 millions de *RM* du 31 août 1927 au 30 avril 1928.

Dans cette période, les importations d'or en Allemagne se sont élévées à une somme totale de 212,2 millions de *RM*, les exportations d'or à 7,2 millions de *RM*, l'excédent d'importation est donc de 205,0 millions de *RM*. De cet or importé, l'économie allemande a reçu 30,6 millions de *RM*, la Reichsbank 174,4 millions de *RM*.

L'augmentation mensuelle du total de l'encaisse or de la Reichsbank ressort du tableau ci-après :

Mois	Augmentation ou diminution (millions de reichsmarks)
Septembre 1927..........	— 0,6
Octobre 1927...........	— 0,8
Novembre 1927..........	+ 5,7
Décembre 1927..........	+ 7,7
Janvier 1928............	+ 0,6
Février 1928...........	+ 23,1
Mars 1928..............	+ 42,4
Avril 1928.............	+ 110,2
Mai 1928...............	— 0,1

L'afflux en février avait en grande partie pour origine, ainsi que l'a fait savoir la Reichsbank, les ventes de Russie, celui de mars et d'avril les ventes de Russie et d'Amérique.

Devises.

Le montant des devises a été :

le 31 août 1927	157.309.000 *RM*,
» 31 octobre 1927	161.446.000 »
» 31 décembre 1927	281.986.000 »
» 29 février 1928	281.953.000 »
» 30 avril 1928	167.737.000 »
» 31 mai 1928	274.051.000 » .

Couverture en lettres de change et en chèques.

Le portefeuille de lettres de change et de chèques de la Reichsbank a atteint :

le 31 août 1927	2.661.635.000 *RM*,
» 31 octobre 1927	2.802.380.000 »
» 31 décembre 1927	3.128.656.000 »
» 29 février 1928	2.336.275.000 »
» 30 avril 1928	2.492.874.000 »
» 31 mai 1928	2.469.399.000 » .

La circulation et la couverture des billets de la Reichsbank ont été régulièrement soumises au contrôle du Commissaire.

c. Remboursement des billets de la Reichsbank.

Au sujet du remboursement des billets de la Reichsbank, le § 31 de la Loi sur la Banque prévoit que la Reichsbank est tenue de rembourser ses billets aux porteurs, à son choix, en pièces de monnaie d'or allemandes, en lingots d'or ou en chèques ou en ordres de paiement libellés en monnaies étrangères. Cependant, d'après le § 52, pour l'entrée en vigueur de cette prescription, des décisions concordantes du Directoire de la Reichsbank et du Conseil Général sont nécessaires. De telles décisions n'ont pas été prises jusqu'à présent, de sorte que l'obligation légale de rembourser n'existe pas encore.

La politique suivie à ce propos par la Reichsbank est traitée au Chapitre XI k.

d. Anciens billets de la Reichsbank.

Il a déjà été dit dans le rapport annuel de 1926/27 que la présentation à la Reichsbank des billets émis par elle avant la mise en vigueur de la Loi sur la Banque du 30 août 1924, qui n'ont plus cours depuis le 5 juillet 1925, a presque complètement cessé. Le 31 mai 1928, il ne restait plus que 10,5 millions de *RM* de ces billets en dehors de la Banque. On doit supposer que des montants considérables de ces anciens billets, que la Reichsbank reste disposée à échanger à sa caisse principale de Berlin, n'existent plus ou que, pour d'autres raisons, ils ne seront plus présentés aux fins d'échange.

III. AUTRES MOYENS DE PAYEMENT.

Conformément au § 1 de la Loi sur la Banque, la Reichsbank a, entre autres, la tâche de régler la circulation monétaire dans l'ensemble du territoire du Reich.

Outre les billets émis par la Reichsbank, la circulation en Allemagne comprend encore les billets émis par la Rentenbank, les billets des quatre banques privées d'émission ainsi que les monnaies divisionnaires.

Le graphique I indique, à côté de la circulation des billets de la Reichsbank, celle des autres moyens de payement depuis le 15 octobre 1924 (première situation hebdomadaire de la Reichsbank en vertu de la Loi sur la Banque du 30 août 1924) jusqu'au 31 mai 1928. Les chiffres ayant servi de base au graphique sont joints au présent rapport en tant qu'annexe B.

a. Billets de la Rentenbank.

Les billets de la Rentenbank sont mis en circulation en vertu du décret du 15 octobre 1923 relatif à la création de la Deutsche Rentenbank, d'une part, en raison du prêt qui avait été consenti par la Rentenbank au Reich et atteignait primitivement un montant de 1.200 millions de *RM* et, d'autre part, en raison de crédits consentis principalement à l'agriculture sous forme de traites dont le maximum effectivement employé a été de 880,3 millions de *RM*. Il en résulte que la circulation totale a été primitivement de 2.080,3 millions de *RM*.

La liquidation du total des billets de la Rentenbank en circulation est faite par la Reichsbank, conformément au § 5 de la Loi sur la liquidation des billets de la Rentenbank en circulation, dans un délai maximum de dix années.

Conformément au § 6 de cette Loi il est créé, à cet effet, à la Reichsbank un fonds d'amortissement spécial. La Reichsbank administre ce fonds; il est alimenté de la manière suivante:

a. par les recettes provenant des débiteurs fonciers grevés au profit de la Rentenbank,

b. par des versements du Reich d'un montant annuel de 60 millions de *RM*,

c. par la part des bénéfices de la Reichsbank revenant au Reich.

Les billets de la Rentenbank versés au fonds d'amortissement doivent être détruits par la Reichsbank. Dans la mesure où les paiements mentionnés se font en reichsmarks, la Reichsbank est tenue de retirer de la circulation un montant correspondant de billets de la Rentenbank et de détruire également lesdits billets.

Les crédits consentis à l'économie ci-dessus mentionnés devaient être liquidés en l'espace de trois années. Ainsi qu'il a déjà été dit dans le rapport annuel de 1926/1927, la liquidation a été achevée le 30 novembre 1927 au moyen du dernier remboursement de 293,4 millions de *RM*. La destruction des billets de la Rentenbank remis à la Reichsbank du fait de ce paiement a été achevée à la fin de décembre 1927.

Au total 1.400 millions de *RM* avaient été versés à la Reichsbank aux fins d'amortissement jusqu'au 31 mai 1928, contre 1.038 millions de *RM* le 31 août 1927. Les paiements dont il s'agit se répartissent comme suit:

	31 août 1927	31 mai 1928
	(en millions de RM)	
Conformément au § 7a de la Loi de liquidation (payements provenant des débiteurs fonciers grevés au profit de la Rentenbank)	189,1	232,2
Conformément au § 7b de la Loi de liquidation (contribution du Reich d'un montant annuel de 60 millions de RM.)	165,0	210,0
Conformément au § 7c de la Loi de liquidation (part des bénéfices de la Reichsbank revenant au Reich) (1)...	72,0	77,5
Conformément au § 11 de la Loi de liquidation (remboursement des crédits accordés à l'économie par la Rentenbank)	611,9	880,3
Total	1.038,0	1.400,0

(1) Part qui fut respectivement pour les exercices de 1924 à 1927 de 55,6, 12,2, 4,2 et 5,5 millions de RM.

Conformément au § 11 de la Loi sur la liquidation de la Rentenbank, la Rentenbank doit verser à la Reichsbank une partie des intérêts produits par la liquidation des crédits consentis à l'économie ci-dessus mentionnés. Cette part s'élève à $^{7}/_{10}$ de l'escompte de la Reichsbank sur les crédits en question, mais au maximum à 7% pour l'année. En conséquence, la Rentenbank doit à la Reichsbank un montant de 70,1 millions de *RM*. Le paiement de cette somme, conformément à un arrangement antérieur, a été remis jusqu'à achèvement de la liquidation de la Rentenbank. Mais cette somme a déjà servi, conformément audit arrangement, à réduire la circulation des billets de la Rentenbank, un montant équivalent de billets de la Rentenbank ayant été pris en compte bloqué spécial par la Reichsbank en janvier 1928.

Pendant la période qui fait l'objet du présent rapport, la circulation des billets de la Rentenbank (c'est-à-dire depuis janvier 1928, à l'exclusion du compte bloqué à la Reichsbank ci-dessus mentionné), s'est élevée:

le 31 août 1927 .... 1.007.189.000 *RM*.
» 31 octobre 1927 .... 896.282.000 »
» 31 décembre 1927 .... 716.231.000 »
» 29 février 1928 .... 630.416.000 »
» 30 avril 1928 .... 609.306.000 »
» 31 mai 1928 .... 586.228.000 » .

La dette du Reich vis-à-vis de la Rentenbank s'est réduite à 845,9 millions de *RM* au 31 août 1927 et à 765,9 millions de *RM* au 30 avril 1928.

Le bénéfice net de la Rentenbank a atteint, en 1927, 14,1 millions de *RM*. Sur ce bénéfice net, il n'a été fait aucun transfert à la Deutsche Rentenbank-Kreditanstalt. Le montant en a été versé à la réserve qui a été ainsi portée à 52,7 millions de *RM*. Comme il est dit dans le rapport de la Rentenbank pour l'exercice 1927, cette mesure a été jugée opportune en raison des engagements provenant du Décret sur la Rentenbank et de la Loi de liquidation, — engagements dont les effets ne se peuvent encore prévoir — d'autant plus que l'excédent des recettes de la Rentenbank, vu la forte réduction, pour elle, des possibilités d'effectuer des opérations lucratives, deviendra très faible à l'avenir.

b. Billets des banques privées d'émission.

En ce qui concerne les banques privées d'émission, à savoir la Bayerische Notenbank, la Württembergische Notenbank, la Sächsische Bank et la Badische Bank, dont la circulation maxima a été fixée par la Loi sur la Banque à un total de 194 millions de *RM*, il y avait en circulation:

le 31 août 1927 .... 184.712.000 *RM*.
» 31 octobre 1927 .... 188.063.000 »
» 31 décembre 1927 .... 188.668.000 »
» 29 février 1928 .... 185.387.000 »
» 30 avril 1928 .... 185.233.000 »
» 31 mai 1928 (chiffre provisoire) .. 186.000.000 » .

c. Monnaies.

Les nouvelles pièces d'or de 10 et de 20 *RM* prévues au § 2 de la Loi sur les monnaies du 30 août 1924 n'ont pas encore été frappées. Pour ce qui est des monnaies d'or frappées en vertu de lois antérieures et ayant cours légal conformément au § 4 de la nouvelle Loi sur les monnaies, il n'y a plus guère de montants notables en circulation.

Les monnaies divisionnaires en circulation atteignaient:

le 31 août 1927	740.187.000 *RM*,
» 31 octobre 1927	788.703.000 »
» 31 décembre 1927	835.257.000 »
» 29 février 1928	841.336.000 »
» 30 avril 1928	872.207.000 »
» 31 mai 1928 (chiffre provisoire) ...	881.000.000 » .

Ces monnaies sont frappées par le Reich et mises en circulation par la Reichsbank dans la mesure des besoins. Conformément au § 8 de la Loi sur les monnaies, le total des pièces de 5 *RM* et au-dessous ne doit pas dépasser 20 *RM* par habitant. La circulation des monnaies divisionnaires, y compris 148,3 millions de *RM* de billets de la Rentenbank de 5 *RM*, atteignait à la fin d'avril 1928, 16,35 *RM* environ par habitant contre 12,50 marks environ par habitant en 1914.

Au cours du second semestre 1927, on a commencé de procéder à l'échange des pièces de bronze-aluminium de 50 pfennigs, contre des pièces de nickel de la même valeur; cet échange se poursuit.

Les modifications qui se sont produites dans la composition de la circulation des monnaies divisionnaires ressortent du tableau ci-après:

CIRCULATION DES MONNAIES DIVISIONNAIRES
(en millions de reichsmarks)

	31 août 1927	30 avril 1928	Augmentation ou diminution
Pièces d'argent			
pièces de 5 reichsmarks	8,9	132,0	+ 123,1
pièces de 3 »	151,3	150,5	— 0,8
pièces de 2 »	189,3	189,5	+ 0,2
pièces de 1 »	258,2	257,5	— 0,7
Pièces d'un montant inférieur à 1 reichsmark			
pièces de 50 reichspfennigs	55,7	61,0	+ 5,3
pièces de 10 »	50,1	53,0	+ 2,9
pièces de 5 »	21,7	22,8	+ 1,1
pièces de 2 »	2,3	2,8	+ 0,5
pièces de 1 »	2,7	3,1	+ 0,4
Total	740,2	872,2	+ 132,0

L'encaisse de monnaies divisionnaires de la Reichsbank n'a pas subi de modifications importantes. Cette encaisse atteignait 76 millions de $\mathcal{RM}$ le 31 mai 1928, contre 81 millions de $\mathcal{RM}$ le 31 août 1927.

IV. PAYEMENTS SANS TRANSFERT D'ESPÈCES.

Le rapport annuel de 1926/1927 contient un tableau des payements sans transfert d'espèces, payements qui ont atteint en Allemagne un montant considérable. Les chiffres donnés à cette époque sont complétés comme suit :

MONTANTS DES VIREMENTS DE LA REICHSBANK
ET DU TRAFIC DES CHÈQUES POSTAUX

Année	Virements de la Reichsbank	Trafic des chèques postaux
	(en milliards de reichsmarks)	
1924	465,5	78,5
1925	472,4	110.8
1926	539,4	114,8
1927	628,8	130,1

En ce qui concerne les compensations à la Reichsbank, les chiffres ont été les suivants pour la période faisant l'objet du présent rapport:

TOTAL DES COMPENSATIONS À LA REICHSBANK
(en millions de reichsmarks)

Mois	Montants		Montants totaux
	Compensations	Service des avis d'urgence à Berlin (Eilavisverkehr)	
1927			
Septembre	6.271	2.389	8.660
Octobre	6.903	2.671	9.574
Novembre	6.375	2.689	9.064
Décembre	6.936	2.570	9.506
1928			
Janvier	6.969	3.087	10.056
Février	6.241	2.707	8.948
Mars	7.203	2.976	10.179
Avril	6.724	2.862	9.586
Mai	6.897	3.164	10.061

Les virements télégraphiques de la Reichsbank en Allemagne, que l'on a commencé d'effectuer le 20 décembre 1926, se sont développés de façon satisfaisante. Le siège central de la Reichsbank et les agences de la Reichsbank ont envoyé, en 1927, 62.429 de ces transferts télégraphiques, d'une valeur totale de 7,7 milliards de *RM* — soit 12 % de l'ensemble des transferts de place à place.

Le système des transferts internationaux a également continué de se développer pendant la période qui fait l'objet du présent rapport. Le 24 mars 1928, l'Irlande s'est jointe à ce système. Le trafic des transferts internationaux comprend maintenant (par ordre alphabétique) les pays suivants: Autriche, Belgique, Danemark, Dantzig, Esthonie, États-Unis d'Amérique, Finlande, France, Grande-Bretagne, Hongrie, Irlande, Lettonie, Lithuanie, Norvège, Pays-Bas, Suède, Suisse, Tchéco-Slovaquie.

Dans le trafic des virements avec Dantzig, les Pays-Bas et la Suisse, les transferts à des titulaires de comptes dans les banques d'émission ne sont pas seuls autorisés maintenant ; sont autorisés également les transferts à des titulaires de comptes de chèques postaux et les transferts pour payement à des personnes ou des maisons qui ne sont titulaires ni d'un compte de virements à la banque d'émission, ni d'un compte de chèques postaux.

Dans le trafic avec le Danemark, les payements à des personnes ou à des maisons qui ne sont pas titulaires de compte à la Banque Nationale de Copenhague ont lieu depuis quelque temps.

Etant donné que ces opérations sont particulièrement propres aux transferts de montants peu importants, le total des 10.987 transferts effectués en 1927, qui s'est élevé à 39 millions de reichsmarks, est assez satisfaisant.

V. ÉMISSIONS EFFECTUÉES PAR L'INTERMÉDIAIRE DE LA REICHSBANK.

Pendant la période qui fait l'objet du présent rapport, la Reichsbank a continué d'agir en qualité d'agence de payement pour le service de l'emprunt extérieur allemand 1924 7 %.

La Reichsbank a également continué de s'occuper de l'échange des anciens emprunts du Reich libellés en marks-papier contre des obligations de la dette de liquidation. Les travaux y relatifs ne sont pas encore terminés.

La Reichsbank a dirigé en février 1928 le consortium pour l'émission de 125 millions de marks-or (un mark-or est l'équivalent de $^1/_{2790}$ kg. d'or fin) d'actions de préférence 7 % série V de la Compagnie des Chemins de fer allemands. Sur le montant total, 100 millions de marks-or ont été offerts en souscription publique dans la période qui va du 8 février au 14 février 1928 inclusivement et le reste, soit 25 millions de marks-or, bloqué jusqu'à la fin de l'année 1928, a été gardé à la disposition de la Compagnie des Chemins de fer allemands. Le cours d'émission a été de 93,5 %.

Comme dans le cas de la série IV, le Reich s'est engagé envers les actionnaires de la série V à garantir le payement du dividende de 7 % sur les actions de préférence.

La Reichsbank s'est chargée, en qualité de trustee, de l'administration et de la conservation des actions de préférence série V et remet en échange à leurs propriétaires des certificats au porteur (groupe II).

Les certificats peuvent être donnés à la Reichsbank en garantie pour des opérations de prêts sur gage, conformément au § 21, chiffre 3, de la Loi sur la Banque ; ils sont également acceptés par la Banque d'Etat prussienne (Seehandlung) comme couverture dans les opérations de prêts sur gage.

Seuls les certificats ont été introduits à la cote des Bourses allemandes.

Les résultats de la souscription ont été si favorables que, dès avant la remise, le consortium a exercé l'option qui lui revenait sur 100 autres millions de marks-or d'actions de préférence.

VI. RAPPORTS DE LA REICHSBANK AVEC LE REICH.

Depuis février 1928, la Reichsbank a été chargée par le Ministère des Finances du Reich de mettre en vente, partiellement sur le marché libre, des traites du Trésor du Reich. Ces traites du Trésor du Reich ont une durée de 80 à 90 jours et sont établies à l'ordre de la banque qui les achète. Elles ont été vendues au taux de l'escompte hors banque (février 6—$6^1/_2$ %, mars $6^1/_2$—$6^5/_8$ %, avril $6^1/_2$, $6^1/_2$—$6^3/_4$ %, mai $6^5/_8$ %). Les ventes sur le marché libre ont atteint des montants d'une certaine importance; mais dans l'ensemble elles sont restées dans des limites relativement étroites.

Conformément à la Loi du 8 juillet 1926 portant modification à la Loi sur la Banque, les traites du Trésor émises par le Reich, pour lesquelles répond encore, outre le Reich, une autre personne réputée solvable, peuvent être escomptées par la Reichsbank et données en garantie pour prêts sur gage, cela à concurrence d'un maximum de 400 millions de *RM*. Le 30 avril 1928, un montant de 1 million de *RM* de traites du Trésor du Reich a été, pour la première fois, escompté par la Reichsbank.

En ce qui concerne les crédits d'exploitation, au maximum 100 millions de *RM*, prévus au § 25 de la Loi sur la Banque, le Reich y a recouru à diverses reprises, en particulier vers les fins de mois.

Le 1er avril 1928, le nouveau décret du 6 août 1927 sur les Caisses du Reich est entré en vigueur.

Conformément à ce décret, les caisses du Reich se composent de la Reichshauptkasse (caisse centrale du Reich), qui rassemble tous les encaissements et tous les décaissements, des Oberkassen (caisses principales) et des Amtskassen (caisses de district). Lors de la fondation de la Reichsbank en 1875, la Reichshauptkasse, indépendante jusqu'alors, a été incorporée à la Reichsbank et, à partir de cette date, les opérations de la Reichshauptkasse ont été effectuées par la Reichsbank. En 1924, la Reichshauptkasse a été de nouveau séparée de la Reichsbank et incorporée au Ministère des Finances du Reich comme office indépendant.

Le nouveau Décret sur les caisses du Reich ci-dessus mentionné maintient cette organisation. La Reichshauptkasse reçoit les excédents des caisses subordonnées et fournit à ces dernières les suppléments d'encaisse dont elles ont besoin. L'encaisse de la Reichshauptkasse est, d'une façon générale, déposée à la Reichsbank. L'avoir de la Reichshauptkasse est éventuellement placé pour porter intérêt, suivant les indications du Ministre des Finances du Reich d'accord avec la Reichsbank.

VII. NOUVELLES MESURES POUR FACILITER LA REMISE EN GARANTIE DES EMPRUNTS DU REICH.

La procédure prévue au § 21 de la Loi sur la Banque pour les prêts sur les titres des emprunts du Reich donnés en garantie a subi une simplification importante, étant donné qu'en ce qui concerne la garantie nécessaire d'une banque, il a été décidé que lorsque la Reichsbank consent des prêts sur les titres des emprunts du Reich, la garantie bancaire exigée entre en vigueur sans autre formalité. Ce règlement a été publié par le Ministère des Finances du Reich le 26 janvier 1928 dans les termes suivants:

« Conformément au § 21, chiffre 3, dernier alinéa de la Loi sur la Banque du 30 août 1924, les avances consenties par la Reichsbank sur les obligations du Reich à longue échéance sont autorisées à la condition que le prêt soit garanti par deux répondants dont l'un doit être une banque opérant en Allemagne. À présent, un syndicat de banques est constitué sous la direction de la Reichsanleihe-Aktiengesellschaft; les membres de ce syndicat ont déclaré qu'ils sont prêts à fournir gratuitement pour les emprunteurs la garantie complémentaire nécessaire conformément à la Loi sur la Banque. En outre, les emprunteurs qui font usage de cette faculté ne sont pas assujettis à un droit de timbre éventuel sur le document constitutif de la garantie. L'emprunteur n'a pas besoin d'entrer en rapport avec la banque qui se charge de la garantie pour l'emprunt en question. Il s'adresse, tout simplement, comme pour les prêts sur d'autres titres, à la succursale de la Reichsbank du ressort de son domicile; celle-ci lui donne les renseignements désirés et il peut remplir immédiatement les formalités requises. Le paiement du montant du prêt n'est pas retardé par le fait qu'il faut obtenir une garantie. Parmi les obligations à longue échéance du Reich, sont admises actuellement par la Reichsbank dans les opérations des prêts sur gage: la dette de liquidation du Reich avec coupons de tirage, l'emprunt du Reich 6 % 1927 et le traites du trésor 6½ % de l'Administration des Postes du Reich ».

On sait que, conformément au § 21 de la Loi sur la Banque, les avances pour lesquelles les obligations à longue échéance du Reich sont remises en nantissement ne peuvent jamais dépasser le montant du capital versé de la Banque et de son fonds de réserve (actuellement 166,5 millions de *RM*).

VIII. FONDS DES COLLECTIVITÉS PUBLIQUES.

Une attention spéciale a déjà été consacrée dans les rapports précédents à la question de l'administration des fonds des collectivités publiques; à cet égard, nous renvoyons en particulier au rapport intermédiaire de 1927 dans lequel on pourra constater que des arrangements satisfaisants pour la Reichsbank ont été conclus avec l'Administration des finances du Reich, l'Administration des Postes et les Chemins de fer du Reich.

L'arrangement avec les Chemins de fer du Reich, qui est mentionné dans ce rapport et qui concerne une partie des fonds des Chemins de fer, a expiré le 31 décembre 1927. Un nouvel arrangement a été conclu depuis, d'après lequel un montant considérable des fonds reste à la Verkehrs-Kreditbank, surtout en vue de financer les payements différés pour le transport des marchandises. Par contre, l'encaisse disponible au delà de cette somme est versée au compte de la Verkehrs-Kreditbank à la Reichsbank qui les placera, comme le prévoyait l'accord de l'année dernière et en partie par l'intermédiare de la Golddiskontbank, avec l'assentiment de la Verkehrs-Kreditbank. À cet égard, une modification a été opérée en ce qui concerne la remise des fonds: les rentrées des caisses des gares dans les villes ayant de succursales de la Reichsbank qui, jusqu'à présent, étaient le plus souvent versées aux agences de payement que la Verkehrs-Kreditbank avait dans les banques privées sont maintenant versées directement à la succursale locale de la Reichsbank au compte de la Verkehrs-Kreditbank, tandis que les fonds qui proviennent des payements différés pour le transport des marchandises ainsi que les fonds qui proviennent des caisses des gares dans les villes où n'existe pas de succursale de la Reichsbank continuent d'être portés aux agences de payement de la Verkehrs-Kreditbank dans les banques privées. Cette modification au système d'encaissement dans les places où la Reichsbank possède des succursales est provisoirement limitée au réseau des anciens chemins de fer de l'État de Prusse et de Hesse.

Il a déjà été question au Chapitre VI du présent rapport du nouveau décret du 6 août 1927 sur les caisses du Reich.

Le montant des fonds des collectivités publiques a beaucoup diminué et, par suite, leur importance pour le marché de l'argent et pour la politique d'escompte de la Reichsbank.

IX. RÉSULTATS FINANCIERS DE LA REICHSBANK POUR L'ANNÉE 1927.

Les chiffres suivants, relatifs aux résultats financiers de la Reichsbank pour l'année 1927, sont empruntés à son rapport présenté à l'assemblée générale du 14 mars 1928.

Au cours de l'année 1927, le bénéfice de la Reichsbank a augmenté par suite de l'accroissement du portefeuille de traites et des relèvements du taux de l'escompte. Le bénéfice réalisé sur les traites et les chèques s'est monté en 1927 à 130,7 millions de *RM* contre 98,7 millions de *RM* en 1926. Le montant total du bénéfice brut qui atteignait, en 1926, 112,9 millions de *RM* s'est élevé, en conséquence, en 1927, à 149,1 millions de *RM*. Déduction faite des frais d'administration d'un montant de 75,1 millions de *RM* (1926: 83,3 millions de *RM*) et de la réserve pour impression de billets et pour constructions nouvelles d'un montant de 11,6 millions de *RM* et de 21,3 millions de *RM* respectivement (1926: réserve pour impression de billets, néant, pour constructions nouvelles, 6,8 millions de *RM*), ainsi que du versement au fonds ducroire d'un montant de 15 millions de ℛℳ (1926: néant), il est resté à la Banque un bénéfice net de 26,1 millions de ℛℳ (1926: 22,8 millions de ℛℳ).

Conformément aux dispositions du § 37 de la Loi sur la Banque, 20 % du bénéfice net, à savoir 5,2 millions de ℛℳ (1926: 4,6 millions de ℛℳ), ont été versés au fonds de réserve légal, qui a été ainsi porté à 43,7 millions de ℛℳ (1926: 38,5 millions de ℛℳ), tandis que 5,5 millions de ℛℳ ont été versés au Reich, (1926: 4,2 millions de ℛℳ) lesquels, conformément au § 7c de la Loi sur la liquidation de la Rentenbank, ont été consacrés à l'amortissement des billets de la Rentenbank. Il est resté pour les actionnaires un montant de 15,3 millions de ℛℳ (1926: 14 millions de ℛℳ) sur lequel un dividende de 12 % (1926 : 10 %) a été distribué au capital versé, à savoir 122.788.100 ℛℳ, tandis que le reliquat, soit 0,6 million de ℛℳ (1926: 1,7 million de ℛℳ), a été versé à la réserve spéciale pour les paiements ultérieurs de dividendes. Ainsi, cette réserve a été portée à la fin de 1927 à 45,5 millions de ℛℳ (1926 : 44,9 millions de ℛℳ).

Le fonds ducroire, par suite du versement susmentionné, s'est élevé à 65 millions de ℛℳ (1926: 50 millions de ℛℳ). Sur le montant des réserves pour impression de billets et pour constructions nouvelles, qui s'élevait au total à la fin de 1926 à 15 millions de ℛℳ, ont été utilisés, en 1927, 1,6 million de ℛℳ et 11,3 millions de ℛℳ respectivement (1926: néant et 6,8 millions de ℛℳ respectivement). Par suite des versements déjà mentionnés, le total des deux réserves a été porté, à la fin de 1927, à 25 millions de ℛℳ.

X. GOLDDISKONTBANK.

Comme suite aux indications déjà fournies dans les précédents rapports relativement à la Golddiskontbank, nous citons ici quelques chiffres concernant le développement des affaires au cours de la période qui fait l'objet du présent rapport, chiffres pris dans les rapports mensuels et dans le rapport annuel de la Golddiskontbank pour 1927.

Date	Traites et chèques	Traites rées-comptées	Valeurs	Obligations à vue	Engagements à terme
	en milliers de livres sterling				
1927					
31 août	6.002,6	1.311,3	13.786,0	5.466,6	6.363,2
30 septembre	5.711,1	1.188,5	13.375,9	5.747,0	5.384,2
31 octobre	6.210,1	1.118,3	12.855,3	6.189,1	4.894,8
30 novembre	11.067,1	1.140,3	14.250,0	4.997,6	12.292,0
31 décembre	1.081,8	2.396,9	13.720,0	1.526,8	5.212,9
1928					
31 janvier	502,3	2.533,1	13.640,0	2.082,6	3.401,9
29 février	1.082,9	2.536,8	13.630,4	3.736,9	2.359,3
31 mars	2.915,0	2.506,5	13.172,8	6.084,9	1.380,3
30 avril	314,7	2.218,6	12.759,1	3.426,6	646,1
31 mai	2.839,3	2.320,0	12.494,8	2.079,7	4.638,7

L'étendue des engagements à terme a diminué continuellement depuis le mois de novembre 1927, date à laquelle le montant du troisième emprunt extérieur de la Rentenbank-Kreditanstalt a été déposé provisoirement à la Golddiskontbank. Le dépôt à la Golddiskontbank d'une part du produit du quatrième emprunt extérieur de la Rentenbank-Kreditanstalt, s'élevant à $ 25 millions, a fait accroître, à la fin de mai, le montant des engagements à terme et a fait de nouveau augmenter le portefeuille des traites.

Les obligations à vue se modifient suivant les fluctuations des disponibilités des collectivités publiques qui ont des dépôts à la Golddiskontbank. Les fonds versés à la Golddiskontbank ont été, pour une grande partie, dirigés sur le marché de l'escompte hors banque.

La diminution des crédits sur traites à l'exportation, déjà constatée en 1926, s'est poursuivie au cours de l'année 1927. Le total des crédits à l'exportation consentis par la Golddiskontbank lequel, au début de 1927, s'élevait encore à 4 millions de livres sterling environ, était tombé à la fin de l'année à 3.070.000 livres sterling.

Ont été achetées en tout:

3.574 traites	d'une	valeur	de	6.594.593·10·2	livres sterling,
121 »	»	»	»	2.014.172,44	dollars
et 1.862 »	»	»	»	72.540.548,67	reichsmarks.

Dans le Rapport de la Reichsbank pour l'exercice 1927, il est dit que: « au total, les opérations d'escompte de traites de la Golddiskontbank ont continué de se réduire pour tendre graduellement vers leur fin naturelle. Il faut également s'attendre à ce que la Golddiskontbank cesse dans un temps prochain de participer à l'administration des fonds des collectivités publiques, depuis que les efforts de la Reichsbank en vue d'administrer ces fonds pour le compte des intéressés ont été reconnus par la plupart des administrations en question ».

On n'a pas eu recours, en 1927, au crédit étranger de 30 millions de dollars, mis à la disposition de la Golddiskontbank et déjà mentionné dans le rapport annuel de 1926/27; d'une manière générale, on n'a pas fait appel aux crédits étrangers au cours de l'année dont il s'agit. Le crédit, qui expirait le 1er juillet 1928, a été nouvellement conclu avec quelques modifications en avril 1928. En même temps, on fait savoir qu'un appel audit crédit n'avait pas eu lieu jusqu'à ce moment et n'était pas envisagé.

Le poste « valeurs » contient surtout, à côté des autres valeurs en possession de la Golddiskontbank, des obligations hypothécaires 7 %, de 3 à 5 ans, émises par la Rentenbank-Kreditanstalt.

Conformément à la convention conclue en 1926 avec la Rentenbank-Kreditanstalt et relative à l'achat de 360 millions de ℛℳ d'obligations hypothécaires agricoles 7 %, de 3 à 5 ans, de cet établissement, la Golddiskontbank a acquis, en 1927, un nouveau montant de ces obligations qui ont été, en partie, revendues à des tiers et, en partie, ajoutées au portefeuille de la Golddiskontbank. Le total de cette opération, désormais terminée, s'élève à 355.716.000 *RM*. Au 31 décembre 1927, 265.316.000 *RM* de ces obligations se trouvaient en possesion de la Golddiskontbank.

Le bénéfice net réalisé en 1927 s'est élevé à 720.700 livres sterling (1926: 510.200 livres sterling). Sur ce montant, 5 %, à savoir 36.000 livres sterling (1926: 25.500 livres sterling) ont été versés au fonds de réserve légal. Ce fonds s'est donc élevé, à la fin de 1927, à 106.200 livres sterling (1926: 70.100 livres sterling). 675.000 livres sterling (1926: 308.500 livres sterling) ont été versées à la réserve spéciale, qui atteignit ainsi 1.675.000 livres sterling (1926: 1.000.000 de livres sterling), tandis que le reliquat d'un montant de 9.700 livres sterling (1926: 1.200 livres sterling) était reporté au nouvel exercice. Le fonds ducroire a été inscrit sans modification au bilan pour une somme de 290.000 livres sterling.

Les frais d'administration ont été en 1927 de 22.950 livres sterling (1926: 22.000 livres sterling).

Depuis le 11 juin 1927, le taux de l'escompte est de 6 %.

XI. QUELQUES OBSERVATIONS SUR LA POLITIQUE DE LA REICHSBANK.

Pour ce rapport intermédiaire également, il convient de faire précéder l'examen de la politique suivie par la Reichsbank d'un bref résumé de la situation économique générale en Allemagne pendant la période faisant l'objet du présent rapport.

a. Développement de la conjoncture générale.

Les divers chiffres relatifs à la conjoncture, dont les plus caractéristiques sont reproduits ci-après, permettent de constater que la situation de la conjoncture en Allemagne a pu, jusqu'à ces derniers temps, continuer en général de se maintenir au niveau élevé atteint pendant l'été de 1927. Quelques branches de l'économie allemande accusaient, il est vrai, une certaine régression, mais il convient à ce sujet de tenir compte des influences saisonnières. D'après les derniers chiffres disponibles cette régression s'est accentuée. Toutefois, il est encore trop tôt pour pouvoir dire si l'évolution amènera un recul général de la conjoncture.

Parmi les facteurs susceptibles d'exercer une influence sur le développement ultérieur de la conjoncture, il convient, en particulier, de souligner les difficultés croissantes du travail. Il est également symptômatique, en ce qui concerne la situation actuelle, que la différence entre les prix calculés pour les ventes à l'étranger et ceux établis pour les ventes en Allemagne augmente pour nombre de produits au détriment des ventes en Allemagne. Ces différences de prix, rendues possibles par le grand développement des cartels qui permet d'exploiter complètement la situation en ce qui concerne les prix de transport et le tarif douanier, constituent en Allemagne, depuis longtemps déjà, des phénomènes connus. Les prix du fer et de l'acier établis pour l'Allemagne ont été de nouveau relevés dans ces derniers temps, tandis qu'aussi le relèvement récent du prix de la houille n'est réalisable que dans les districts où la concurrence des prix moins élevés des charbons étrangers n'en exclut pas la possibilité.

Mois	Extraction de la houille (en milliers de tonnes)	Production de fonte brute (en milliers de tonnes)	Indices de la production 1924/26 = 100			Industrie du bâtiment (total des constructions terminées)	Chiffres des chômeurs (en milliers)	Produit de l'impôt sur les lettres de change (en millions de reichsmarks)	Faillites	Wagons fournis par les chemins de fer du Reich (en milliers de wagons)
			Industries des matières premières	Industries de transformation	Indice total					
1925										
Mars	11.412	1.209	112,0	111,6	111,8	—	466	7,5	776	3.042
Juin	9.891	1.109	107,8	106,8	107,1	—	195	7,8	776	2.938
Septembre	11.355	876	100,4	110,0	103,3	—	266	4,4	914	3.240
Décembre	11.367	765	100,3	112,8	104,1	—	1.499	8,8	1.660	2.784
1926										
Mars	11.424	949	91,4	88,4	92,5	—	1.942	3,2	1.871	3.154
Juin	11.756	976	97,7	84,0	93,4	1.844	1.741	2,9	913	3.261
Septembre	12.876	1.144	108,6	101,1	106,2	2.092	1.394	2,8	467	3.637
Décembre	13.783	1.303	121,4	117,9	120,3	3.291	1.749	3,3	435	3.623
1927										
Janvier ..	13.355	1.309	121,8	117,1	120,3	2.353	1.827	3,0	493	3.216
Février ..	12.744	1.234	123,1	120,0	122,0	1.880	1.696	3,2	473	3.245
Mars	14.046	1.416	123,2	123,9	123,3	2.587	1.121	3,8	557	3.888
Avril	11.794	1.288	121,5	124,0	122,3	2.022	870	3,4	421	3.489
Mai	12.298	1.378	122,9	127,8	124,3	2.177	649	3,7	464	3.790
Juin	11.820	1.328	121,6	119,6	121,0	2.308	541	3,7	427	3.709
Juillet ...	12.653	1.362	119,9	123,6	121,0	2.404	452	3,7	428	3.905
Août	12.998	1.432	121,1	124,0	121,9	2.546	404	3,9	407	4.059
Septembre	12.710	1.375	125,7	130,2	126,9	2.845	356	4,0	360	4.086
Octobre ..	13.095	1.414	124,4	126,6	125,0	3.333	340	4,2	445	4.326
Novembre	12.864	1.401	129,0	130,0	129,3	3.597	605	4,2	574	4.156
Décembre	13.239	1.368	128,9	125,5	126,5	4.329	1.188	4,3	619	3.811
1928										
Janvier ..	13.421	1.469	129,5	132,4	127,8	2.678	1.333	4,5	766	3.541
Février ..	12.926	1.323	—	—	128,0	2.234	1.238	4,0	699	3.584
Mars	14.117	1.423	—	—	126,9	2.948	1.011	4,7	791	4.069
Avril	11.715	1.161	—	—	122,5	—	729	4,1	614	3.439

A propos des chiffres relatifs au chômage, il convient de remarquer que, pour l'augmentation à signaler vers la fin de l'année des chômeurs touchant l'allocation totale, outre les éléments économiques qui ont naturellement exercé à cet effet une influence décisive, la nouvelle réglementation légale des allocations de chômage, effectuée le 1er octobre 1927, n'est pas restée sans action. Depuis cette date, des allocations de chômage provenant des fonds des collectivités publiques ont été remplacées par une assurance contre le chômage, ce qui a eu pour conséquence la suppression de l'examen, auquel il était procédé auparavant, de la question de savoir si les bénéficiaires des allocations étaient nécessiteux : un droit juridiquement fondé à une allocation est venu prendre la place du système précédemment appliqué. Les répercussions de la nouvelle loi auront contribué dans des proportions qu'il n'est pas possible de déterminer d'une façon précise à l'accroissement du chiffre des chômeurs. Mais cette tendance se trouve, d'un autre côté, limitée du fait que, conformément à la nouvelle réglementation, d'anciens titulaires d'allocations sont passés dans la catégorie des titulaires d'allocations exceptionnelles, ce qui a diminué le nombre des bénéficiaires d'allocations principales.

Nous avons fait figurer cette fois dans le tableau ci-dessus le montant du produit de l'impôt sur les lettres de change. Bien que, pour des raisons diverses, on ne puisse tirer de conclusions des chiffres pour les mois particuliers que sous toutes réserves, on peut conclure cependant que le montant des lettres de change en circulation s'est beaucoup accru en Allemagne. Le taux de l'impôt a été diminué le 1er septembre 1925.

Depuis septembre 1927, le nombre des faillites a augmenté, mais il convient de ne pas perdre de vue que, dans ce domaine également, une nouvelle réglementation législative est intervenue, réglementation qui ne rend possible une comparaison entre les chiffres d'avant et d'après le 1er octobre 1927 que sous toutes réserves.

La même évolution se manifeste pour ce qui est des chiffres relatifs aux protêts qui ne figurent pas dans le tableau.

En ce qui concerne le montant des ventes réalisées, ce montant demeure, si l'on se fond sur les calculs de l'Institut für Konjunkturforschung, abstraction faite des fluctuations saisonnières habituelles, à peu près au même niveau que pendant le dernier trimestre de l'année 1927.

Les chiffres des compensations à la Reichsbank viennent encore corroborer cette impression.

Pour ce qui est des transports effectués par la Compagnie des Chemins de fer allemands, après l'accroissement saisonnier qui se produit habituellement, ils n'ont pas augmenté depuis le début de mars. Si on laisse de côté les fluctuations saisonnières, le nombre des wagons fournis est légèrement inférieur au niveau du dernier trimestre de l'année 1927.

Toutefois, en regard de ces indications, on constate une reprise du commerce de détail qui dépasse les proportions saisonnières habituelles ainsi qu'une augmentation des exportations qui, s'étant élevées en mars 1928 à un milliard de reichsmarks, ont atteint leur maximum depuis 1914. En avril, il s'est produit un léger fléchissement qui provient surtout, semble-t-il, du moins grand nombre de jours ouvrables au cours de ce mois.

b. Mouvement des prix.

Le graphique suivant permet de comparer l'évolution générale des prix en Allemagne, en Angleterre et aux États-Unis. Les chiffres pour les prix de gros en Allemagne sont empruntés aux publications de l'Office de Statistique du Reich tandis que, en ce qui concerne l'Angleterre, on a utilisé les chiffres du Board of Trade et, en ce qui concerne les États-Unis, ceux du Bureau of Labor Statistics.

GRAPHIQUE IV.

NOMBRES INDICES DES PRIX DE GROS EN ALLEMAGNE, EN ANGLETERRE ET AUX ÉTATS-UNIS.

(1926 = 100)

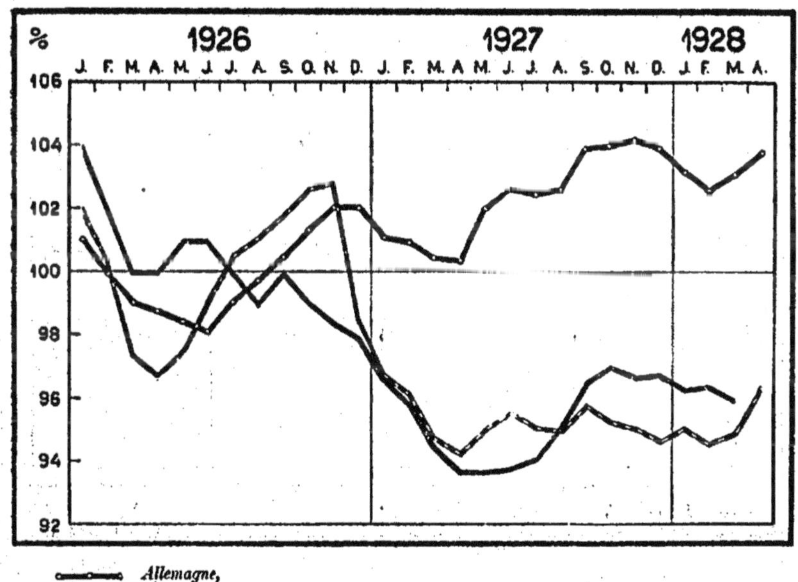

Allemagne,
Angleterre,
États-Unis.

L'année 1926 a été prise pour base des trois courbes. En conséquence, on peut moins comparer leur valeur absolue que le mouvement de leur évolution.

Il ressort nettement du graphique que les prix ont manifesté une certaine tendance à se relever en Allemagne depuis 1926, tandis qu'ils ont, au contraire, commencé d'évoluer à un niveau inférieur depuis la fin de 1926 en Grande-Bretagne et depuis le milieu de 1926 aux États-Unis.

Le graphique V donne des indications plus précises sur le caractère présenté par le mouvement des prix en Allemagne. Il en résulte que les prix des produits agricoles qui, depuis le début de 1927, ont manifesté d'une façon générale une tendance à la baisse, accusent une tendance à la hausse depuis mars 1928. Les prix des produits finis industriels ont continué leur hausse. A cet égard, ce sont surtout les produits de consommation, notamment les textiles, qui ont joué au début le rôle le plus important. Depuis le mois de décembre 1927, les instruments de production manifestent la même tendance.

GRAPHIQUE V.
NOMBRES INDICES DES PRIX DE GROS EN ALLEMAGNE.
(1913 = 100)

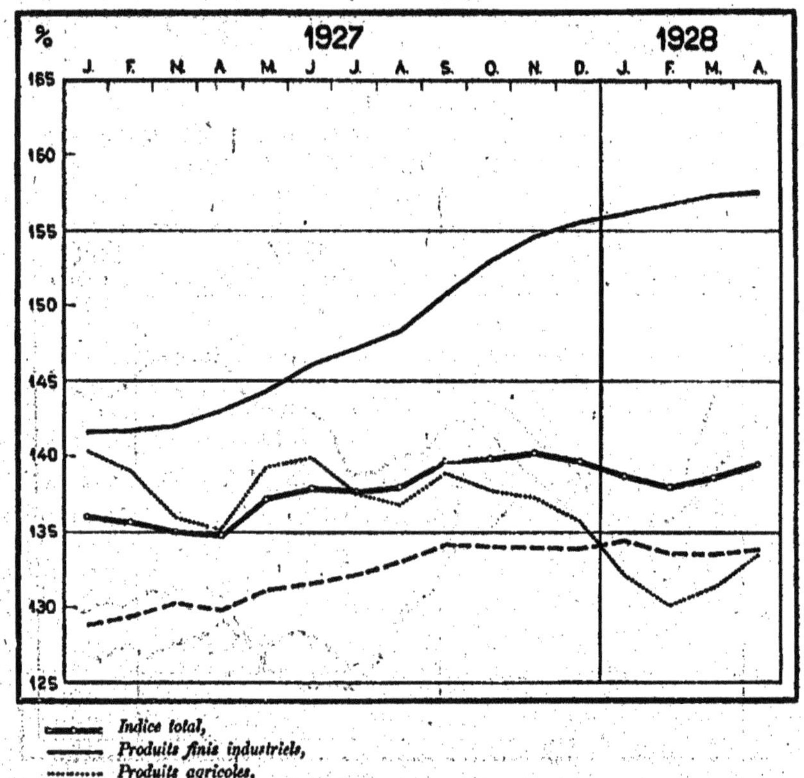

c. Balance commerciale.

Le graphique VI montre l'évolution des chiffres des importations et des exportations ainsi que l'excédent d'importations ou d'exportations depuis le début de l'année 1924 ; les chiffres eux-mêmes constituent l'annexe G qui est jointe au présent rapport.

Parmi les importations, les matières premières et les produits semi-ouvrés ont atteint 50% environ en 1927, de même qu'en 1926. La part des denrées alimentaires, dont le montant des importations est surtout déterminé par les résultats des récoltes en Allemagne, est tombée de 36,6% en 1926 à 30,8% en 1927, tandis que la part des produits finis a passé de 13,3% à 17,4%. Cela provient surtout de l'augmentation des importations de marchandises qui, après avoir subi certaines transformations en Allemagne, sont de nouveau exportées. Les importations de fourrages qui ont sensiblement augmenté sont attribuables à des causes similaires.

En ce qui concerne les exportations, ce sont les produits finis qui viennent en premier lieu: 73,9% contre 71% en 1926. Mentionnons ensuite les matières premières et produits semi-ouvrés qui

GRAPHIQUE VI.
IMPORTATIONS ET EXPORTATIONS DE L'ALLEMAGNE.

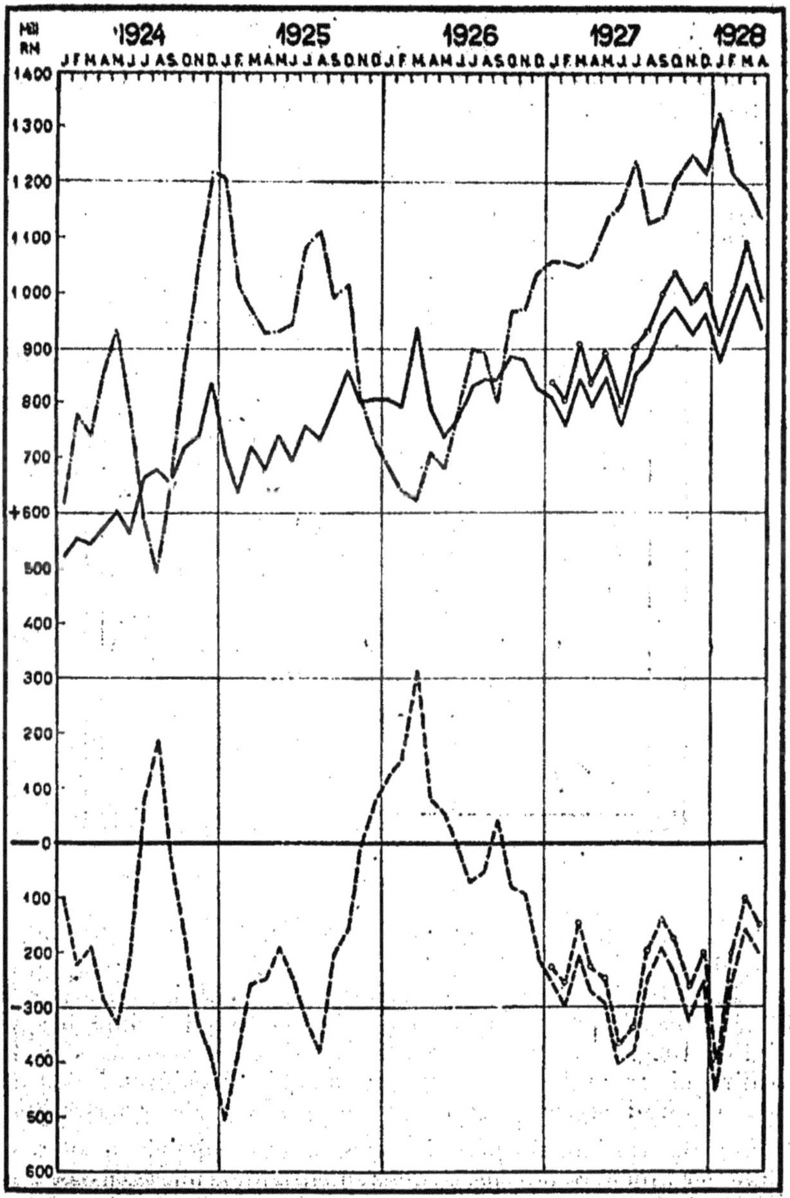

Mill RM

1924 1925 1926 1927 1928

J F M A M J J A S O N D J F M A M J J A S O N D J F M A M J J A S O N D J F M A M J J A S O N D J F M A

1400
1300
1200
1100
1000
900
800
700
+600
500
400
300
200
100
—0
100
200
-300
400
500
600

 *Importations,*

Exportations inclusif livraisons en nature,

Exportations sans livraisons en nature,

Solde de la balance commerciale inclusif livraisons en nature,

Solde de la balance commerciale sans livraisons en nature.

ont atteint 21,9% en 1927 contre 21,1% en 1926 et les denrées alimentaires qui se sont élevées à 4,1% en 1927 contre 4,8% en 1926.

Le mouvement du chiffre des importations de matières premières industrielles et de produits semi-ouvrés, ainsi que celui du chiffre des exportations de produits industriels finis reproduit au graphique VII, ont une importance toute particulière.

GRAPHIQUE VII.

IMPORTATIONS DE MATIÈRES PREMIÈRES ET DE PRODUITS SEMI-OUVRÉS AINSI QU'EXPORTATIONS DE PRODUITS FINIS.

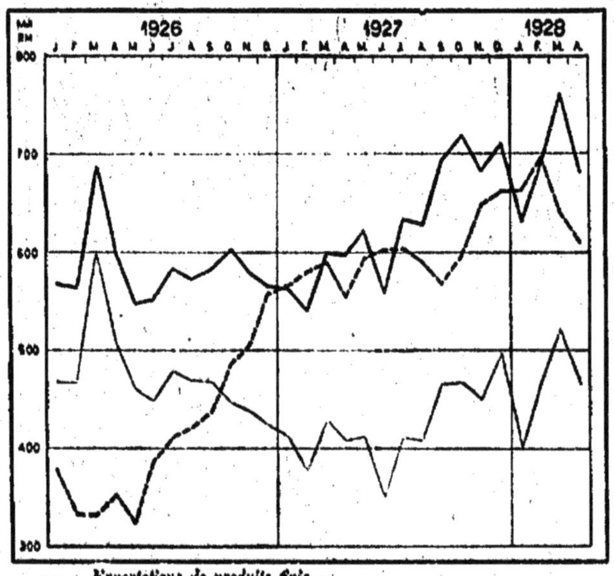

——— *Exportations de produits finis,*
— — — *Excédent des exportations de produits finis sur les importations,*
- - - *Importations de mati res premières et de produits semi-ouvrés.*

Il ressort de ce graphique que les importations de matières premières et de produits semi-ouvrés qui, pendant la plus grande partie de 1927, étaient plus ou moins stables, ont de nouveau manifesté en septembre une tendance à se relever qui a duré jusqu'en février 1928. A ce moment toutefois, un recul sensible s'est fait sentir qui, en avril, a de nouveau ramené les chiffres à 600 millions de *RM* environ, soit au niveau du milieu de l'année 1927.

Les exportations de produits finis accusent depuis le début de 1927, bien qu'avec des fluctuations importantes, une tendance générale à se relever.

Etant donné que, d'autre part également, les importations de produits finis ont augmenté dans une certaine mesure, la courbe de l'excédent des exportations de produits finis sur les importations (graphique VII) indique un mouvement de hausse un peu moins accentué que la courbe des chiffres des exportations. Néanmoins, la tendance ascendante est ici également discernable d'une façon assez nette.

d. Balance des payements.

Dans le rapport annuel pour 1926-27, quelques chiffres établis par l'Office de Statistique du Reich et relatifs au développement de la balance des payments de l'Allemagne pendant la période allant du 1er janvier 1924 au 30 juin 1927 ont été reproduits. Depuis lors, l'Office de Statistique a publié les chiffres pour l'ensemble de l'année 1927 et il a apporté en même temps certaines rectifications aux chiffres concernant les années précédentes, rectifications qui, toutefois, ne modifient guère les résultats d'ensemble. Pour 1927, relativement au commerce, les résultats définitifs ont été utilisés ; cette fois aussi, on a procédé à une rectification en revelant de 1,5 % les chiffres des exportations et en faisant subir une diminution de 3 % à ceux des importations.

Il ne sera pas nécessaire de souligner le fait que de semblables balances des payements se fondent, pour la plus grande part, sur des évaluations. Néanmoins, il sera utile de reproduire ici un résumé des chiffres en question.

SOLDES DE LA BALANCE DES PAYEMENTS DE L'ALLEMAGNE DE 1924 À 1927
(en millions de reichsmarks)

	1924	1925	1926	1927
Commerce des marchandises	— 1.803	— 2.440	+ 837	— 2.854
Service rendus	+ 212	+ 321	+ 316	+ 344
Intérêts	+ 80	— 90	— 200	— 430
Payements de réparations	— 281	— 1.057	— 1.191	— 1.584
Transferts de capitaux par suite de migration	— 65	— 85	— 75	— 70
Mouvement des capitaux	+ 1.860	+ 3.311	+ 313	+ 4.594

Les chiffres reproduits ci-dessus mettent nettement en lumière la différence fondamentale entre l'évolution de 1926 et celle de 1927. Tandis que, pendant la première de ces deux années, la balance du commerce des marchandises donnait un solde actif de 837 millions de *RM*, l'année 1927 s'est clôturée par un solde passif de 2.854 millions de *RM*, soit une différence de près de 3,7 milliards de *RM*. Les chiffres concernant les mouvements de capitaux dans les relations avec l'étranger font ressortir une transformation analogue. Dans ces chiffres sont compris les soldes des mouvements d'or et de devises des banques allemandes d'émission. Pour 1927, il y a eu un solde qui a consisté en un afflux d'or et de devises se montant au total à 452 millions de *RM*, de telle sorte que le solde des emprunts contractés par l'Allemagne à l'étranger à court et à long terme atteindrait, selon ces calculs, 4.142 millions de *RM*.

Le montant, également élevé, pour 1925 serait, si l'on tient compte aussi du mouvement de l'or et des devises, encore dépassé de 22 millions de *RM*.

c. Mouvement des capitaux dans le trafic avec l'étranger.

L'Office de Statistique du Reich en arrive à la conclusion, citée ci-dessus, qu'un solde de 4.142 millions de *RM* a été emprunté en 1927 par l'Allemagne à l'étranger.

Il est très difficile de pousser plus loin l'analyse du mouvement des capitaux dans le trafic entre l'Allemagne et l'étranger. C'est d'autant moins réalisable que la délimitation entre les emprunts intérieurs et les emprunts extérieurs commence à perdre de sa netteté. Comme se reflète dans les relevés de la cote des bourses étrangères, des montants croissants d'obligations émises en Allemagne et libellées en reichsmarks ou en marks-or, notamment d'obligations hypothécaires, trouvent des acheteurs à l'étranger, tandis que la participation de l'étranger au marché intérieur allemand des actions s'accentue continuellement. Parmi les diverses émissions effectuées en Allemagne au cours de ces derniers mois, — et il convient notamment de signaler, à cet égard, les 200 millions de *RM* d'actions de préférence de la Compagnie des Chemins de fer allemands déjà mentionnés page 16 — des montants plus ou moins considérables ont été placés directement à l'étranger. En outre, une certaine tendance s'est développée dans le sens opposé.

Le montant total des emprunts allemands à l'étranger doit, selon la statistique reproduite au précédent rapport et continuée ci-après, être évalué, pour 1927, à 1.575 millions de *RM* environ ; pour les mois de janvier à mai 1928 inclusivement, on peut estimer ce montant à 882 millions de *RM* approximativement.

EMPRUNTS ALLEMANDS À L'ÉTRANGER
(en millions de reichsmarks)

Mois	Emprunts publics	Emprunts mixtes	Emprunts privés	Total
Septembre 1927	21	11	130	163
Octobre 1927	147	254	97	498
Novembre 1927	4	1	84	89
Décembre 1927	—	—	—	—
Janvier 1928	84	3	—	87
Février 1928	14	80	13	108
Mars 1928	18	40	124	182
Avril 1928	34	14	26	74
Mai 1928	227	130	74	431

Remarquons, en outre, que l'Office de Statistique du Reich signale, pour 1927, vis-à-vis des emprunts extérieurs contractés par l'Allemagne, l'amortissement et le remboursement d'emprunts extérieurs pour un montant de 135 millions de *RM* et, pendant la même année, une augmentation des placements allemands à l'étranger de 120 millions de *RM*.

Il ressort de ce qui précède que l'endettement à court terme de l'Allemagne vis-à-vis de l'étranger accuse une nouvelle augmenta-

DETTES PROVENANT POUR L'ALLEMAGNE DES EMPRUNTS CONTRACTÉS À L'ÉTRANGER (SITUATION À LA FIN DE 1927)

(Montant nominal en millions de reichsmarks)

Débiteurs	Dettes provenant d'emprunts contractés avant 1927	Emprunts contractés depuis 1924		Remboursements et amortissements[2]) depuis 1924		Montant des dettes provenant d'emprunts contractés vis-à-vis de l'étranger à la fin de 1927		
		à long terme	à court terme	Emprunts à long terme	Emprunts à court terme	à long terme	à court terme	total
États	—	520	210	14	105	515	105	620
Provinces	—	26	—	1	—	25	—	25
Communes	29	548	17	35	17	542	—	542
Églises	—	94	—	2	—	93	—	93
Entreprises publiques	—	671	17	12	3	660	14	673
Gaz et électricité	—	518	17	9	3	509	14	523
Transports	—	63	—	1	—	62	—	62
Divers	—	91	—	2	—	88	—	88
Économie privée	7	2.382	50	139	50	2.250	—	2.250
Mines	—	787	46	78	46	709	—	700
Industrie de la potasse	—	244	—	12	—	233	—	233
Industrie électro-technique	—	257	—	27	—	230	—	230
Industrie chimique	—	18	—	4	—	14	—	14
Industrie textile	—	26	—	2	—	24	—	24
Autres industries	7	314	—	[illegible]	—	318	—	318
Total de l'industrie	7	1.647	46	126	46	1.527	—	1.527
Agriculture	—	470	—	9	—	461	—	461
Commerce	—	25	4	3	4	22	—	22
Navigation	—	111	—	—	—	111	—	111
Propriété foncière urbaine	—	129	—	—	—	128	—	128
Total	35	4.251[1])	294	202	175	4.085	119	4.203

[1]) Il faut citer en outre l'emprunt extérieur allemand 1924 (montant nominal: 960 millions de reichsmarks) et les emprunts du Territoire de la Sarre dont le montant nominal atteint 50,4 millions de reichsmarks.

[2]) Pour la majeure partie des emprunts, on a consulté le plan d'amortissement; pour les autres, on a calculé sur cette base le taux moyen d'amortissement et on a supposé que l'amortissement était conforme au taux moyen en question.

tion considérable. La plupart de ces crédits échappent à une détermination statistique. L'Office de Statistique du Reich donne quelques taxations; elle évalue, par exemple, l'augmentation des crédits sur marchandises consentis à l'Allemagne par l'étranger pendant l'année 1927 à 249 millions de $\mathcal{RM}$, par contre les crédits complémentaires sur marchandises qui ont été accordés par l'Allemagne à la Russie se montent à 200 millions de $\mathcal{RM}$.

À la page 30 la statistique coutumière des emprunts allemands à l'étranger est donnée. Les chiffres d'octobre 1927 ont subi une rectification. En outre, sous la rubrique « Emprunts mixtes » on a fait figurer ceux qui, selon la nature des débiteurs au titre de ces emprunts, présentent un caractère de droit public, mais qui, d'après leur utilisation, sont néanmoins assimilables à des emprunts privés et qui, en conséquence, ne rentrent à proprement parler dans aucune des deux catégories en question.

Une interruption, qu'il conviendra de traiter avec plus de détail, dans les autorisations données pour l'appel des collectivités publiques aux crédits étranges est intervenue depuis l'automne de 1927, elle trouve nettement son expression dans les chiffres mentionnés ci-dessus. Il en est de même de la diminution passagère de la disposition du marché américain à absorber des emprunts allemands.

L'Office de Statistique du Reich a établi un relevé général de la situation, à la fin de 1927, des dettes contractées par l'Allemagne vis-à-vis de l'étranger, en tenant compte des amortissements et des remboursements intervenus, ce relevé se subdivise en un certain nombre de sections correspondant à la nature des débiteurs entrant en ligne de compte. Nous reproduisons la statistique dont il s'agit à la page 31.

f. Évolution du cours des changes.

La graphique VIII indique l'évolution du cours de la livre sterling et du dollar à partir du 23 août 1926, date où la fixation par la Reichsbank du cours du dollar à 4,20 *RM* a été abandonnée. Les cours sont exprimés en pourcentages du pair, ils sont donc comparables entre eux. Les chiffres figurent dans l'Annexe I. Ainsi qu'il ressort du graphique en question, les fluctuations les plus importantes ont atteint au maximum une différence de 0,5 % environ par rapport au pair.

Le tableau montre, qu'à part une courte interruption en janvier 1928, le raffermissement du reichsmark qui s'est produit à partir du mois de juin 1927 a continué de se manifester jusqu'à la fin de mai 1928. Depuis la fin de février la livre sterling a été au dessous du pair par rapport au reichsmark, tandis que le dollar est tombé encore au dessous du niveau peu élevé, atteint à la fin de mars. D'abord, les relèvements récents du taux de l'escompte effectués par certaines Federal Reserve Banks, notamment le relèvement du taux de l'escompte de la Federal Reserve Bank de New York, le 17 mai 1928, sont demeurés à ce propos sans influence. Cependant, dans les derniers jours, la livre sterling ainsi que le dollar manifestent une amélioration considérable.

Les causes de cette évolution remarquable sont, en premier lieu, des causes internationales. La forte position du reichsmark qui s'y exprime, s'explique en partie par le niveau resté presque sans interruption élevé du taux de l'intérêt sur le marché de l'argent allemand, ce qui devait avoir pour conséquence l'attrait exercé sur les crédits étrangers à court terme. En outre, dans une certaine mesure, les avances consenties pour les créances provenant de la libération de la propriété allemande qui avait été séquestrée aux États-Unis d'Amérique ont certainement contribué à ce développement. La limitation des emprunts extérieurs des collectivités publiques a eu lieu, d'autre part, pendant la même période.

GRAPHIQUE VIII.
COURS DE LA LIVRE STERLING ET DU DOLLAR À LA BOURSE DE BERLIN.
(Moyennes hebdomadaires en pourcentages du pair)

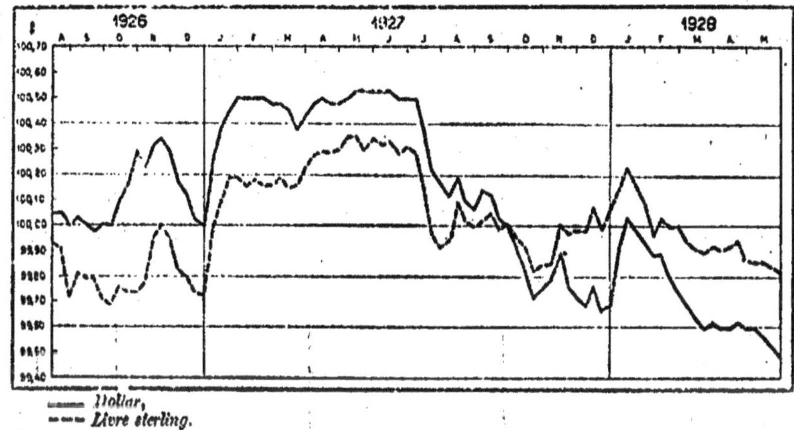

g. *Marché de l'argent.*

La tendance générale du marché de l'argent qui, depuis février 1927, était une tendance à la hausse s'est poursuivie dans le même sens pendant la période qui fait l'objet du présent rapport jusqu'à la fin de 1927. Au début de 1928, un fléchissement s'est manifesté comme d'habitude à pareille époque ; ce fléchissement s'est poursuivi pendant les deux premiers mois de 1928. Ensuite, il y a eu de nouveau une hausse jusqu'à la fin de mars environ. Depuis ce moment, les divers taux se maintiennent à peu près au même niveau. Ce niveau est sensiblement plus élevé que celui de l'année précédente. La hausse qui s'est également produite dans les marchés de l'argent à l'étranger ayant été resté tout à fait limitée, l'attraction du marché allemand est devenue plus forte pour les capitaux étrangers.

La fin de l'année amène toujours un recours considérable au marché de l'argent. Outre les besoins habituels de fin de mois, interviennent les payements des coupons et les payements à effectuer par les collectivités publiques qui ont atteint, cette fois, un montant particulièrement élevé en raison du remboursement des droits de tirage du Reich. Les mêmes éléments agissent dans le sens d'une détente aussitôt que la fin de mois est passée. Les fonds dont on a fait usage reviennent à la disposition des banques et des autres établissements de crédit. À cela vient s'ajouter que, suite des affaires conclues au moment des fêtes de Noël et par suite des ventes de liquidation au début de l'année, les stocks du commerce de détail ont habituellement une tendance à diminuer, ce qui a pour résultat que les détaillants sont en mesure de régler les dettes qu'ils avaient contractées. Aussi les besoins de l'industrie du bâtiment et l'agriculture ne font appel au crédit que dans de faibles proportions.

Avec le printemps, les besoins saisonniers s'accroissent et, d'ordinaire, la fin de mois en mars est assez délicate; cela provient des payements trimestriels (versements d'intérêts, distributions de dividendes, payements à effectuer au titre des impôts) et du fait que la fin de mars coïncide avec la fin de l'exercice budgétaire de la plupart des collectivités publiques. Il convient de souligner, en ce qui concerne la fin de mars de cette année, que pour diverses catégories de l'activité économique, le point culminant de la conjoncture semblait déjà être dépassé à ce moment.

GRAPHIQUE IX.

TAUX DE L'ARGENT À BERLIN.

(Moyennes mensuelles)

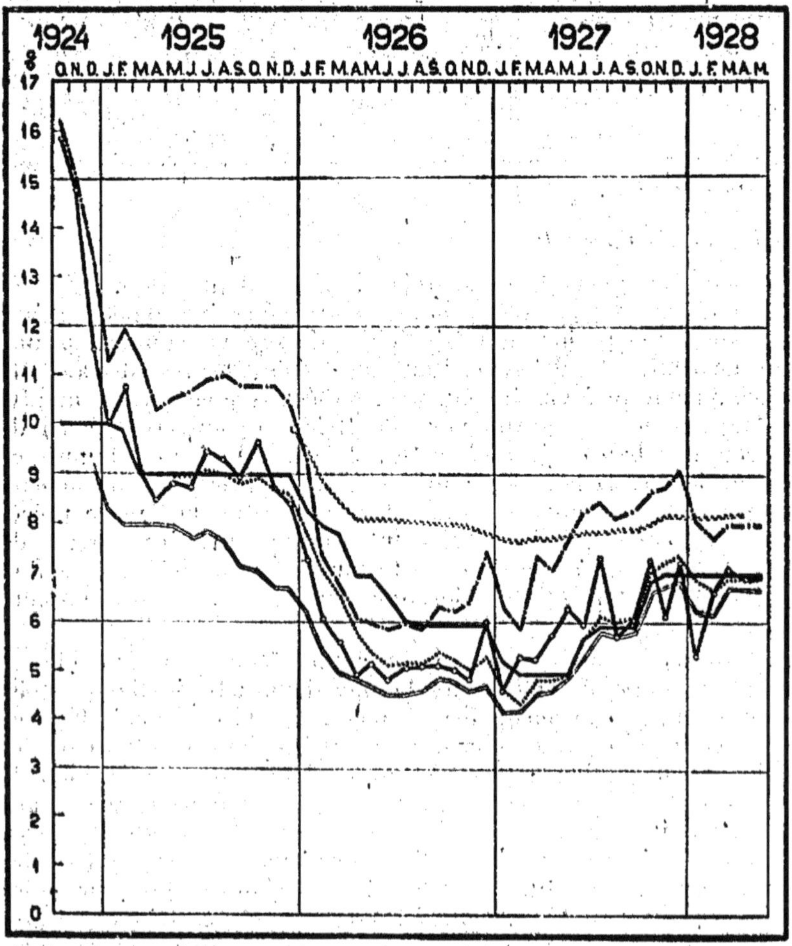

Escompte de la Reichsbank,
Argent à vue,
Argent au mois,
Escompte privé,
Lettres de change avec endos de banque,
Intérêt effectif sur les obligations hypothécaires 8%.

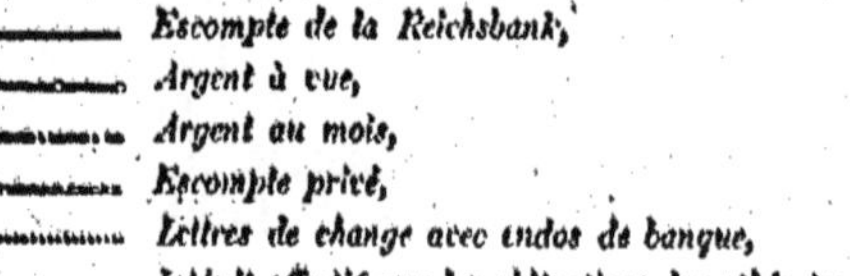

C'est pour *l'argent au mois,* que se manifeste de la façon la plus précise l'évolution générale indiquée plus haut. La moyenne de la cote a été, en février 1927, inférieure à 6 %; depuis elle a monté et elle a passé en décembre 1927 à plus de 9 %. La cote atteignit pendant la dernière semaine de l'année, de 9 à 10 %; elle est tombée au milieu de janvier 1928, à 7—$7^3/_4$ %; en mars, elle est remontée légèrement et atteignit de $7^3/_4$ à $8^1/_2$ %. En avril et en mai, elle s'est maintenue en général à ce niveau, vers la fin d'avril, seulement, elle a été pendant plusieurs jours de 8—$8^1/_2$ %.

Les *reports,* quoique fortement influencés par le développement du cours des valeurs, ont manifesté une tendance semblable. C'est aussi à la fin de l'année que la cote la plus élevée a été atteinte dans ce domaine ($8^3/_4$—$9^1/_2$ %). Depuis, les cotes de fin de mois ont été les suivantes:

Janvier	$7^1/_2$—8 %
Février	$7^1/_2$—8 %
Mars	$7^3/_4$—$8^1/_4$ %
Avril	$7^3/_4$—$8^1/_4$ %
Mai	$7^3/_4$—$8^1/_4$ %

Pour *l'argent à vue,* la situation du marché a été très tendue pendant tout le mois de décembre. C'est seulement quelques jours avant le 31 décembre 1927 qu'il y a eu une légère détente, étant donné que les fonds accumulés en vue de la fin de mois ont été prêtés passagèrement en tant qu'argent à vue.

La détente du mois de janvier a été accompagnée d'une liquidité assez grande sur le marché de l'argent. La cote pour l'argent à vue est tombée à 3—6 %, niveau qu'elle n'avait plus atteint depuis avril 1927.

Le mois de février également amena une détente appréciable, bien que peu importante, détente qui fut interrompue vers le milieu du mois par les versements au titre des impôts; cette détente s'est seulement produite après que la tension de fin de mois se fut prolongée assez longtemps (la plupart des emprunteurs avaient entièrement fondé leurs dispositions de fin de mois sur l'argent à vue, ce qui finalement a provoqué une augmentation de la demande de fonds pour la fin de mois, augmentation d'un montant beaucoup plus considérable que l'on ne s'y était attendu).

En mars, une augmentation des besoins saisonniers s'est aussi fait sentir sur ce marché. En conséquence, on n'a pas constaté l'accroissement de la liquidité qui se manifeste habituellement lorsque les besoins afférents au remboursement d'avances consenties par la Reichsbank à la fin de mois ont été satisfaits. La fin du mois de mars a été très difficile. Après que, à cause des dispositions prises au préalable, la cote avait été, quelques jours avant, de 4—$6^1/_2$%, elle est montée rapidement à $7^3/_4$—9%, le 31 mars, pour rester, pendant une semaine encore, au mois d'avril, d'environ 8—9%. En dehors des facteurs déjà mentionnés, une circonstance a joué un rôle à cet égard: c'est que le 31 mars les banques devaient, pour la première fois, établir leurs bilans mensuels.

Après la fin d'avril également, la détente a tardé à se faire sentir en raison du remboursement des crédits sur garantie consentis par la Reichsbank à la fin du mois et en raison des versements à effectuer au titre d'une série d'émissions.

La tension en fin de mois a été moins accentuée en mai que pour les deux mois précédents, ce qui provient principalement des nombreuses mesures de précautions prises ainsi que d'un afflux plus grand de capitaux étrangers à court terme.

Sur le *marché de l'escompte hors banque,* la Reichsbank et la Golddiskontbank ont continué d'être les acheteurs les plus importants. Un nouvel élément est intervenu, à savoir que la Reichsbank, le marché étant redevenu liquide, a émis de temps à autre des traites du Trésor du Reich. Le taux de l'escompte hors banque a été moins élevé que le taux de l'escompte pour les traites sur

GRAPHIQUE X.

TAUX DE L'ARGENT À BERLIN (MOYENNES HEBDOMADAIRES) ET CRÉDITS (LETTRES DE CHANGE ET PRÊTS SUR GARANTIE) DE LA REICHSBANK.

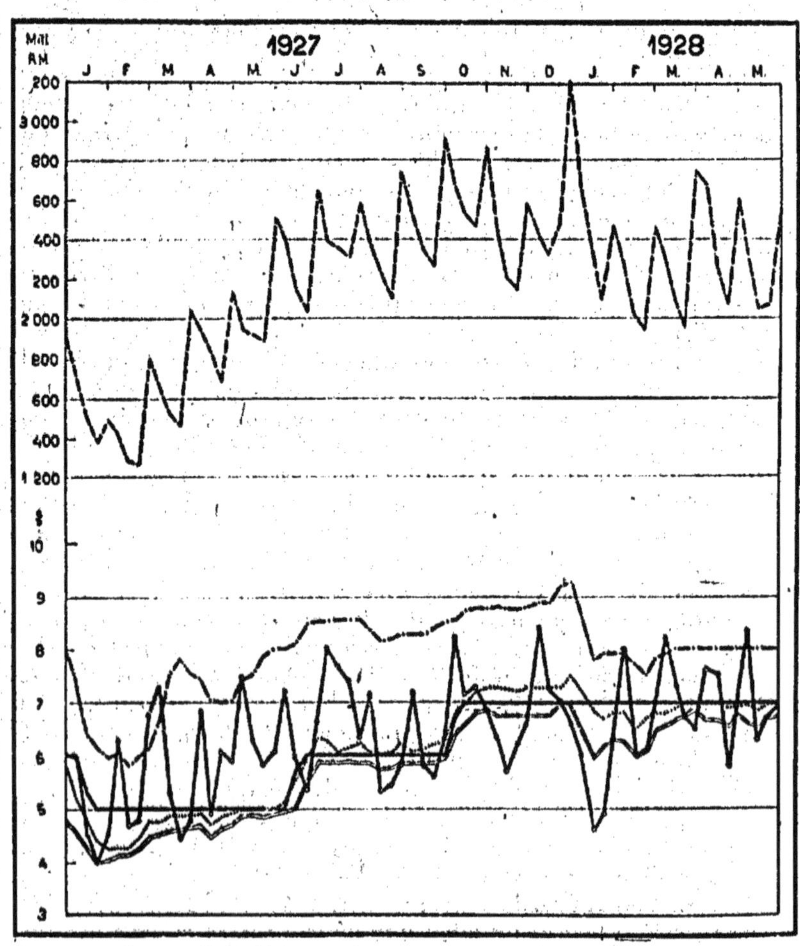

Escompte de la Reichsbank,
Argent à vue,
Argent au mois,
Escompte privé,
Lettres de change avec endos de banque,
Lettres de change et prêts sur garantie de la Reichsbank.

marchandises, bien que la différence entre ces deux taux ait, depuis mars 1928, une tendance à se restreindre. A la fin de décembre, le taux de l'escompte hors banque fut fixé à 7%, après avoir été maintenu auparavant pendant une assez longue période à $6^3/_4$%. En janvier 1928, ce taux est tombé pendant quelques jours à $5^7/_8$%; en février, le minimum fut de 6%, depuis mars, il fut de $6^1/_2$%.

En ce qui concerne les *traites de marchandises avec endos de banque*, le taux s'est conformé à l'évolution générale du taux pratiqué sur le marché de l'argent. Après que le taux de l'escompte de la Reichsbank eût été relevé, le taux des traites en question est monté à 7%; il était, au 31 décembre, de $7^3/_4$%, puis il s'est maintenu constamment en-dessous du taux de l'escompte de la Reichsbank, à l'exception des fins du mois.

h. Situation des banques au point de vue des crédits.

Pour les bilans résumés qui doivent être publiés par les établissements de crédit allemands conformément au § 4, alinéa 1, N° 5 de l'arrêté concernant l'admission en Bourse des valeurs mobilières du 4 juin 1910 (d'après celui-ci, l'admission en Bourse des actions des établissements de crédits allemands a pour condition préalable l'engagement pris par eux de publier régulièrement, outre leur bilan annuel, des bilans résumés), de nouvelles dispositions s'appliquent à partir du 31 mars 1928.

Au lieu des cinq bilans de deux mois publiés jusqu'ici, dix bilans intermédiaires seront dorénavant publiés dans l'année. Les bilans doivent chaque fois être dressés pour le dernier jour ouvrable de chaque mois, à l'exception des mois de décembre et de janvier (en raison de la clôture annuelle et pour éviter que le bilan intermédiaire de fin janvier ne paraisse avant le bilan de clôture de fin d'année) et publiés au plus tard pendant le dernier tiers du mois suivant. Le modèle du bilan a subi des améliorations à divers égards, les rubriques en sont établies avec plus de détails et plus de précision. Le nouveau modèle est conçu de telle sorte qu'il peut servir uniformément pour les établissements de crédit privés, les banques publiques, les Girozentralen (centrales de virement) et les banques hypothécaires pour lesquelles existaient jusqu'à présent des modèles spéciaux.

Le nombre des banques qui publient des bilans n'a pas beaucoup augmenté. En particulier, les banquiers privés ne participent pas à la publication.

Il convient d'attirer spécialement l'attention sur quelques-unes des modifications principales du modèle.

Les reports et les prêts sur garantie contre des valeurs mobilières cotées en Bourse (sans les crédits donnés en compte-courant) sont subdivisés, de sorte que les opérations à terme ressortent du bilan.

Le poste « débiteurs en compte-courant » est décomposé de façon à indiquer le nombre des débiteurs non couverts, le nombre de ceux qui sont couverts par des valeurs mobilières cotées en Bourse, et le nombre de ceux qui sont couverts par d'autres garanties.

La division des créditeurs a été entièrement modifiée: le poste qui s'appelait jusqu'ici « engagements propres » (Nostro-Verpflichtungen), auquel on n'avait inscrit que des montants très peu élevés, a disparu et la séparation entre les « dépôts exemptés de commission » et les « autres créditeurs » est abandonnée.

Dans le dernier rapport, il a déjà été parlé des renseignements spéciaux demandés aux banques par la Reichsbank, en avril et en juin 1927, relativement au volume des crédits sur valeurs et de l'endettement vis-à-vis de l'étranger. En ce qui concerne le premier point, les bilans intermédiaires contiennent maintenant des données plus précises; quant au second point, la Reichsbank a conclu des arrangements afin que, en complément des données fournies dans les bilans intermédiaires, il lui soit communiqué, en vue là fin de chaque trimestre, pour tous les comptes en question, des renseignements séparés en ce qui concerne l'Allemagne et l'étranger. Il a été fixé expressément qu'une publication de ces chiffres spéciaux n'aurait pas lieu pour chaque banque; on n'a pas non plus procédé jusqu'ici à une publication globale des totaux.

Le relevé du développement des principaux postes des bilans intermédiaires des six grandes banques de Berlin, commencé dans le dernier rapport, est continué ci-après; cette fois-ci également, les chiffres sont limités à ceux de ces banques, les chiffres des autres banques ne se pouvant comparer exactement en raison des variations dans le nombre des établissements publiant des bilans.

La colonne « débiteurs couverts » comprend, depuis le 31 mars 1928, les postes « débiteurs couverts par des valeurs cotées en Bourse » et « débiteurs couverts par d'autres garanties » du nouveau modèle des bilans intermédiaires. En même temps, les « dépôts exemptés de commission » et les « autres créditeurs » ont été réunis.

GRANDES BANQUES DE BERLIN							
Date	Traites	Reports et prêts sur garantie contre valeurs cotées en Bourse	Avances sur marchandises et sur expéditions de marchandises	Débiteurs couverts en compte-courant	Débiteurs non couverts en compte-courant	Dépôts exemptés de commission	Autres créditeurs
	(en millions de reichsmarks)						
31 décembre 1913	1.775,9	760,2	509,5	2.208,0	740,6	2.254,3	2.118,7
1 janvier 1924..	37,2	17,2	74,4	249,0	268,6	276,5	628,0
31 décembre 1924	860,3	41,7	260,7	785,2	692,4	1.328,0	1.172,5
30 juin 1925	1.095.2	68,8	343,5	1.186,6	1.065,5	1.540,2	1.619,9
31 décembre 1925	1.249,0	121,6	443,5	1.462,1	838,8	2.126,8	1.458,6
30 juin 1926	1.397,4	312,1	350,7	1.619,4	793,6	2.411,9	1.544,4
31 décembre 1926	1.555,6	718,0	457,3	2.113,8	784,9	2.942,6	1.993,2
30 juin 1927	1.372,9	587,1	553,8	2.542,7	976,5	3.034,3	2.358,3
31 août 1927....	1.429,1	592,0	544,7	2.639,1	1.012,0	3.159,3	2.404,8
31 octobre 1927..	1.508,7	530,8	619,0	2.783,4	1.108,5	3.244,6	2.496,7
31 décembre 1927	1.857,5	530,5	775.6	2.768,0	1.027,6	3.496,0	2.599,2
29 février 1928..	2.022,3	536,2	814,7	2.890,1	1.194,2	3.581,8	2.664,8
31 mars 1928 ...	2.066,4	533,7	827,2	2.947,0	1.192,5	6.169,9	
30 avril 1928....	2.112,3	582,0	875,5	2.989,9	1.193,0	6.331,4	

Le relevé des bilans des banques, conforme au modèle actuellement élargi, permet de se rendre clairement compte de la situation du crédit dans les banques allemandes. C'est pourquoi nous reproduisons, dans le tableau ci-après, un extrait de la première publication de ces chiffres. Ce tableau fait nettement ressortir à la fois la situation des banques privées et celle des banques publiques en Allemagne.

BILANS INTERMÉDIAIRES DES ÉTABLISSEMENTS DE CRÉDIT ALLEMANDS, AU 31 MARS 1928

	6 grandes banques de Berlin	83 banques de crédit, y compris 6 grandes banques de Berlin	22 banques d'État et de Province	17 Girozentralen
	(en millions de reichsmarks)			
Caisse, espèces et coupons	103,3	138,5	9,7	7,9
Avoirs dans des banques d'émission et dans des banques de compensation	90,9	120,8	11,3	5,1
Chèques, traites et bons du Trésor	2.066,4	2.657,8	470,2	168,3
Avoirs dans les banques	951,8	1.220,6	364,4	456,3
Reports et prêts sur garantie	533,7	679,5	144,5	33,2
dont reports	317,9	382,3	19,5	13,5
Avances sur marchandises	827,2	1.105,8	7,6	5,0
Débiteurs en compte courant	4.139,5	5.908,0	1.487,5	793,8
dont crédits à des banques	260,5	410,6	353,3	232,8
sur l'ensemble des débiteurs sont couverts par des valeurs cotées en Bourse	1 047,8	1.307,2	112,4	36,5
couverts par d'autres garanties	1.899,2	2.943,8	1.173,6	490,3
non couverts	1.192,5	1.657,0	201,5	267,0
Capital actions	527,0	943,0	93,3	148,9
Réserves	247,8	370,5	34,5	25,8
Créditeurs : total	7.843,6	10.568,2	2.562,0	1.629,7
dont : a) crédits employés par la clientèle chez des tiers	698,8	976,7	8,8	4,0
b) banques, établissements bancaires, etc.	974,9	1.359,0	777,4	1.099,3
c) divers	6.169,9	8.232,4	1.775,9	526,4
de b) et c) arrivent à échéance : dans un délai de 7 jours	2.933,6	3.924,2	764,3	659,6
dans un délai de 7 jours à 3 mois	3.859,9	4.944,9	1.236,9	726,6
dans un délai de plus de 3 mois	351,4	722,3	552,0	239,4
Acceptations	388,6	561,6	11,8	0,1

La plupart des postes de ce tableau n'ont pas besoin de commentaire ; mentionnons seulement qu'une grande partie des avoirs dans les banques d'émission et les banques de compensation se trouve surtout dans les premières (respectivement 77,1, 97,2, 10,0 et 2,7 millions de *RM*). Le portefeuille de bons du Trésor du Reich et des États s'élève, pour l'ensemble des établissements, au total à 134 millions de *RM*.

Les avances sur marchandises se répartissent de la façon suivante dans les banques de crédit — dans les banques publiques et dans les Girozentralen elles ne jouent aucun rôle — :

Crédits de remboursement	(en millions de reichsmarks)	
garantis par des lettres de voiture et des warrants	189,9	
garantis par d'autres sûretés	297,3	
sans sûretés réelles	434,5	
Total		921,6
Autres crédits à court terme sur mise en gage de marchandises		184,1
Avances sur marchandises, total		1.105,8

Dans les débiteurs figure pour la première fois le montant des crédits à d'autres banques. Tandis que le pourcentage dans tous les établissements publiant des bilans s'élève à 12,2 % en moyenne, il atteint 23,7 % dans les banques d'État et les banques publiques régionales et 29,5 % dans les Girozentralen. Pour les établissements mentionnés en dernier lieu, ce fait résulte de la nature des fonctions qu'ils doivent remplir en qualité d'organismes centraux des caisses d'épargne.

Outre les « créditeurs à échéance de plus de trois mois », les prêts à long terme doivent dorénavant être inscrits séparément. Sont indiqués sous cette rubrique les emprunts contractés par quelques grandes banques au moyen de l'émission d'obligations et mentionnés dans le précédent rapport — emprunts dont le montant atteint 189 millions de *RM*.

Outre le bilan, non seulement les engagements garantis par un aval ou une caution doivent être inscrits, ainsi que cela a été fait jusqu'à ce jour, mais aussi les engagements résultant d'endos. Surtout pour les six grandes banques de Berlin, ces chiffres ont une grande importance; dans ces banques, les avals et les cautions ont atteint 413,7 millions de *RM* ; les engagements résultant de traites réescomptées 1.123,3 millions de *RM*, dont 592,3 millions de *RM* proviennent d'acceptations bancaires et 531,0 millions de *RM* d'autres opérations de réescompte. Sur le total des opérations de réescompte, 336,9 millions de *RM* ont été réescomptés à 14 jours d'échéance au plus et aussi, en majeure partie, aux fins d'encaissement.

Le taux normal d'intérêt de l'Union des banques et des banquiers de Berlin se conforme habituellement au taux d'escompte de la Reichsbank. Depuis le relèvement du taux de cet établissement, le 4 octobre 1927, les taux d'intérêt des banques sont donc restés au niveau indiqué dans le rapport précédent, à la seule exception du taux des crédits pour l'argent de 15 jours à 1 mois qui, après le relèvement du taux d'escompte de la Reichsbank, avait été fixé à 6% et a été diminué de $^1/_4$% dans le courant du mois de janvier 1928.

i. Marché des capitaux.

Nous donnons ci-après, comme de coutume, un relevé des émissions allemandes à l'intérieur du pays et rectifions en même temps quelques chiffres pour 1927. A titre de comparaison, ont été joints les chiffres déjà mentionnés à la page 30 concernant les emprunts allemands émis à l'étranger pendant la même période.

	ÉMISSIONS EN ALLEMAGNE			EMPRUNTS ALLEMANDS À L'ÉTRANGER			
	Obligations du Reich, des États et des Communes	Actions	Total [1] (chiffres approximatifs)	Publics	Mixtes [2]	Privés	Total
	(en millions de reichsmarks)						
1er trimestre 1927	667,5	570	2.000	—	30	81	119
2ème » 1927	46,0	480	950	99	2	52	153
3ème » 1927	—	500	800	122	260	334	716
4ème » 1927	—	450	700	151	255	181	587
1er » 1928	219,0	250	1.050	116	123	137	376

[1]) Y compris les obligations des entreprises privées et les obligations hypothécaires.

[2]) Sont compris sous cette rubrique les emprunts qui, étant donné la nature des débiteurs, présentent un caractère de droit public, mais qui, étant donné leur utilisation, sont assimilables à des emprunts privés et, en conséquence, ne rentrent, à proprement parler, dans aucune des deux catégories en question.

Le marché allemand pour les valeurs à intérêt fixe a montré pendant longtemps depuis février 1927 (après l'émission de l'emprunt du Reich de 500 millions de *RM*) une faible capacité d'absorption. La vente des obligations hypothécaires ne s'était effectuée que difficilement, l'émission des emprunts publics et des obligations industrielles avait presque complètement cessé. Mais peu à peu la situation sur la marché s'est améliorée et les cours des valeurs à intérêt fixe ont de nouveau monté. En outre, vers la fin de l'année, en raison du paiement des coupons, l'amortissement et de la liquidation des emprunts (parmi lesquels l'emprunt de liquidation du Reich a fourni à lui seul 138 millions de *RM*), des sommes importantes ont été libérées. Tout cela a amené, en décembre 1927, divers établissements de crédit foncier à reparaître sur le marché avec de nouvelles émissions. Ces émissions ont été presque toujours du type des émissions à 8 % réintroduit par nécessité, depuis le début de 1927.

En janvier et en février 1928, quelques gros emprunteurs (comme la I. G. Farbenindustrie et les Chemins de fer du Reich) se sont joints aux autres tandis qu'en mars un grand nombre de communes ont suivi le mouvement. Ces dernières, même si cela a été dans une certaine mesure par cause de l'interrumption intervenue temporairement dans l'afflux des crédits étrangers, ont fait appel au marché allemand, le plus souvent avec un nouveau type de bons du trésor qui, pour un taux d'intérêt relativement faible, offrait une prime élevée de remboursement.

Il ne faut pas attribuer au seul développement du marché intérieur des capitaux le fait que la plupart de ces emprunts se sont facilement placés. Répétons que très vraisemblablement une partie des obligations hypothécaires et des nouvelles émissions (dans quelques cas même, on peut supposer, qu'il s'agissait d'une grande partie) a pris le chemin de l'étranger. En outre, ainsi que nous l'avons dit, le placement des nouveaux emprunts n'a été possible que parce qu'ils assurent un rendement effectif que l'on peut qualifier de très élevé par rapport au taux d'intérêt pratiqué à l'étranger. Il ressort également du mouvement des cours (graphique XI) et du rendement effectif (graphique IX) des obligations hypothécaires que la formation de nouveaux capitaux est encore insuffisante par rapport à la demande.

Les émissions d'actions se sont tout d'abord maintenues pendant la période qui fait l'objet du présent rapport à un niveau constant. Durant le premier trimestre de 1928, elles ont toutefois diminué assez sérieusement.

GRAPHIQUE XI.

INDICE PONDÉRÉ DES ACTIONS ET COURS D'UNE OBLIGATION HYPOTHÉCAIRE 8 % REPRÉSENTATIVE À LA BOURSE DE BERLIN.

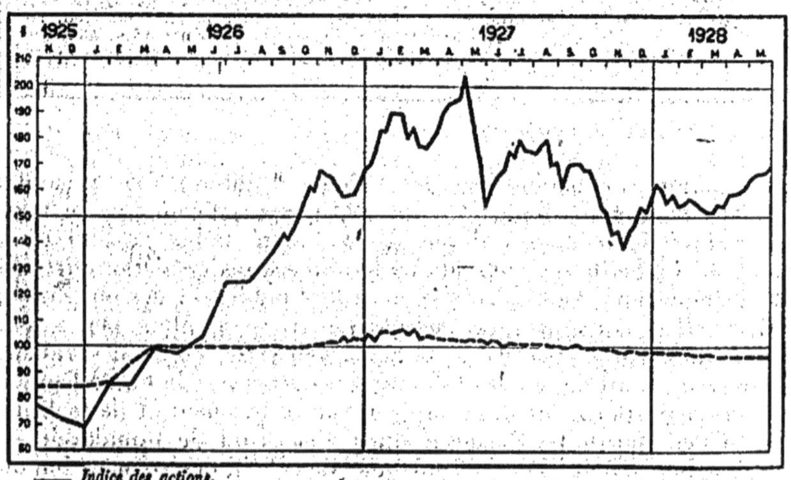

Quant au développement du cours des actions, nous renvoyons au graphique XI duquel il ressort que le mouvement de baisse que l'on remarque depuis le mois d'août 1927 de façon à peu près ininterrompue s'est arrêté vers la fin de novembre. Au début, la reprise a été due en majeure partie à des achats de couverture de spéculateurs à la baisse et en outre, semble-til, à des achats de soutien émanant des banques ; ces derniers résultaient des bilans de fin d'année. En janvier, on a enregistré une réaction en sens contraire malgré la situation favorable sur le marché de l'argent. En février une nouvelle reprise a commencé ; au début, seules les valeurs spéciales ont monté, surtout à la suite d'achats étrangers ; graduellement, le public allemand a commencé d'y participer. Le mouvement de hausse s'est affermi lorsque les distributions de dividendes, d'un montant en général plus élevé que les années précédentes, ont largement contribué à relever la confiance dans le rendement des sociétés allemandes. Cette impression a été raffermie par le fait que dans nombre de cas il a été procédé à la formation de capitaux importants à l'intérieur des sociétés par la constitution de réserves.

Enfin, pour ce qui est du développement des dépôts d'épargne dans les caisses d'épargne, les chiffres mensuels reproduits ci-après sont satisfaisants. Les chiffres de l'augmentation exceptionnelle de janvier et de février proviennent sans doute surtout de ce que les clients des caisses ont été crédités des intérêts échus et de montants versés au titre de la revalorisation.

DÉPÔTS D'ÉPARGNE DANS LES CAISSES D'ÉPARGNE

Mois	Total à la fin du mois	Augmentation pendant le mois
	(en millions de reichsmarks)	
Août 1927	4.245,9	123,5
Septembre 1927	4.340,3	94,4
Octobre 1927	4.444,4	104,1
Novembre 1927	4.543,1	98,7
Décembre 1927	4.665,4	122,3
Janvier 1928	5.094,1	428,7
Février 1928	5.326,8	232,7
Mars 1928	5.486,8	160,0
Avril 1928	5.644,9	158,1

j. Politique d'escompte et de crédit de la Reichsbank.

Pendant la période qui fait l'objet du présent rapport, le taux de l'escompte de la Reichsbank a passé, le 4 octobre 1927, de 6 à 7 % et le taux des avances sur garantie, qui était demeuré sans modification lors des deux changements précédents subis par le taux de l'escompte, a été relevé de 7 à 8 %. Sauf ces modifications, déjà mentionnées dans le rapport annuel 1926-27, aucun changement ne s'est produit dans les taux de la Reichsbank.

Il ressort du graphique XII — abstraction faite de l'augmentation en décembre — que, depuis le relèvement du taux de l'escompte, il y a eu un arrêt de l'augmentation qui avait affecté précédemment le portefeuille de la Reichsbank, à la fois en ce qui concerne les traites et les avances sur garantie. Les fluctuations sont encore fréquemment très amples, surtout à la fin du trimestre; la demande de crédit à la Reichsbank s'élevait dans la dernière semaine de décembre à 746 millions de *RM*; à la fin de mars, elle se montait même à 778 millions de *RM*. Le 31 décembre 1927, le total des traites et des avances sur garantie était de 3.207 millions de *RM*, le total des moyens de payement en circulation de 6.304 millions de *RM*. Par suite de l'allègement survenu dans les semaines suivantes, particulièrement en janvier, la forte demande de crédits à la fin de mars a porté le montant de ces crédits à 2.737 millions de *RM* seulement ; la circulation totale se montant à 6.185 millions de *RM*. La circulation des billets de la Reichsbank se montait à ces dates à 4.564 et à 4.513 millions de *RM* respectivement. La part de la circulation des billets de la Reichsbank dans l'ensemble de la circulation s'est élevée, dans ces trois mois, de plus de 100 millions de *RM* par suite de la diminution de la circulation des billets de la Rentenbank.

GRAPHIQUE XII.

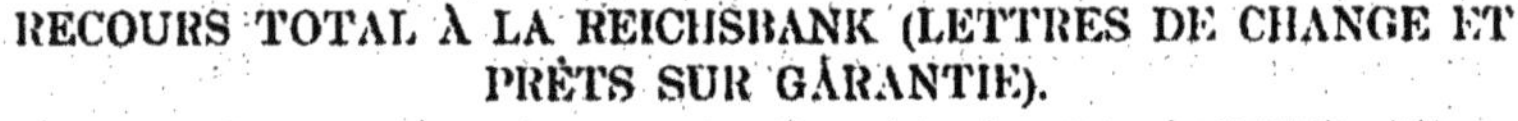

RECOURS TOTAL À LA REICHSBANK (LETTRES DE CHANGE ET PRÊTS SUR GARANTIE).

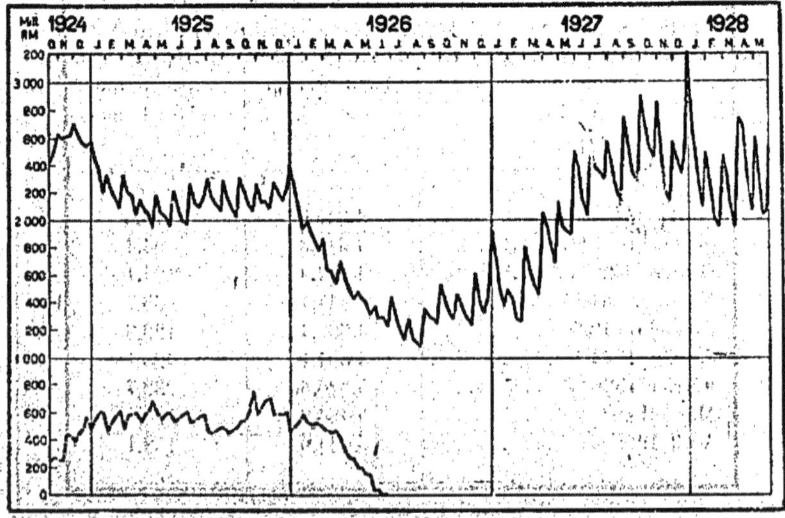

——— *Recours total à la Reichsbank (lettres de change et prêts sur garantie),*
– – – *Réescomptes.*

L'importance de l'étendue de la circulation des moyens de payement est mise en lumière par le rapport de la Reichsbank pour l'année 1927 comme suit: « Une forte augmentation de la circulation des moyens de payement, même entièrement couverte par de l'or, a nécessairement des effets défavorables sur le développement des prix. Ces effets sont d'autant plus inquiétants que, d'après l'expérience faite, des hausses de prix, même si elles s'expliquent tout naturellement par des causes dont l'origine est dans les marchandises et la production, sont interprétées dans des milieux étendus de la population comme des symptômes d'inflation. La Reichsbank ne peut et ne doit donc pas se laisser uniquement guider par la situation de la couverture, parce qu'elle risquerait d'égarer les milieux économiques en les laissant, par le détour des hausses de prix et de salaires, arriver à une conception fausse du rendement et prendre des dispositions erronées pour leurs placements et la gestion de leurs affaires. La circulation des moyens de payement d'un pays doit rester proportionnelle à l'importance de son activité économique. Pendant les périodes où le chiffre d'affaires est animé, elle peut être plus grande que pendant les périodes plus calmes. L'augmentation de la circulation des moyens de payement en Allemagne, parallèle à l'essor de la conjoncture en 1927 peut donc se défendre. Le mouvement du niveau général des prix sert de pierre de touche pour le niveau de la circulation des moyens de payement, surtout si on le compare au même mouvement dans les autres pays à monnaie or. Le niveau des prix en Allemagne a, pendant presque toute l'année 1927, tendu à s'élever, contrairement à ce qui s'est passé en Angleterre et contrairement aussi, si l'on ne tient pas compte des derniers mois, au mouvement des prix dans l'Amérique du Nord. Il convenait donc de ne procéder qu'avec prudence à une nouvelle extension de la circulation des moyens de payement et cette considération a contribué au relèvement de l'escompte en automne.»

GRAPHIQUE XIII.

DEVISES QUALIFIÉES POUR SERVIR DE COUVERTURE ET CRÉDITS (LETTRES DE CHANGE ET PRÊTS SUR GARANTIE) DE LA REICHSBANK.

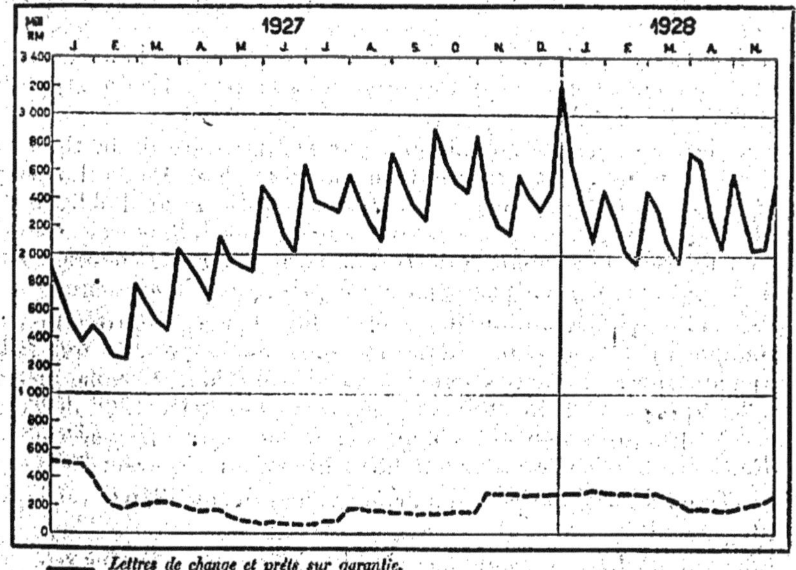

—— *Lettres de change et prêts sur garantie,*
– – – *Devises qualifiées pour servir de couverture.*

L'octroi de crédits par la Reichsbank s'effectue avant tout au moyen de l'achat de traites ; le montant des avances sur garantie ne dépasse que très rarement 100 millions de *RM*.

A la fin de l'année, les prêts sur garantie se répartissaient comme suit :

	1926	1927
	(en millions de reichsmarks)	
Valeurs mobilières	41,5	36,3
Obligations du Reich à long terme	0,3	4,4
Traites	41,1	34,8
Marchandises	1,1	2,8

k. Politique de l'or et des devises de la Reichsbank.

Pendant le premier semestre de 1927, l'encaisse-or a subi une diminution considérable ; le minimum — 1.801 millions de *RM* — a été atteint le 30 juillet 1927. Pendant le mois d'août, l'encaisse-or ayant augmenté de 50 millions, a passé à 1.852 millions de *RM* environ et s'est maintenue à ce niveau jusqu'en novembre. Ensuite commença — malgré la baisse du prix d'achat de l'or le 18 octobre 1927 — une nouvelle augmentation qui porta l'encaisse-or à 2.041 millions de *RM* le 31 mai 1928.

Les réserves d'or déposées à l'étranger accusent un mouvement semblable: dans la première moitié de l'année 1927, elles se sont abaissées, non seulement en raison de ventes, mais aussi parce que la Reichsbank a fait passer en Allemagne une partie de l'or qu'elle possédait à l'étranger. Depuis cette époque, les réserves d'or à l'étranger ont de nouveau quelque peu augmenté ; cependant, la plus grande partie des achats d'or effectués est venue s'ajouter directement à l'encaisse existant en Allemagne.

Les achats d'or de la dernière période sont en relation directe avec le cours des changes ; il a été possible, grâce à la situation du change, de compléter l'encaisse-or dans des conditions favorables. Les considérations qui ont conduit la Reichsbank à augmenter son encaisse-or sont reproduites à la page 17 du rapport annuel de 1925-1926.

Une décision, arrêtée en commun par le Directoire de la Reichsbank et le Conseil Général conformément au § 52 de la Loi sur la Banque, en ce qui concerne la mise en vigueur de l'obligation légale, pour la Reichsbank, de rembourser ses billets soit en or soit en devises d'un montant correspondant (obligation figurant au § 31 de ladite Loi), n'a pas encore été prise jusqu'à présent.

Par suite de l'évolution des cours des changes, reproduite au graphique VIII, une remise d'or au cours de la période qui fait l'objet du rapport n'a pas figuré à l'ordre du jour. Comme on le sait, le rapport de la Reichsbank concernant l'exercice 1926 déclare que : le développement des changes en faisait entrevoir la nécessité, la Reichsbank n'hésiterait pas à faire intervenir ses réserves d'or.

Des montants d'or peu importants continuent d'être remis à l'industrie allemande.

Le montant des devises de la Reichsbank figurant dans les relevés hebdomadaires s'est maintenu, pendant les mois de septembre et d'octobre 1927, à 150 millions de *RM* environ. Il a doublé, au début de novembre, par suite de la rentrée du produit du troisième emprunt extérieur de la Rentenbank-Kreditanstalt et s'est ensuite maintenu (jusqu'au commencement de mars 1928) à peu près à ce niveau. Un fléchissement a eu lieu en mars, au cours duquel le montant de ces devises a passé de 297 millions de *RM* (7 mars) à 168 millions de *RM* (30 avril). En regard de cette diminution des devises, il y a une augmentation de l'encaisse-or équivalant à 153 millions de *RM* pendant cette même période. En mai, le portefeuille de ces devises a subi une nouvelle augmentation ; pendant la dernière semaine de ce mois, la Reichsbank a acheté le provenu en devises du quatrième emprunt étranger de la Rentenbank-Kreditanstalt, en conséquent le montant des devises, le 31 mai, s'élevait à 274 millions de *RM*.

Comme l'a publié le rapport de la Reichsbank pour l'année 1927, le montant total des devises de la Banque s'est élevé, à la fin de 1927, à 472,1 millions de *RM* ; il était constitué comme suit :

	(en millions de reichsmarks)
avoirs en monnaies étrangères .... (parmi lesquels 281,1 millions étaient susceptibles de servir de couverture),	315,8
billets de banque étrangers	0,9
traites et chèques sur l'étranger	155,3

l. Autorisation d'emprunts extérieurs.

Dans le rapport précédent, il était dit que l'Office consultatif pour les emprunts extérieurs, à l'appréciation duquel sont soumis, en général, les emprunts des États et des Communes ainsi que ceux garantis par ces collectivités, ordonnait une enquête sur les besoins de crédit des communes importantes, avant de reprendre son activité suivant les nouvelles directives. Les résultats de cette enquête ont été publiés le 19 janvier 1928; nous les reproduisons ci-après: « 56 villes ont répondu au questionnaire qui portait sur les besoins qu'elles couvrent à l'aide d'impôts, sur les excédents d'exploitation, etc. ainsi que sur l'état de leurs dettes et leurs besoins d'emprunt. Trois villes qui n'étaient pas dans la nécessité d'emprunter n'ont pas répondu; de plus, les trois villes hanséatiques n'ont pas été touchées par cette enquête. Le chiffre de 524,7 millions de reichsmarks a été indiqué par les municipalités entrant en ligne de compte comme celui de leur endettement à court terme, abstraction faite des crédits transitoires d'exploitation qui sont couverts par les recettes courantes. Les prêts sont libellés presque exclusivement en reichsmarks. Les réponses donnent également une vue d'ensemble sur les investissements qu'exigent, de l'avis des villes, les installations nouvelles. L'Office consultatif va procéder à un examen préalable, afin de s'assurer ainsi à combien se montent les emprunts dont il faut prévoir la conclusion sur les marchés étrangers. »

Les membres de l'Office consultatif se sont réunis le 9 mars 1928 pour prendre des dispositions au sujet des séances de l'Office qui, désormais, ont lieu régulièrement; le communiqué relatif à cette réunion dit: «Le travail de l'Office consistera d'abord dans une procédure de constatations, destinée à établir par un examen détaillé des demandes déposées par les communes, etc., pour quels montants les projets d'emprunts peuvent être recommandés, conformément aux principes sur lesquels se base l'Office consultatif. Quand, après examen de l'ensemble des demandes, on aura pu se faire une idée générale sur le total des emprunts susceptibles d'être recommandés, vu leur utilisation, il sera possible à l'Office consultatif de déterminer le montant total des emprunts étrangers qui peut être introduit en Allemagne, compte tenu de la situation économique du pays et de la protection de la monnaie allemande. C'est alors seulement qu'on sera en mesure de se prononcer sur les sommes pouvant être allouées à chaque commune.»

Deux mois plus tard, l'Office consultatif s'est remis à donner son agrément à des demandes émanant de communes et relatives à des emprunts extérieurs; le 8 mai 1928, il communiquait ce qui suit: «L'Office consultatif pour les emprunts extérieurs a approuvé dans sa séance d'hier le projet du Deutscher Sparkassen- und Giroverband, tendant à placer sur les marchés étrangers, au cours de ces prochains mois, un emprunt global des villes allemandes d'une valeur de 17,5 millions de dollars environ. L'Office consultatif veillera à ce que toutes les villes dont on doit tenir compte dans le cadre de l'emprunt de la Girozentrale reçoivent, sur le produit de cet emprunt, une part proportionelle. En outre, l'Office consultatif a approuvé l'émission immédiate des emprunts des villes de Berlin et de Francfort-sur-le-Main. On n'a pas encore déterminé les montants qui reviendront définitivement aux villes dans le cadre de l'emprunt de la Girozentrale; et on se réserve de procéder à une détermination définitive en ce qui concerne les sommes revenant respectivement aux villes de Berlin et de Francfort. On a prévu l'émission, en automne, d'une deuxième tranche de l'emprunt du Deutscher Sparkassen- und Giroverband et, à la même époque, celle de quelques emprunts particuliers, peu nombreux, émanant de grandes villes allemandes.»

Conjointement aux décisions de l'Office consultatif, le Ministre des Finances du Reich a fait, dans un discours prononcé à Bade le 6 mai 1928, les déclarations suivantes: « Le programme qui doit être exécuté pour l'instant, ne rend justice, il est vrai, qu'au besoin le plus urgent des communes. Néanmoins, cette limitation devra être imposée encore pendant assez longtemps. C'est seulement beaucoup plus tard et après un examen attentif de l'ensemble de la situation qu'il sera possible d'aborder la question de savoir si et quand on pourra de nouveau recommander un appel à des capitaux étrangers pour les fins des communes. L'Office consultatif veillera, notamment, après la liquidation de son programme actuel, à ce que ses efforts et l'effet des principes observés par lui ne soient pas anéantis par des mesures de nature spéciale, en particulier par la conclusion d'emprunts extérieurs à court terme. Les emprunts extérieurs du Reich et des États, ainsi que les emprunts extérieurs garantis par le Reich et les États, continuent de paraître peu opportuns. Le Reich et les États eux-mêmes doivent se montrer extrêmement stricts en ce qui concerne l'observation des directives établies pour les collectivités publiques. »

Il ressort de ce qui précède que quelques emprunts des communes ont de nouveau été émis à l'étranger. Il a déjà été dit, au cours du présent rapport, que, dans l'intervalle, une partie des emprunts communaux émis en Allemagne semble avoir pris, ces temps derniers, le chemin de l'étranger. Le Gouvernement prussien a pris, le 10 mai 1928, un décret en vertu duquel les Communes et les Associations de communes qui contractent des emprunts en émettant des obligations en Allemagne doivent stipuler sur l'obligation elle-même que la cession du titre de créance ne peut avoir lieu qu'avec l'autorisation de la Commune dont il s'agit.

OBSERVATIONS FINALES.

Ainsi qu'il ressort de l'exposé ci-dessus, la période qu'embrasse le présent rapport intermédiaire est caractérisée par une grande stabilité de la situation et, conjointement à cette stabilité, par l'absence de problèmes présentant pour la Reichsbank un caractère aigu.

La conjoncture s'est maintenue, d'une façon générale, au niveau satisfaisant atteint en 1927, bien que les signes d'un léger fléchissement s'accroissent dans ces derniers temps.

Un certain relèvement du niveau des prix à l'intérieur de l'Allemagne peut se constater. En même temps les chiffres des exportations marquent une amélioration, quoique le déficit de la balance commerciale demeure un problème sérieux. Néanmoins, le cours du reichsmark sur le marché international des changes a été presque toujours exceptionnellement favorable, développement favorisé dans une large mesure par le niveau sans cesse très élevé du taux de l'intérêt en Allemagne.

Pour la Reichsbank, la période écoulée a été dans l'ensemble caractérisée par une consolidation progressive. L'accroissement du portefeuille de traites allemandes, symptômatique pour l'année 1927, s'est interrompu et il a même fait place à une certaine diminution tandis que la situation raffermie du change allemand, à laquelle il a déjà été fait allusion, a permis à la Reichsbank de renforcer son encaisse-or et ses réserves de devises malgré des prélèvements considérables faits entre autres pour les réparations.

G. W. J. BRUINS.

ANNEXE A.

Conseil Général de la Reichsbank

Dr. Hjalmar Schacht, Président,	Dr. Louis Hagen,
Sir Charles Addis,	Franz von Mendelssohn,
Prof. Dr. G. Bachmann,	Hans Remshard,
Prof. Dr. G. W. J. Bruins,	Charles Sergent,
A. Callens,	Franz Urbig,
Carlo Feltrinelli,	Max M. Warburg,
Gates W. McGarrah,	Oscar Wassermann.

Commissaire à la Reichsbank

Prof. Dr. G. W. J. Bruins.

Directoire de la Reichsbank

Dr. Hjalmar Schacht, Président,	O. Seiffert,
F. Dreyse, Vice-président,	Dr. W. Vocke,
Dr. C. von Grimm,	Dr. C. Friedrich,
A. Budczies,	R. Fuchs,
Dr. B. Bernhard,	P. Schneider.

ANNEXE B.

MOYENS DE PAYEMENT EN CIRCULATION (1)
(EN MILLIONS DE REICHSMARKS)

DATE	BILLETS de la Reichsbank en circulation	BILLETS des Privat-notenbanken en circulation	BILLETS de la Rentenbank en circulation	MONNAIE divisionnaire en circulation	CIRCULATION totale des moyens de payement
15 octobre 1924	1 396,7	—	1 790,4	352,3	3 539,4
31 août 1925...	2 594,6	186,5	1 712,6	512,1	5 005,8
31 août 1926...	3 225,1	168,6	1 260,0	666,3	5 320,0
1927					
31 août........	3 934,7	184,7	1 007,2	740,2	5 866,8
7 septembre...	3 800,0	184,9	967,6	743,4	5 695,9
15 septembre...	3 642,0	183,9	951,0	741,1	5 518,0
23 septembre...	3 547,6	182,9	939,6	741,8	5 411,9
30 septembre...	4 182,4	188,3	988,9	762,7	6 122,3
7 octobre.....	4 004,1	185,3	954,1	771,7	5 915,2
15 octobre.....	3 792,6	183,7	934,3	773,1	5 683,8
22 octobre.....	3 631,8	179,0	896,3	772,2	5 479,2
31 octobre.....	4 230,6	188,1	896,3	788,7	6 103,6
7 novembre....	4 020,5	184,5	856,3	794,6	5 855,9
15 novembre....	3 787,4	181,5	800,3	788,9	5 558,1
23 novembre....	3 583,3	179,8	756,6	783,5	5 303,1
30 novembre....	4 181,3	187,0	780,7	794,1	5 943,1
7 décembre....	4 043,7	186,0	749,9	808,1	5 787,7
15 décembre....	3 931,4	185,1	724,7	810,8	5 652,1
23 décembre....	4 046,4	188,1	709,9	822,7	5 767,0
31 décembre....	4 564,0	188,7	716,2	835,3	6 304,2
1928					
7 janvier......	4 170,9	184,0	679,9	825,9	5 860,8
14 janvier......	3 927,9	182,3	645,1	816,5	5 571,7
23 janvier......	3 682,6	180,6	606,1	807,6	5 277,0
31 janvier......	4 251,2	183,8	625,7	823,8	5 884,5
7 février......	4 037,8	184,1	614,5	826,0	5 662,3
15 février......	3 784,4	180,7	605,7	820,5	5 391,4
23 février......	3 652,9	178,6	601,0	818,2	5 250,6
29 février......	4 268,2	185,4	630,4	841,3	5 925,4
7 mars........	4 067,7	182,0	605,6	844,6	5 699,8
15 mars........	3 885,8	180,6	604,0	844,5	5 514,9
23 mars........	3 763,1	181,8	596,5	839,6	5 380,9
31 mars........	4 513,2	185,8	616,0	869,5	6 184,5
5 avril........	4 411,0	185,4	604,5	877,8	6 078,8
14 avril........	3 996,5	182,4	576,2	863,5	5 618,6
23 avril........	3 760,1	179,3	557,6	854,3	5 351,3
30 avril........	4 409,5	185,2	609,3	872,2	6 076,2
7 mai.........	4 238,9	183,3	583,2	875,4	5 880,8
15 mai.........	3 987,1	182,3	565,5	867,5	5 602,4
23 mai.........	3 821,6	181,0	550,1	862,8	5 415,4
31 mai.........	4 486,9	186,0 (2)	586,2	881,0 (2)	6 140,1 (2)

(1) Pour les chiffres hebdomadaires du 15 octobre 1924 jusqu'au 31 août 1927 voir l'annexe A du rapport intermédiaire 1927 et l'annexe B du rapport annuel 1926/1927.

(2) Chiffres provisoires.

ANNEXE C.

COUVERTURE DES BILLETS DE LA REICHSBANK (1)

(EN MILLIERS DE REICHSMARKS)

DATE	COUVERTURE SELON § 28 a — Encaisse-or	COUVERTURE SELON § 28 a — Devises qualifiées pour servir de couverture	COUVERTURE SELON § 28 a — Totale	COUVERTURE selon § 28 b. Lettres de change et chèques	COUVERTURE totale
15 octobre 1924....	613 625	204 541	818 166	2 153 943	2 972 109
31 août 1925......	1 138 361	357 458	1 495 819	1 764 980	3 260 799
1926					
31 août...........	1 492 818	497 606	1 990 424	1 251 509	3 241 933
1927					
31 août...........	1 852 671	157 309	2 009 980	2 661 635	4 671 615
7 septembre......	1 852 614	157 206	2 009 820	2 498 471	4 508 291
15 septembre......	1 852 400	151 790	2 004 190	2 290 410	4 294 600
23 septembre......	1 852 246	153 006	2 005 252	2 235 681	4 240 933
30 septembre......	1 852 097	153 805	2 005 902	2 745 689	4 751 591
7 octobre.........	1 851 869	155 885	2 007 754	2 603 225	4 610 979
15 octobre.........	1 851 627	161 710	2 013 343	2 432 152	4 445 495
22 octobre.........	1 851 514	160 849	2 012 263	2 434 784	4 447 147
31 octobre.........	1 851 309	161 446	2 012 755	2 802 380	4 815 135
7 novembre.......	1 852 143	298 342	2 150 485	2 388 211	4 538 696
15 novembre.......	1 854 498	287 122	2 141 620	2 167 617	4 309 237
23 novembre.......	1 855 999	285 673	2 141 672	2 116 728	4 257 800
30 novembre.......	1 856 990	282 440	2 139 430	2 482 821	4 622 251
7 décembre.......	1 861 022	278 521	2 139 543	2 392 236	4 531 779
15 décembre.......	1 860 731	286 239	2 146 970	2 270 456	4 417 426
23 décembre.......	1 860 557	279 445	2 140 002	2 416 850	4 556 852
31 décembre.......	1 864 643	281 986	2 146 629	3 128 656	5 275 285
1928					
7 janvier.........	1 864 505	285 591	2 150 096	2 635 490	4 785 586
14 janvier.........	1 864 043	286 091	2 150 134	2 330 881	4 481 015
23 janvier.........	1 863 428	306 401	2 169 829	2 078 059	4 247 888
31 janvier.........	1 865 284	296 005	2 161 289	2 372 850	4 534 139
7 février.........	1 886 620	292 851	2 179 471	2 243 589	4 423 060
15 février.........	1 886 389	292 822	2 179 211	1 963 868	4 143 079
23 février.........	1 886 263	295 088	2 181 351	1 924 712	4 106 063
29 février.........	1 888 350	281 953	2 170 303	2 336 275	4 506 578
7 mars..........	1 888 253	297 344	2 185 597	2 260 942	4 446 539
15 mars..........	1 888 097	262 070	2 150 167	2 000 685	4 150 852
23 mars..........	1 908 944	226 768	2 135 712	1 927 587	4 063 299
31 mars..........	1 930 756	188 866	2 119 622	2 652 019	4 771 641
5 avril..........	1 960 137	196 631	2 156 768	2 600 747	4 757 515
14 avril..........	2 019 231	194 068	2 213 299	2 248 662	4 461 961
23 avril..........	2 040 915	169 330	2 210 245	2 035 597	4 245 842
30 avril..........	2 040 931	167 737	2 208 668	2 492 874	4 701 542
7 mai..........	2 040 894	197 542	2 238 436	2 280 366	4 518 802
15 mai..........	2 040 811	212 913	2 253 724	1 985 936	4 239 660
23 mai..........	2 040 722	229 456	2 270 178	2 035 212	4 305 390
31 mai..........	2 040 784	274 051	2 314 835	2 469 399	4 784 234

(1) Pour les chiffres hebdomadaires du 15 octobre 1924 jusqu'au 31 août 1927 voir l'annexe B du rapport intermédiaire 1927 et l'annexe C du rapport annuel 1926/1927.

ANNEXE D.

POURCENTAGE DE LA COUVERTURE DES BILLETS DE LA REICHSBANK, SELON § 28 *a* (1)

Date	Couverture en or et en devises %	Couverture en or seulement %
Moyenne de la période du 15 octobre 1924 au 31 décembre 1924	55,1	41,3
Moyenne de l'année 1925	60,4	45,8
Moyenne de l'année 1926	67,0	52,7
1927		
31 août	51,1	47,1
7 septembre	52,9	48,8
15 septembre	55,0	50,9
23 septembre	56,5	52,2
30 septembre	48,0	44,3
7 octobre	50,1	46,2
15 octobre	53,1	48,8
22 octobre	55,4	51,0
31 octobre	47,6	43,8
7 novembre	53,5	46,1
15 novembre	56,5	49,0
23 novembre	59,8	51,8
30 novembre	51,2	44,4
7 décembre	52,9	46,0
15 décembre	54,6	47,3
23 décembre	52,9	46,0
31 décembre	47,0	40,9
1928		
7 janvier	51,5	44,7
14 janvier	54,7	47,5
23 janvier	58,9	50,6
31 janvier	50,8	43,9
7 février	54,0	46,7
15 février	57,6	49,8
23 février	59,7	51,6
29 février	50,8	44,2
7 mars	53,7	46,4
15 mars	55,3	48,6
23 mars	56,8	50,7
31 mars	47,0	42,8
5 avril	48,9	44,4
14 avril	55,4	50,5
23 avril	58,8	54,3
30 avril	50,1	46,3
7 mai	52,8	48,1
14 mai	56,5	51,2
23 mai	59,4	53,4
31 mai	51,6	45,5

(1) Pour les chiffres hebdomadaires du 15 octobre 1924 jusqu'au 31 août 1927 voir l'annexe C du rapport intermédiaire 1927 et l'annexe D du rapport annuel 1926/1927.

ANNEXE E.

NOMBRES INDICES DES PRIX DE GROS EN ALLEMAGNE, EN ANGLETERRE ET AUX ÉTATS-UNIS

(1926 = 100)

Mois	Allemagne (Office de Statistique du Reich)	Angleterre (Board of Trade)	États-Unis (Bureau of Labor Statistics)
1926			
Janvier	101,0	102,0	104,0
Février	99,9	100,3	102,0
Mars	99,0	97,4	100,0
Avril	98,7	96,8	100,0
Mai	98,4	97,5	101,0
Juin	98,1	99,1	101,0
Juillet	99,0	100,5	100,0
Août	99,7	101,1	99,0
Septembre	100,4	101,8	100,0
Octobre	101,3	102,6	99,0
Novembre	102,0	102,8	98,4
Décembre	102,0	98,5	97,9
1927			
Janvier	101,1	96,8	96,6
Février	100,9	96,2	95,9
Mars	100,4	94,8	94,5
Avril	100,3	94,3	93,7
Mai	102,0	95,1	93,7
Juin	102,6	95,6	93,8
Juillet	102,4	95,1	94,1
Août	102,6	95,0	95,2
Septembre	103,9	95,8	96,5
Octobre	104,0	95,3	97,0
Novembre	104,2	95,1	96,7
Décembre	103,9	94,7	96,8
1928			
Janvier	103,2	95,1	96,3
Février	102,6	94,6	96,4
Mars	103,1	94,9	96,0
Avril	103,8	96,4	—

ANNEXE F.

NOMBRES INDICES DES PRIX DE GROS EN ALLEMAGNE

(OFFICE DE STATISTIQUE DU REICH)

(1913 = 100)

Mois	Indice total	Produits agricoles	Matières premières et produits semi-ouvrés industriels	Produits finis industriels
1927				
Janvier	135,9	140,3	128,8	141,6
Février	135,6	139,1	129,3	141,6
Mars	135,0	136,0	130,3	142,0
Avril	134,8	135,2	129,9	143,0
Mai	137,1	139,3	131,2	144,3
Juin	137,9	139,9	131,6	146,0
Juillet	137,6	137,5	132,2	147,1
Août	137,9	136,8	133,0	148,3
Septembre	139,7	138,9	134,1	150,7
Octobre	139,8	137,7	134,0	152,9
Novembre	140,1	137,3	134,0	154,6
Décembre	139,6	135,6	133,9	155,6
1928				
Janvier	138,7	132,2	134,4	156,1
Février	137,9	130,1	133,6	156,8
Mars	138,5	131,3	133,5	157,3
Avril	139,5	133,5	133,8	157,6

ANNEXE G.

IMPORTATIONS ET EXPORTATIONS DE L'ALLEMAGNE

Mois	Importations	Exportations	Livraisons en nature en vertu du Plan des Experts	Totale des exportations (colonnes 3 et 4)	Solde actif + passif — des colonnes 2 et 3	Solde actif + passif — des colonnes 2 et 5
	en millions de reichsmarks					
1	2	3	4	5	6	7
1924						
Janvier	618,9	520,9	—	—	— 98,0	—
Février	775,8	556,3	—	—	— 219,5	—
Mars	738,9	547,5	—	—	— 191,4	—
Avril	855,0	572,9	—	—	— 282,1	—
Mai	935,8	606,4	—	—	— 329,4	—
Juin	776,7	566,2	—	—	— 210,5	—
Juillet	586,9	665,5	—	—	+ 78,6	—
Août	494,4	681,6	—	—	+ 187,2	—
Septembre	670,9	654,1	—	—	— 16,8	—
Octobre	874,0	717,0	—	—	— 157,0	—
Novembre	1 059,9	736,7	—	—	— 323,2	—
Décembre	1 219,9	835,0	—	—	— 384,9	—
1925						
Janvier	1 209,8	706,4	—	—	— 503,4	—
Février	1 014,3	639,7	—	—	— 374,6	—
Mars	970,7	719,0	—	—	— 251,7	—
Avril	929,8	680,8	—	—	— 249,0	—
Mai	934,1	739,7	—	—	— 194,4	—
Juin	945,2	697,0	—	—	— 248,2	—
Juillet	1 081,2	754,9	—	—	— 326,3	—
Août	1 112,5	736,5	—	—	— 376,0	—
Septembre	994,7	789,4	—	—	— 205,3	—
Octobre	1 014,6	858,1	—	—	— 156,5	—
Novembre	809,2	802,9	—	—	— 6,3	—
Décembre	727,9	806,0	—	—	+ 78,1	—
1926						
Janvier	686,0	807,3	—	—	+ 121,3	—
Février	642,1	794,6	—	—	+ 152,5	—
Mars	625,9	936,9	—	—	+ 311,0	—
Avril	710,2	791,0	—	—	+ 80,8	—
Mai	685,5	739,8	—	—	+ 54,3	—
Juin	770,0	769,8	—	—	— 0,2	—
Juillet	899,8	832,7	—	—	— 67,1	—
Août	897,2	843,0	—	—	— 54,2	—
Septembre	806,2	845,0	—	—	+ 38,8	—
Octobre	966,7	887,8	—	—	— 78,9	—
Novembre	974,2	882,4	—	—	— 91,8	—
Décembre	1 038,7	829,9	—	—	— 208,8	—

Mois	Importations	Exportations	Livraisons en nature en vertu du Plan des Experts	Totale des exportations (colonnes 3 et 4)	Solde actif + passif − des colonnes 2 et 3	des colonnes 2 et 5
	en millions de reichsmarks					
1	2	3	4	5	6	7
1927						
Janvier	1 060,4	805,9	29,0	835,8	— 254,5	— 224,6
Février	1 059,4	761,6	44,6	806,2	— 297,8	— 253,2
Mars	1 052,5	848,1	60,4	908,5	— 204,4	— 144,0
Avril	1 063,4	797,8	36,2	834,0	— 265,6	— 229,4
Mai	1 138,1	847,5	47,1	894,6	— 290,6	— 243,5
Juin	1 161,4	759,4	38,3	797,7	— 402,0	— 363,7
Juillet	1 239,0	859,7	45,0	904,7	— 379,3	— 334,3
Août	1 126,0	881,5	50,7	932,2	— 244,5	— 193,8
Septembre	1 139,7	946,9	56,0	1 002,9	— 192,8	— 136,8
Octobre	1 207,5	975,3	59,4	1 034,7	— 232,2	— 172,8
Novembre	1 252,1	927,3	57,9	985,2	— 324,8	— 266,9
Décembre	1,219,6	967,3	50,2	1 017.5	— 252,3	— 202,1
1928						
Janvier	1 328,9	875,0	53,4	928,4	— 453,9	— 400,5
Février	1 212,6	956,4	52,2	1 008,6	— 256,2	— 204,0
Mars	1 193,1	1 037,3	57,4	1 094,7	— 155,8	— 98,4
Avril	1 139,5	937,6	55,8	993,4	— 201,9	— 146,1

ANNEXE H.

IMPORTATIONS DE MATIÈRES PREMIÈRES ET DE PRODUITS SEMI-OUVRÉS AINSI QU'EXPORTATIONS DE PRODUITS FINIS

Mois	Importations de matières premières et de produits semi-ouvrés	Exportations de produits finis	Excédent d'exportations de produits finis
	en millions de RM.		
1926			
Janvier	378	568	468
Février	333	564	467
Mars	332	686	600
Avril	353	597	507
Mai	324	548	460
Juin	387	551	449
Juillet	412	582	478
Août	421	572	469
Septembre	438	582	467
Octobre	485	603	447
Novembre	505	578	437
Décembre	557	565	424
1927			
Janvier	565	563	412
Février	579	541	376
Mars	588	600	420
Avril	555	597	407
Mai	593	622	412
Juin	602	559	350
Juillet	603	634	411
Août	590	629	408
Septembre	568	693	463
Octobre	595	718	465
Novembre	649	683	450
Décembre	662	710	497
1928			
Janvier	663	632	401
Février	696	690	467
Mars	642	761	521
Avril	610	682	467

ANNEXE I.

COURS DE LA LIVRE STERLING ET DU DOLLAR À LA BOURSE DE BERLIN

(MOYENNES HEBDOMADAIRES EN CHIFFRES ABSOLUS ET EN POURCENTAGES DU PAIR)

Date	£		$	
		%		%
1926				
15 août	20,415	99,93	4,200	100,05
23 août	20,412	99,91	4,200	100,05
31 août	20,373	99,72	4,198	100,00
7 septembre	20,390	99,81	4,199	100,03
15 septembre	20,386	99,79	4,198	100,00
23 septembre	20,387	99,79	4,197	99,98
30 septembre	20,371	99,71	4,198	100,00
7 octobre	20,367	99,69	4,198	100,00
15 octobre	20.381	99,76	4,202	100,10
23 octobre	20,377	99,74	4,205	100,17
30 octobre	20,376	99,74	4,210	100,29
7 novembre	20,385	99,78	4,207	100,22
15 novembre	20,420	99,95	4,211	100,31
23 novembre	20,429	100,00	4,212	100,34
30 novembre	20,419	99.95	4,210	100.29
7 décembre	20,394	99,83	4,205	100,17
15 décembre	20,388	99,80	4,203	100,12
23 décembre	20,377	99,74	4,199	100,03
31 décembre	20,375	99,73	4,198	100,00
1927				
7 janvier	20,427	99,99	4,209	100,26
15 janvier	20,448	100,09	4,214	100,38
23 janvier	20,468	100,19	4,217	100,45
31 janvier	20,469	100,19	4,219	100,50
7 février	20,468	100,16	4,219	100,50
15 février	20,466	100,18	4,219	100,50
23 février	20,463	100,16	4,219	100.50
28 février	20,463	100,16	4,218	100,48
7 mars	20,469	100,19	4,218	100,48
15 mars	20,460	100,15	4.217	100,45
23 mars	20,462	100,16	4,214	100,38
31 mars	20,476	100,23	4,216	100,43
7 avril	20,486	100,28	4,218	100,48
15 avril	20,489	100,29	4,219	100,50
23 avril	20.488	100,29	4,218	100,48
30 avril	20,490	100,30	4,218	100,48
7 mai	20.500	100,35	4,219	100,50
15 mai	20,500	100,35	4,220	100,53
23 mai	20,490	100,30	4,220	100,53
31 mai	20,499	100,34	4,220	100,53

Date	£		$	
		%		%
7 juin	20,495	100,32	4,220	100,53
15 juin	20,497	100,33	4,220	100,53
23 juin	20,489	100,29	4,219	100,50
30 juin	20,493	100,31	4.219	100,50
7 juillet	20,489	100,29	4,219	100,50
15 juillet	20,461	100,15	4,214	100,38
23 juillet	20,424	99,97	4,207	100,22
31 juillet	20,413	99,92	4,205	100,17
6 août	20,418	99,94	4,203	100,12
15 août	20,447	100,09	4,206	100,19
23 août	20,433	100,02	4,202	100,10
31 août	20,420	100,00	4,201	100,07
7 septembre	20,434	100,02	4,204	100,14
15 septembre	20,439	100,05	4,203	100,12
23 septembre	20,427	99,99	4,199	100,03
30 septembre	20,432	100,01	4,198	100,00
7 octobre	20,421	99,96	4,195	99,93
15 octobre	20,414	99,92	4,191	99,84
23 octobre	20,393	99,82	4,186	99,72
31 octobre	20,398	99,85	4,188	99,76
7 novembre	20,398	99,85	4,189	99,79
15 novembre	20,430	100,00	4,193	99,89
23 novembre	20,424	99,97	4,188	99,76
30 novembre	20,425	99,98	4,186	99,72
7 décembre	20,425	99,98	4,185	99,69
15 décembre	20,443	100,07	4,188	99,76
23 décembre	20,428	99,99	4,184	99,67
31 décembre	20,444	100,07	4,185	99,69
1928				
7 janvier.........	20,459	100,15	4,194	99,91
15 janvier.........	20,475	100,23	4,199	100,03
23 janvier.........	20,461	100,16	4,197	99,98
31 janvier....... ..	20,448	100,09	4,195	99,93
7 février	20,423	99,97	4,193	99,89
15 février	20,437	100.03	4,193	99,89
23 février	20,430	100.00	4,190	99,81
28 février	20,430	100,00	4,187	99,74
7 mars.......... .	20,417	99.94	4,185	99,69
15 mars..........	20,411	99.91	4,183	99,64
23 mars...........	20,408	99,90	4,181	99,60
31 mars...........	20,413	99,92	4,182	99,62
7 avril...........	20,411	99,91	4,181	99,60
15 avril...........	20,418	99,92	4,181	99,60
23 avril...........	20,417	99,94	4,182	99,62
30 avril...........	20,404	99,87	4.181	99,60
7 mai............	20,401	99.86	4,181	99,60
15 mai............	20,401	99,86	4.180	99,57
23 mai............	20.396	99.84	4,178	99,52
31 mai............	20,393	99,82	4,176	99,48

ANNEXE. J.

TAUX DE L'ARGENT À BERLIN
(MOYENNES MENSUELLES)

Mois	Escompte de la Reichsbank %	Argent à vue %	Argent au mois %	Escompte privé %	Lettres de change avec endos de banque %	Intérêt effectif sur les obligations hypothécaires 8 % %
1924						
Octobre	10,00	15,85	10,20	—	—	—
Novembre ...	10,00	14,78	15,00	—	—	—
Décembre ...	10,00	11,53	13,32	9,19	—	—
1925						
Janvier	10,00	10,00	11,30	8,31	—	—
Février	9,88	10,70	11,93	8,00	—	—
Mars	9,00	9,00	11,30	8,00	—	—
Avril	9,00	8,48	10,28	8,00	—	—
Mai	9,00	8,83	10,50	7,98	8,06	—
Juin	9,00	8,76	10,64	7,75	8,98	—
Juillet	9,00	9,40	10,85	7,87	9,07	—
Août	9,00	9,30	10,95	7,68	9,00	—
Septembre ...	9,00	8,94	10,73	7,18	8,83	—
Octobre	9,00	9,61	10,72	7,09	8,92	—
Novembre ...	9,00	8,70	10,73	6,77	8,70	—
Décembre ...	9,00	8,40	10,37	6,75	8,60	9,00
1926						
Janvier	8,32	7,29	9,28	6,27	7,76	9,52
Février	8,00	6,10	7,44	5,46	7,03	8,88
Mars	7,85	5,61	6,77	5,00	6,56	8,47
Avril	7,00	4,93	6,13	4,86	5,80	8,13
Mai	7,00	5,15	6,00	4,60	5,40	8,16
Juin	6,60	4,83	5,87	4,52	5,16	8,15
Juillet	6,08	5,00	6,02	4,53	5,17	8,12
Août	6,00	5,11	5,91	4,61	5,18	8,08
Septembre ...	6,00	5,12	6,36	4,88	5,42	8,06
Octobre	6,00	5,04	6,30	4,84	5,30	8,05
Novembre ...	6,00	4,85	6,47	4,63	5,08	8,01
Décembre ...	6,00	6,02	7,46	4,72	5,35	7,89

Mois	Escompte de la Reichsbank %	Argent à vue %	Argent au mois %	Escompte privé %	Lettres de change avec endos de banque %	Intérêt effectif sur les obligations hypothécaires 8 % %
1927						
Janvier	5,28	4,60	6,42	4,20	4,62	7,76
Février	5,00	5,83	5,95	4,22	4,35	7,74
Mars	5,00	5,29	7,40	4,59	4,86	7,80
Avril	5,00	5,83	7,13	4,62	4,86	7,79
Mai	5,00	6,35	7,69	4,90	4,99	7,84
Juin	5,75	6,03	8,28	5,39	5,76	7,93
Juillet	6,00	7,36	8,50	5,90	6,18	7,93
Août	6,00	5,78	8,22	5,82	6,09	7,99
Septembre...	6,00	6,09	8,35	5,90	6,19	7,98
Octobre	6,92	7,81	8,69	6,60	7,09	8,03
Novembre ...	7,00	6,12	8,77	6,76	7,25	8,18
Décembre ...	7,00	7,23	9,07	6,87	7,34	8,18
1928						
Janvier	7,00	5,35	8,06	6,27	6,88	8,15
Février	7,00	6,61	7,72	6,20	6,67	8,16
Mars	7,00	7,08	7,98	6,72	6,93	8,20
Avril	7,00	6,89	8,00	6,70	6,92	8,21
Mai	7,00	6,98	8,00	6,66	6,94	—

ANNEXE K.

TAUX DE L'ARGENT À BERLIN (MOYENNES HEBDOMADAIRES) ET CRÉDITS (LETTRES DE CHANGE ET PRÊTS SUR GARANTIE) DE LA REICHSBANK (1)

Date	Escompte de la Reichsbank %	Argent à vue %	Argent au mois %	Escompte privé %	Lettres de change avec endos de banque %	Lettres de change et prêts sur garantie de la Reichsbank (2)
1927						
31 août	6,00	5,79	8,25	5,88	6,23	2 729
7 septembre	6,00	7,17	8,25	5,88	6,08	2 525
15 septembre	6,00	5,80	8,25	5,88	6,13	2 354
23 septembre	6,00	5,59	8,39	5,88	6,23	2 272
30 septembre	6,00	6,29	8,50	5,98	6,25	2 900
7 octobre	6,67	8,21	8,54	6,42	6,80	2 667
15 octobre	7,00	7,16	8.71	6,59	6,99	2 527
23 octobre	7,00	7,25	8,75	6,85	7,21	2 467
31 octobre	7,00	6,84	8,75	6,88	7,27	2 848
7 novembre	7,00	6,83	8,79	6,77	7,28	2 420
15 novembre	7,00	5,71	8,75	6,75	7,25	2 210
23 novembre	7,00	6,21	8,75	6,75	7,21	2 143
30 novembre	7,00	6,58	8,79	6,75	7,25	2 560
7 décembre	7,00	8,43	8,88	6,75	7,25	2 434
15 décembre	7,00	7.20	8,95	6,75	7,25	2 320
23 décembre	7,00	6,98	9,16	6,98	7,34	2 461
31 décembre	7,00	6,60	9,28	7,00	7,50	3 207
1928						
7 janvier	7,00	6,04	8,63	6,54	7,17	2 658
15 janvier	7.00	4,56	7,83	6,03	6,79	2 304
23 janvier	7,00	4,93	7,93	6,18	6,71	2 101
31 janvier	7,00	6,29	7,89	6.32	6.85	2 464
7 février	7.00	8,00	7,88	6,33	6,81	2 267
15 février	7,00	5,98	7,66	6,02	6,53	2 022
23 février	7,00	6,11	7,54	6,07	6 68	1 948
28 février	7,00	7,00	7,83	6,48	6,75	2 453
7 mars	7,00	8,21	7,89	6,60	6,83	2 312
15 mars	7,00	7,25	8.00	6,66	6,93	2 092
23 mars	7,00	6,71	8,00	6,75	6,96	1 959
31 mars	7,00	6,54	8,00	6,86	7,00	2 737
7 avril	7,00	7,63	8,00	6,69	6 99	2 676
15 avril	7,00	7,45	8,00	6,65	6,95	2 289
23 avril	7,00	5,79	8,00	6,60	6,88	2 072
30 avril	7,00	6,96	8,00	6,83	6,92	2 596
7 mai	7,00	8,33	8,00	6,63	6,99	2 320
15 mai	7,00	6,29	8,00	6.55	6,88	2 046
23 mai	7,00	6,71	8,00	6,73	6,98	2 063
31 mai	7,00	6,90	8.00	6,75	7.00	2 512

(1) Pour les chiffres précédents voir l'annexe K du rapport annuel 1923/1927.
(2) En millions de reichsmarks.

ANNEXE L.

INDICE PONDÉRÉ DES ACTIONS ET COURS D'UNE OBLIGATION HYPOTHÉCAIRE 8 % REPRÉSENTATIVE À LA BOURSE DE BERLIN (1)

Date	Indice pondéré des actions	Quotations d'une obligation hypothécaire 8 %	Date	Indice pondéré des actions	Quotations d'une obligation hypothécaire 8 %
1927			18 janvier	156,7	98,50
31 août	170,8	100,90	25 janvier	158,9	98,25
7 septembre ..	162,5	100,—	1 février	155,0	98,50
14 septembre .	169,9	100,—	8 février	155,3	98,—
21 septembre ..	170,1	101,—	15 février	157,3	98,—
28 septembre ..	170,2	100,75	22 février	156,1	97,70
5 octobre . ..	168,4	99,90	29 février	154,0	97,60
12 octobre	168,0	99,90	7 mars.......	152,8	97,60
19 octobre.....	162,8	100,—	14 mars.......	152,2	97,50
26 octobre	154,3	99,75	21 mars.......	154,4	97,—
2 novembre ..	151,9	99,50	28 mars.......	154,1	96,75
9 novembre ..	144,2	99,50	3 avril	158,8	97,—
15 novembre ..	144,6	99,—	11 avril	159,4	97,—
23 novembre .	138,7	99,—	18 avril	159,6	97,—
30 novembre ..	144,5	99,—	25 avril	160,6	97,—
7 décembre. .	147,3	99,—	2 mai........	164,5	97,—
14 décembre...	153,8	98,50	9 mai........	166,9	97,—
21 décembre...	152,8	98,50	16 mai........	167,2	97,—
28 décembre. .	156,0	98,50	23 mai........	167,8	96,90
			30 mai........	169,5	96,75
1928					
4 janvier	162,9	98,50			
11 janvier	160,5	98,50			

(1) Pour les chiffres du mois d'octobre 1925 jusqu'au 31 août 1927 voir l'annexe L du rapport annuel 1926/1927.

RAPPORT
DU COMMISSAIRE
AUX REVENUS GAGES

---

10 mai 1928

BERLIN

RAPPORT DU COMMISSAIRE AUX REVENUS GAGÉS.

(1er septembre 1927-31 mars 1928.)

I.

1. Le présent rapport embrasse les opérations des sept premiers mois de la quatrième année d'application du Plan, qui sont en même temps les sept derniers mois de l'année financière allemande 1927-28. D'après le Plan des Experts, les revenus gagés fournissent pendant la quatrième année une somme de 500 millions de marks-or, mais, jusqu'à ce que le fonds de réserve spécial atteigne 100 millions de marks-or, ce qui n'est pas encore le cas, le montant à prélever effectivement chaque mois est d'un dixième, et non d'un douzième, de la somme ci-dessus indiquée. En conséquence, pendant chacun des sept mois envisagés, une somme de 50 millions de marks-or a été prélevée sur le produit des revenus gagés: cinq-sixièmes de cette somme ont été versés à l'Agent Général et un sixième au fonds de réserve.

Les revenus gagés ont fourni ponctuellement, pendant les premiers jours de chaque mois, les montants nécessaires, qui ont été versés à l'Agent Général ou bien investis pour le compte du fonds de réserve. Au total, ces paiements, et leurs contre-valeurs en reichsmarks, se sont élevés aux sommes suivantes :

	Marks-or	Reichsmarks
Contribution budgétaire	291 666 666,67	291 559 000,01
Fonds de réserve	58 333 333,33	58 311 799 99
Total	350 000 000,00	349 870 800,00

2. Le fonds de réserve sera entièrement constitué lorsqu'un dernier versement peu considérable y aura été fait en juin. Le 31 mars, la situation de ce fonds était la suivante:

	Reichsmarks	Reichsmarks
Prélèvements sur les revenus gagés		80 312 822,98
Intérêts des placements	2 845 549,99	
A déduire: impôts, commissions et frais de banque	368 490,41	2 477 059,58
		82 789 882,56

Un état du compte de recettes et de dépenses du fonds de réserve pour les sept premiers mois de la quatrième année d'application du Plan et la balance au 31 mars 1928 sont joints au présent rapport.

II.

1. Le tableau suivant indique, mois par mois, le rendement des revenus gagés pendant la période envisagée :

	1927				1928			Total
	Sept.	Oct.	Nov.	Déc.	Janv.	Févr.	Mars	
	en milliers de reichsmarks							
Douanes ..	95 659	102 933	99 257	97 763	146 390	85 318	91 300	718 620
Tabac	71 511	68 810	68 133	70 880	64 746	70 416	76 381	490 877
Bière	36 371	37 741	33 257	28 341	26 352	27 486	27 485	217 033
Alcool	18 656	18 472	22 211	27 726	23 148	21 457	31 780	163 450
Sucre	20 744	19 739	14 433	14 402	15 285	11 943	11 428	107 974
Total ..	242 941	247 695	237 291	239 112	275 921	216 620	238 374	1 697 954

La moyenne mensuelle des recettes a été, en chiffres ronds, de 243 millions de marks pour ces sept mois, contre 219 millions pour les mois correspondants de 1926-27 et 239 millions de marks pour les cinq mois examinés dans mon dernier rapport. Dans la comparaison de ces rendements, il convient de tenir compte des facteurs ci-après :

en premier lieu, pendant six des sept mois examinés dans le présent rapport, les recettes perçues au titre de l'impôt sur le sucre ont représenté des droits calculés d'après un taux inférieur de moitié au taux appliqué pendant les périodes précédentes ;

en second lieu, pendant la période d'avril à août 1927, la majeure partie des recettes fournies par le monopole de l'alcool provenaient de ventes frappées d'un impôt de 280 marks par hectolitre, alors qu'un taux de 330 marks a été en vigueur pendant toute la dernière période. Pendant les sept mois examinés dans le présent rapport, le rendement mensuel moyen de l'impôt sur le sucre accuse une diminution de 7 885 000 reichsmarks et celui du monopole de l'alcool une augmentation de 3 835 000 reichsmarks sur le rendement mensuel moyen des cinq mois précédents. En outre, si l'on compare les recettes présentes à celles d'il y a un an, il ne faut pas oublier que ces dernières ne comprenaient que cinq mois et demi de recettes de l'impôt sur la bière.

2. Ainsi qu'il ressort du tableau ci-après, le rendement des revenus gagés pendant l'exercice 1927-28 a dépassé largement les estimations budgétaires primitives et a même légèrement dépassé les estimations définitives adoptées en mars dernier.

Le tableau montre que les évaluations budgétaires primitives ont été dépassées de 480 700 000 marks et les évaluations définitives de 26 700 000 marks. Il était déja clair, lors de la publication du dernier rapport sur les revenus gagés, qu'il fallait s'attendre à un accroissement considérable du rendement sur les évaluations primitives. Le fait que cet accroissement a dépassé toutes les prévisions est dû surtout à une augmentation inattendue des importations de céréales. La récolte de l'année dernière ayant été meilleure que celle de l'année précédente, on pouvait espérer que ces impor-

	Evaluations primitives	Evaluations définitives	Recettes 1927-28 (1)
	en milliers de reichsmarks		
Douanes	890 000	1 255 000	1 250 984
Tabac	700 000	780 000	793 947
Bière	335 000	362 000	360 230
Alcool	210 000	242 000	261 025
Sucre	275 000	225 000	224 524
Total	2 410 000	2 864 000	2 890 710

(1) Chiffres provisoires.

tations diminueraient, mais il apparut bientôt que, si les quantités de céréales récoltées avaient sensiblement augmenté, la qualité de ces céréales était tellement au-dessous de la moyenne qu'il était nécessaire d'importer des céréales étrangères pour les mélanger avec elles : en conséquence, les importations de céréales ont eu lieu plus tôt que de coutume et il est fort possible que, pendant les mois qui restent à courir jusqu'à la rentrée de la prochaine récolte, on importe moins de céréales qu'il n'est habituel de le faire pendant ces mois, auquel cas l'exercice qui vient de s'achever aura, dans une certaine mesure, bénéficié d'un supplément de recettes au détriment de l'exercice courant.

Le rendement présent des revenus gagés dépasse de plus de 100 % le montant total qu'ils sont appelés à fournir pendant l'année normale de réparations ; ils suffiraient même à couvrir la totalité de l'annuité normale pour laquelle, dans la mesure où ils ne la fournissent pas directement, ils constituent, conformément au Plan, une garantie collatérale.

Le tableau suivant indique le rendement total des revenus gagés pendant chaque exercice, depuis la mise en application du Plan, ainsi que les montants prélevés pour la contribution budgétaire et pour le fonds de réserve, et enfin le solde versé au Gouvernement allemand et ainsi rendu disponible pour les dépenses générales du budget.

Exercice	Rendement total des revenus gagés	Contribution budgétaire	Fonds de réserve	Solde versé au Gouvernement allemand
	en milliers de reichsmarks			
1924-25	1 424 134 (1)	—	—	1 424 134 (1)
1925-26	1 854 533	—	—	1 854 533
1926-27	2 405 843	171 939	12 815	2 221 089
1927-28	2 890 710 (2)	520 800	67 497	2 293 413 (2)

(1) Non compris 63 531 000 reichsmarks perçus par la Haute-Commission des Territoires Rhénans.
(2) Chiffres provisoires.

On remarquera que, malgré un accroissement du montant gardé pour les réparations, les sommes restant à la disposition du Gouvernement allemand ont été, en 1927-28, un peu supérieures à ce qu'elles étaient en 1926-27. Le fonds de réserve étant un placement pour lequel le Gouvernement allemand touche des intérêts, il serait juste de dire que l'augmentation réelle a été un peu supérieure à l'augmentation apparente.

3. Pour l'exercice 1928-29, qui comprend cinq mois de la quatrième année d'application du Plan et sept mois de la cinquième année, les estimations budgétaires du rendement des revenus gagés, comparées aux recettes effectives de l'exercice qui vient de s'achever, sont les suivantes :

	Evaluations pour 1928-29	Recettes effectives de 1927-28
	en milliers de reichsmarks	
Douanes	1 200 000	1 250 984
Tabac	780 000	793 947
Bière	370 000	360 230
Alcool	270 000	261 025
Sucre	140 000	224 524
Total	2 760 000	2 890 710

Les évaluations prévoient ainsi une diminution des recettes de 131 millions de marks. Pendant les six premiers mois du dernier exercice, les recettes encaissées au titre de l'impôt sur le sucre avaient été calculées d'après un taux double de celui qui est maintenant en vigueur, avantage pour cet exercice qui peut être évalué à 65 millions de marks environ. La diminution effective prévue au budget ne dépasse donc pas en un sens 66 millions de marks.

On constatera probablement que ces évaluations sont beaucoup plus près de la réalité que celles des années immédiatement antérieures. Pour la première fois depuis la mise en application du Plan, il semble que, si on s'est trompé, ce soit dans le sens de l'optimisme. Une bonne récolte affectera d'une façon défavorable le rendement des douanes et, en outre, ainsi qu'il a été exposé plus haut, il y a des raisons de supposer que les recettes des douanes se sont accrues l'année dernière au détriment de celles du présent exercice, ce qui entraînerait une diminution correspondante dans le rendement des premiers mois. D'autre part, le rendement de l'impôt sur le tabac bénéficiera, ainsi qu'il est expliqué ci-après, d'un supplément de recettes que l'on peut évaluer à 35 millions de marks, du fait de la législation adoptée depuis l'établissement des évaluations budgétaires, tandis que l'impôt sur le sucre, si l'augmentation de la consommation qui a suivi la réduction d'impôt continue, pourra aisément fournir un excédent de 20 millions de marks. Il existe donc une marge d'environ 55 millions de marks pour compenser les mécomptes que pourrait donner le rendement des douanes.

III.

1. Les recettes douanières se sont élevées, pendant la période envisagée, à 719 millions de marks, contre 596 millions pendant les mêmes mois de l'exercice précédent. Environ 30% de cette augmentation représentent l'accroissement du rendement des droits sur les céréales. Le tableau ci-dessous montre l'importance des recettes fournies par les droits frappant les principales céréales et certaines autres marchandises admises au régime des *Einfuhrscheine*.

	Droits sur les principales céréales, le malt non torréfié ni moulu, le riz non glacé, les pois et les haricots	*Einfuhrscheine* acceptés en paiement	Recettes nettes
	en milliers de reichsmarks		
Moyenne mensuelle pour la période de septembre 1926 à mars 1927....	18 247	2 670	15 577
Septembre 1927	24 285	2 164	22 121
Octobre 1927	26 377	2 546	23 831
Novembre 1927........	29 233	2 425	26 808
Décembre 1927	24 805	3 777	21 028
Janvier 1928	22 747	3 095	19 652
Février 1928	19 403	3 691	15 712
Mars 1928	20 836	4 184	16 652

Il a été expliqué plus haut que la dernière récolte avait largement perdu en qualité ce qu'elle avait gagné en quantité et que l'augmentation des recettes pouvait être due, dans une certaine mesure, à un encaissement anticipé de droits qui seraient normalement perçus sur les importations de céréales pendant les mois précédant immédiatement la nouvelle récolte, supposition qui trouve un certain appui dans le fait que les stocks existants sont sensiblement plus élevés que ceux de l'année dernière à pareille époque. Deux autres causes ont encore contribué, dans une certaine mesure, à l'accroissement des importations : une augmentation du cheptel et un développement de l'utilisation industrielle du maïs.

L'accroissement des recettes provenant des droits sur les céréales n'explique toutefois qu'en partie l'élévation du niveau présent des recettes douanières. D'une façon générale, les importations, ainsi qu'il ressort du tableau ci-après (p. 8), ont continué d'augmenter.

Cette fois encore, la part principale de l'augmentation revient au groupe des matières premières et produits semi-finis. Si l'on considère, en outre, que certaines marchandises classées dans le groupe des produits finis, telles que les fils textiles pour le tissage, constituent en réalité des matières premières destinées à être mises en œuvre, il est permis de conclure que la majeure partie de l'accroissement des importations est due aux demandes des industries de transformation.

Importations	Valeur mensuelle moyenne (en millions de reichsmarks)				
	Second semestre de 1926	Premier semestre de 1927	Juillet-septembre 1927	Octobre-décembre 1927	Janvier-mars 1928
1. Animaux vivants ...	12,8	14,3	14,4	16,0	12,8
2. Denrées alimentaires et boissons	343,0	346,0	378,0	380,1	367,9
3. Matières premières et produits semi-finis	471,9	580,5	587,1	634,9	666,7
4. Produits finis	131,3	182,1	225,0	233,0	231,4
Total....	959,0	1 122,9	1 204,5	1 264,0	1 278,8

Bien que les matières premières et les produits semi-ouvrés représentent plus de la moitié de la valeur des importations, les recettes douanières qui s'y rapportent ne sont pas dans la même proportion, beaucoup de ces marchandises étant exemptes de droits ou soumises seulement à des droits faibles. Une exception est cependant fournie dans ce groupe par le tabac brut, les huiles minérales et les bois sciés, qui ont rapporté les recettes suivantes :

	Moyenne mensuelle des droits de douane constatés pendant les périodes:				
	Second semestre de 1926	Premier semestre de 1927	Juillet-septembre 1927	Octobre-décembre 1927	Janvier-mars 1928
	en millions de reichsmarks				
Tabac brut	5,4	6,1	7,0	6,1	7,3
Bois sciés .... (position N° 76)	1,0	1,1	2,4	2,5	2,0
Huiles minérales ...... (position N° 239)	3,9	4,5	5,4	4,2	7,0
Total....	10,3	11,7	14,8	12,8	16,3

Parmi les denrées alimentaires qui ont donné des recettes importantes, on peut citer le café, pour lequel les droits constatés se sont élevés à 95 millions de reichsmarks pendant les mois de septembre 1927 à mars 1928, contre 83 millions pendant les mêmes mois de l'exercice précédent. Une plus-value de 25 millions environ dans les montants des droits constatés en ce qui concerne les textiles mérite également d'être signalée; il faut probablement l'attribuer aux effets des traités de commerce récemment conclus, aussi bien qu'à l'augmentation du pouvoir d'achat.

Au cours des sept derniers mois, quatre modifications ont été apportées à la législation douanière. La loi du 21 décembre 1927 a modifié les droits de douane frappant les moteurs et les pièces détachées d'automobiles. Les trois autres mesures législatives ont eu pour objet de renforcer la protection douanière accordée à l'agriculture. Depuis le 20 décembre 1927, date d'entrée en vigueur du traité de commerce avec la Yougoslavie, le maïs destiné à l'alimentation du bétail acquitte un droit conventionnel de 2,50 marks, droit qui, pour toutes les importations en provenance de pays bénéficiant du traitement de la nation la plus favorisée, remplace le droit réduit de 3,20 marks fixé par la loi du 15 juillet 1927. Afin de mettre le droit sur le dari en rapport avec celui sur le maïs, la loi du 13 décembre 1927 a abaissé de 3,20 marks à 2,50 marks le premier de ces droits, dans le cas d'importation de dari destiné à l'alimentation du bétail. En revanche, cette même loi a relevé de 3,20 à 5 marks, à partir du 1er mars dernier, le droit frappant le maïs et le dari destiné à d'autres fins. Ainsi qu'il était expliqué dans l'exposé des motifs, l'objet de cette mesure était de faire droit à une plainte de l'agriculture allemande, qui avait fait ressortir que l'utilisation des pommes de terre pour la fabrication de la fécule diminuait en raison de la production croissante d'amidon de maïs.

Les deux dernières mesures législatives font partie du programme d'assistance à l'agriculture approuvé par le Reichstag peu de temps avant sa dissolution. Ces mesures, qui sont sans importance particulière au point de vue fiscal, concernent une diminution du contingent de viande congelée admis en franchise douanière et une extension du système des *Einfuhrscheine* à l'exportation des porcs, de la viande de porc et de certaines conserves de porc.

Parmi les accords commerciaux conclus récemment entre l'Allemagne et d'autres pays, il convient de citer l'arrangement conclu le 23 février dernier avec la France au sujet des échanges commerciaux entre le Bassin de la Sarre et l'Allemagne et la traité de commerce conclu le 24 mars dernier avec la Grèce. En échange de concessions accordées aux importations allemandes dans le Territoire de la Sarre, l'Allemagne admet en franchise ou à des taux extrêmement réduits des quantités de produits sarrois beaucoup plus fortes que sous le régime des accords antérieurs. Les droits afférents à la presque totalité des importations en provenance de la Sarre ayant, depuis le 10 janvier 1925, bénéficié d'un sursis de paiement provisoire, puis ayant été portés en décharge, le nouvel arrangement n'affectera pas, en fait, le rendement des douanes. Les réductions concédées dans le traité conclu avec la Grèce concernent principalement les raisins de Corinthe, les tapis de laine et certains articles de confiserie. Il est à supposer que la diminution des taux sera compensée, au moins en partie, par un accroissement des importations.

Dans mon dernier rapport, j'ai mentionné le fait que le Ministre des Affaires Economiques, en conformité de la politique recommandée à Genève et à Stockholm, avait envoyé au Conseil Economique du Reich une longue liste de positions du tarif, en le priant d'examiner dans quelle mesure les droits afférents à ces positions pourraient être réduits. Suivant une information récente, la Commission de politique douanière du Conseil a adressé au Gouvernement ses propositions touchant l'abaissement des droits. En outre le Conseil lui-même a approuvé dernièrement un rapport dans lequel les considérations et les conclusions formulées par la Conférence Économique Internationale sont reconnues comme étant fondées et comme s'appliquant au cas l'Allemagne. Le Conseil estime que l'Allemagne est plus intéressée à l'abaissement des barrières douanières élevées par l'étranger qu'au maintien des taux élevés du tarif allemand. Il recommande au Gouvernement de procéder à une réduction des droits de douane, tant par la voie de traités que par une action indépendante, et, en ce qui concerne la seconde méthode, il préconise une mise en vigueur prochaine des propositions faites par sa Commission de politique douanière. Le Conseil Economique exprime l'espoir que tous les États qui ont pris part à la Conférence Economique adopteront une ligne de conduite analogue, vu qu'un progrès sérieux ne peut être attendu que de l'action combinée d'un grand nombre de pays.

2. Au cours des quatre derniers exercices budgétaires, les taxes sur le tabac ont rapporté les sommes suivantes :

	1924-25	1925-26	1926-27	1927-28 (1)
	en milliers de reichsmarks			
Taxe *ad valorem* sur le tabac fabriqué....	513 077	595 171	535 051	664 258
Taxe sur le tabac brut introduit dans les fabriques de cigarettes (*Materialsteuer*)........	—	3 536	103 729	128 478
Taxe sur le tabac pour cigarettes et les cigarettes qui se trouvaient dans les fabriques et entrepôts le 1er octobre 1925 (*Nachsteuer*)	—	17 414	73 520	1 112
Taxe sur les succédanés du tabac ...	20	38	81	99
Total...	513 097	616 159	712 381	793 947

(1) Chiffres provisoires.

D'une manière générale, on peut dire que la progression des recettes, telle qu'elle ressort des chiffres ci-dessus, reflète le développement de la consommation et, pour une mesure beaucoup plus faible, la légère augmentation des impôts sur les cigarettes et le tabac coupé entrée en vigueur le 1er octobre 1925. Si cependant l'on compare ces chiffres à ceux donnés dans mes rapports précédents, il faut tenir compte du fait que les recettes de 1925-26 et de 1926-27 ont été affectées par des circonstances exceptionnelles. D'un autre côté, les recettes de 1927-28 présentent un intérêt spécial en ce qu'elles expriment les résultats d'une année normale au cours de laquelle la perception des taxes n'a été influencée par aucun élément perturbateur. Il est vrai que le montant produit par la *Nachsteuer* représente le recouvrement tardif de sommes arrivées à échéance en 1925 ou 1926, mais, même dans une année normale, une certaine proportion d'arriérés n'est pas anormale et le montant en question est insignifiant.

Il ressort des chiffres suivants, établis d'après les statistiques des vignettes fiscales vendues, que la consommation des différents produits du tabac a continué de croître.

Trimestre (Année du calendrier)	Quantités imposées					
	Cigares		Cigarettes		Tabac coupé	
	millions				tonnes	
1925		5 995		31 412		32 133
1926 1er trimestre ...	1 100	5 681	6 056	28 338	8 821	37 647
2ème » ...	1 319		7 374		9 849	
3ème » ...	1 491		7 696		10 029	
4ème » ...	1 771		7 212		9 948	
1927 1er trimestre ...	1 897	6 387	6 874	31 032	9 250	38 785
2ème » ...	1 577		8 119		9 861	
3ème » ...	1 635		8 247		10 232	
4ème » ...	1 778		7 792		9 442	

Trimestre (Année du calendrier)	Valeur de détail du tabac imposé (impôt compris) en millions de reichsmarks									
	Cigares		Cigarettes		Tabac coupé		Tabac à mâcher et tabac à priser		Total	
1925		814		1 200		186		56		2 250
1926 1er trimestre ...	141	749	276	1 278	48	218	14	58	479	2 303
2ème » ...	173		331		55		15		574	
3ème » ...	194		343		58		15		610	
4ème » ...	241		328		57		14		640	
1927 1er trimestre ...	182	862	314	1.442	55	231	14	58	565	2 593
2ème » ...	211		376		59		15		661	
3ème » ...	219		382		60		15		676	
4ème » ...	250		370		57		14		691	

Le nombre des cigarettes imposées en 1927 n'a pas entièrement atteint au total de 1925, mais le chiffre de cette dernière année avait été, comme on se le rappellera, anormalement grossi par la constitution d'approvisionnements considérables. D'un autre côté, si l'on examine, non plus le nombre, mais la valeur totale des cigarettes imposées, on observe que cette valeur a augmenté sensiblement de 1925 à 1927, en conséquence de la hausse du prix moyen des cigarettes, hausse provoquée elle-même par le changement introduit le 1er octobre 1925 dans le système d'imposition.

Dans mes précédents rapports, j'ai exposé sommairement la situation de l'industrie des cigarettes, les mesures prises par le Ministère des Finances pour restreindre les dépenses des fabriques et l'importance du rôle joué par le délai plus long accordé aux fabricants pour le règlement de l'impôt. Le 7 décembre dernier, le Gouvernement allemand a soumis au Reichsrat un projet de loi ayant pour objet, premièrement, de diminuer de 3—3½ mois à 1½—2 mois environ, le délai accordé pour le paiement de la taxe *ad valorem* de 30%, et, deuxièmement, d'autoriser le Ministre des Finances à fixer certaines conditions pour la remise de vignettes aux fabriques pendant la période du 1er février 1928 au 31 décembre 1929. La nécessité de diminuer le délai de paiement était alors universellement reconnue et elle était explicitement admise par le Ministre des Finances, qui faisait valoir que le délai existant laissait entre les mains des fabricants des sommes élevées constituant une sorte d'avance sans intérêts du Reich, un crédit indéfiniment renouvelé, qui était utilisé comme un capital d'exploitation supplémentaire, et que, du point de vue fiscal, cet état de choses soulevait de graves objections. La réduction proposée devait s'effectuer d'une manière progressive, le délai de paiement étant diminué de deux jours chaque mois. Le Gouvernement était d'avis que la réforme qu'il proposait était possible seulement si, pendant la période de transition, où un effort fiscal supplémentaire était exigé des fabriques, on protégeait ces dernières contre certaines formes exagérées de concurrence. La protection envisagée prenait la forme d'une limitation des dépenses des fabriques semblable à celle introduite par la décision ministérielle du 18 mai dernier dont je me suis occupé dans mon dernier rapport et le projet de loi, s'il avait été voté, aurait eu le double effet, d'abord, de fournir à cette décision une base légale inattaquable, ensuite de permettre au Ministère d'imposer l'application de ses prescriptions en refusant purement et simplement de remettre des vignettes aux fabriques qui ne s'y soumettraient pas ; en d'autres termes, le Ministère aurait eu le moyen de refuser les vignettes elles-mêmes et non pas seulement le crédit accordé pour le règlement de leur prix. Pour la période de transition, le projet de loi tendait à conférer au Ministre des Finances des pouvoirs administratifs assimilables à un blanc-seing, puisqu'ils étaient limités seulement par la condition que les mesures prescrites par lui devraient avoir pour objet d'empêcher que le rendement total de l'impôt ne fût compromis. D'après le projet, le délai de paiement de la *Materialsteuer* restait fixé à six mois.

Le Reichsrat, avant de se prononcer sur le projet, attendit l'avis du Conseil Economique du Reich qui en avait également été saisi. Le rapport du Conseil Economique, daté du 17 février et rédigé après examen approfondi du projet et audition de nombreux experts, apporte pleine confirmation aux vues exprimées dans mon dernier rapport. Le Conseil conclut à la nécessité de réduire de deux mois le délai de paiement de la taxe *ad valorem* de 30%, de ramener de six à quatre mois le délai de paiement de la *Materialsteuer* et enfin d'exiger, à titre d'acompte et de garantie, de toutes les fabriques recevant à crédit les vignettes fiscales, des versements provisionnels hebdomadaires égaux à 35% de leurs encaissements de la semaine précédente. L'article du projet relatif aux pouvoirs du Ministre des Finances était rejeté comme contraire à la liberté économique, de nature à retarder probablement l'assainissement d'une industrie trop développée et enfin, à en juger d'après l'expérience faite avec la décision du 18 mai, d'une exécution difficile.

Placé entre le projet du Gouvernement et l'avis du Conseil Economique, le Reichsrat ne se décida que le 17 mars et se prononça en faveur du projet de loi. Au lieu cependant d'accorder au Ministre des Finances des pouvoirs généraux de réglementation, il incorpora au projet les règles que le Ministre avait l'intention d'édicter. Ces règles auraient ainsi acquis valeur législative ; elles auraient cependant pu être modifiées par le Ministre, mais seulement avec l'assentiment du Reichsrat et de la Commission des impôts du Reichstag. Les règles en question étaient en substance celles du 18 mai 1927, un peu modifiées et complétées. En outre, le Reichsrat ajouta un nouvel article interdisant pendant la période de transition la vente au détail de cigarettes au-dessous du prix marqué sur la vignette fiscale. Cette disposition, qui était restée en vigueur, au moins sur le papier, de 1920 à 1923, était vivement réclamée par une partie importante du commerce de détail, qui y voyait le moyen de réprimer un procédé de concurrence fréquemment utilisé, surtout à Berlin, pour attirer la clientèle. Le Gouvernement accepta toutes les modifications proposées par le Reichsrat, sauf ce dernier article qu'il estimait de nature à constituer un précédent fâcheux et contraire à la liberté économique.

Lorsque le nouveau projet parvint au Reichstag, celui-ci voyait approcher sa dissolution et n'avait plus assez de temps pour examiner une question aussi discutée et aussi complexe. Un certain nombre de députés firent remarquer que le Reichstag pourrait au moins réduire le délai de paiement de l'impôt, mesure sur laquelle, ainsi qu'il a été observé plus haut, l'unanimité paraissait exister. Ils saisirent donc le Reichstag d'une proposition de loi qui, en quelques jours, fut discutée et votée par le Reichstag, puis par le Reichsrat et qui fut promulguée le 31 mars 1928. La nouvelle loi réduit de un mois et demi, comme le Gouvernement l'avait proposé, le délai accordé pour le paiement de la taxe *ad valorem :* ce délai, qui était précédemment de 3—3½ mois n'est plus désormais que de 1½—2 mois. Les dispositions relatives à la période de transition sont différentes de celles d'abord proposées dans le projet gouvernemental. Le nouveau système est entré d'emblée en vigueur le 1er avril dernier, mais, pour éviter l'accumulation d'échéances que la réduction du délai de paiement entraînerait normalement, on a soumis à un régime spécial le règlement de la valeur des vignettes fiscales remises du 1er février au 15 mars derniers. Le prix total de ces vignettes forme une dette fiscale séparée, dont le paiement est différé sans intérêts et qui sera amorti à raison de deux et demi pour cent le 3 et le 18 de chaque mois (dates normales de l'échéance de la taxe *ad valorem*), le premier de ces versements tombant le 18 avril 1928 et le dernier le 3 décembre 1929. Le prix des vignettes remises du 16 au 31 mars sera acquitté le 18 mai, celui des vignettes remises du 1er avril au 15 avril, le 3 juin et ainsi de suite. Le long délai accordé pour le paiement de la *Materialsteuer* n'est pas affecté par ces changements et reste fixé à 6 mois. Les recettes supplémentaires à attendre de l'application de ce système peuvent être estimées à 35 millions pour le présent exercice.

La nouvelle loi n'essaie pas d'intervenir dans la politique commerciale de l'industrie et le Ministère des Finances, considérant comme moralement condamnées les instructions qu'il avait données aux services de perception le 18 mai 1927, les a annulées. Les fabriques sont donc de nouveau libres de fixer leurs prix et de régler leurs dépenses de réclame comme elles l'entendent ; le délai de paiement accordé par la loi ne sera refusé à une fabrique que si sa situation financière est jugée compromise. Il n'est donc pas improbable que la concurrence devienne plus vive dans les mois prochains ; mais, dans tous les cas, l'un des principaux changements apportés à la situation est la disparition des inégalités existant entre celles des fabriques qui renonçaient ouvertement à l'avantage du délai de paiement pour conserver leur liberté d'action, celles qui savaient à la fois conserver cet avantage et se soustraire dans une mesure plus ou moins grande à la réglementation et enfin celles qui respectaient consciencieusement les prescriptions imposées.

Les montants arriérés de l'impôt sont toujours élevés, les chiffres officiels étant compris entre 55 et 60 millions de marks. La réduction du délai de paiement et la charge supplémentaire que le changement impose aux fabriques pourront provoquer de nouvelles disparitions d'entreprises, ce qui, tout en accélérant le processus d'assainissement de l'industrie, est de nature à rendre irrécouvrable une portion importante des dettes fiscales. Si l'on considère cependant la situation de l'industrie et le montant du capital que le Ministère des Finances y a indirectement investi, on se rend compte qu'aucun système proposé n'aurait pu permettre d'éviter ces pertes. Tout autre système aurait pu seulement dissimuler les pertes inévitables, en retardant le jour fatal.

3. L'impôt sur la bière a produit 217 033 000 marks pendant la période examinée, contre 125 598 000 marks pendant la période correspondante de l'année dernière. Cette augmentation est due à plusieurs causes. Tout d'abord, en raison de changements apportés aux dates d'échéance, la dernière somme comprend seulement cinq mois et demi de recettes. En second lieu, elle ne comprend qu'un mois de recettes calculées d'après le taux relevé établi par la loi du 10 août 1925 et entré en vigueur le 1er janvier 1927. En troisième lieu, la consommation a effectivement augmenté, ainsi qu'il ressort du tableau ci-après (p. 15).

Pendant l'année financière 1927-28, la consommation s'est élevée à 51 248 000 hectolitres contre 48 075 000 hectolitres en 1926-27. Bien que le prix de gros de la bière ait augmenté de 12,5 % le 1er janvier 1927, les prévisions pessimistes qui avaient été faites relativement aux effets de l'augmentation de l'impôt et de celle du prix de vente n'ont donc pas été justifiées par les événements.

Année financière (avril-mars)	Production totale		Importation		Exportation		Consommation	
	en milliers d'hectolitres							
1923-24		28 230		41		512		27 759
1924-25		37 791		157		432		37 516
1er trimestre de 1925-26	12 976	47 414	53	187	129	452	12 900	47 149
2ème » » 1925-26	14 159		54		102		14 111	
3ème » » 1925-26	10 260		41		114		10 187	
4ème » » 1925-26	10 019		39		107		9 951	
1er trimestre de 1926-27	12 508	48 376	38	182	139	483	12 407	48 075
2ème » » 1926-27	14 548		38		125		14 461	
3ème » » 1926-27	11 266		53		106		11 213	
4ème » » 1926-27	10 054		53		113		9 994	
1er trimestre de 1927-28	13 523	51 608	41	193	137	553	13 427	51 248
2ème » » 1927-28	15 316		59		144		15 231	
3ème » » 1927-28	11 186		37		129		11 094	
4ème » » 1927-28	11 583		56		143		11 496	

Dans mon dernier rapport, j'ai attiré l'attention sur la faculté nouvellement accordée aux communes de percevoir un impôt sur la bière. Dans l'intervalle, un certain nombre de communes, qui n'avaient établi précédemment aucun impôt communal sur les boissons, ont profité de cette faculté pour taxer la bière, sans qu'il en soit résulté aucune augmentation du prix de vente. Dans certains cas, les décisions des communes n'ont pas été acceptées par les tribunaux, pour la raison que la condition imposée par la loi, à savoir une réduction correspondante des autres impôts communaux, n'avait pas été remplie. Un mouvement, dont il n'est pas encore possible de prévoir le résultat, a été entrepris par la diète des villes *(Städtetag)* pour faire rétablir les impôts communaux sur les boissons en général et relever l'impôt présentement perçu sur la bière.

Les résultats financiers obtenus par les brasseries pendant l'année commerciale qui s'est terminée le 30 septembre dernier paraissent, d'après les informations publiées jusqu'à présent, avoir été au moins aussi favorables que ceux de l'année précédente. Les succès des brasseries sont attribués, généralement, aux perfectionnements apportés à l'outillage, grâce au mouvement de concentration qui a fait de nouveaux progrès pendant l'année en question.

4. Comme je l'ai indiqué dans mon dernier rapport, l'impôt sur le sucre a été abaissé de 21 marks à 10,50 marks à partir du 1er août 1927, le droit de douane étant relevé en même temps de 10 à 15 marks par 100 kilogrammes. Le résultat immédiat de ces mesures a été une chute de 10 marks dans le prix de détail du sucre, ce qui correspond à une diminution de 13,5 % dans le prix de détail de Berlin. Les acheteurs, prévoyant la baisse des prix

en août, ont naturellement acheté aussi peu que possible en juillet et les chiffres de la consommation pour le mois d'août, comparés à ceux du même mois de l'année précédente, montrent une augmentation qui n'est pas inférieure à 58 %. Depuis cette époque, le taux d'augmentation a beaucoup diminué et, si l'on fait abstraction des chiffres du mois d'août qui est un mois exceptionnel, on constate que la consommation du sucre a augmenté seulement de 9,5 % environ par comparaison avec la même période de l'année précédente. L'augmentation avait été de 5,4 % pour l'ensemble de l'année financière 1926-27 par rapport à 1925-26. Pendant la même période, les prix ont en moyenne baissé d'environ 13 %. En admettant qu'il soit correct de supposer que, si aucun changement n'était intervenu dans le taux de l'impôt ou dans les prix, la consommation aurait augmenté normalement de 5 % environ, il semble que la réduction de l'impôt n'ait fait progresser la consommation que de 4 %.

C'est en octobre seulement que la réduction de l'impôt a commencé d'affecter les recettes, de sorte que la moitié de l'exercice 1927-28 a bénéficié du taux supérieur, sauf dans la mesure où des achats ont été ajournés en vue de la réduction prochaine du taux. L'impôt a produit 225 millions de marks pendant l'exercice, soit 50 millions de moins que les prévisions budgétaires primitives établies avant que la réduction de l'impôt n'ait été adoptée. Cette moins-value est compensée dans une certaine mesure par les recettes supplémentaires qu'a fournies l'augmentation de l'impôt sur l'alcool de bouche.

5. Au cours des quatre derniers exercices budgétaires, le Monopole de l'alcool a rapporté les sommes suivantes:

1924-25	141	millions	de	marks,
1925-26	153	»	»	»
1926-27	227	»	»	»
1927-28	261	»	»	»

La plus-value de 1927-28 est due principalement à l'augmentation de l'impôt, d'environ 18 %, entrée en vigueur le 1er juin 1927, ainsi qu'il a été indiqué dans mon dernier rapport. Il faut ajouter que le rendement de chaque exercice comprend le bénéfice commercial net obtenu par le Monopole de l'alcool pendant la campagne précédente et que, alors que l'exercice 1926-27 n'avait reçu de ce côté que 1 700 000 marks, l'exercice 1927-28 y a trouvé une recette atteignant 7 400 000 marks. Le bénéfice commercial de la campagne 1926-27 (1er octobre 1926 — 30 septembre 1927) est en fait supérieur à ce dernier chiffre; mais le Monopole en a conservé, ainsi que la loi l'y autorise, une partie importante afin de se constituer un fonds de roulement pour lequel il dépendait jusqu'ici du Ministère des Finances. Les ventes de l'hiver 1926-27 ayant été fortement affectées par les approvisionnements anticipés faits à la fois par l'industrie et par les consommateurs en prévision d'un relèvement de l'impôt, il n'est pas facile de dire quel a été exactement le mouvement de la consommation ni par conséquent quel a été l'effet du relèvement de l'impôt. Pendant les six mois d'octobre 1927 à mars 1928, le Monopole a vendu 352 000 hectolitres d'alcool de bouche contre 412 000 hectolitres pendant la même période de la campagne précédente, mais pour la raison indiquée ci-dessus, on ne peut conclure de ce fait avec certitude à une diminution réelle de la consommation. Dans tous les cas, grâce à l'augmentation de l'impôt, les recettes fiscales, abstraction faite du bénéfice commercial, se sont élevées pendant cette période à 137 millions de marks alors qu'avec un chiffre de ventes beaucoup plus élevé, elles n'avaient atteint que 133 millions de marks un an auparavant.

La fixation du contingent de production à 100%, au lieu de 65%, a provoqué, l'hiver dernier, un accroissement considérable de la production d'alcool malgré une récolte médiocre de pommes de terre, et les quantités d'alcool livrées au Monopole pendant les six premiers mois de la campagne (1 768 000 hectolitres) ont dépassé les livraisons des deux années précédentes (1 142 000 hectolitres et 1 529 000 hectolitres). Néanmoins, en raison, d'abord d'une augmentation considérable des ventes d'alcool non taxé et ensuite de la faiblesse des stocks avec lesquels le Monopole avait commencé la campagne, la production a été jugée insuffisante et, à la fin du mois de mars, le contingent de la présente campagne a été relevé et porté à 130 % du contingent normal, cependant que les prix payés aux distilleries privées étaient légèrement augmentés. D'un autre côté, afin de diminuer les pertes causées par les ventes d'alcool non taxé, le Monopole a relevé de 30 à 40 marks le prix de vente de l'alcool destiné à des usages industriels ou domestiques. Il faut observer toutefois que, même au prix de 40 marks, cet alcool est encore vendu fort au-dessous du prix de revient.

Le projet de loi relatif à la réforme du Monopole a été voté par le Reichstag en première lecture le 12 décembre dernier, mais la Commission des impôts, à laquelle le projet a été envoyé, n'a pu s'en occuper avant la dissolution du Reichstag. Le 22 mars dernier, le Ministre des Finances, parlant devant la Commission du budget du Reichstag, a exprimé l'opinion que l'on trouverait dans la réorganisation possible du Monopole de l'alcool, une réserve de recettes dépassant 100 millions de marks. Si l'on considère, d'une part, les principes qui régissent le fonctionnement du Monopole, principes exposés dans des précédents rapports, et, d'autre part, le taux relativement bas de l'impôt frappant l'alcool de bouche, il semble difficile de qualifier ce chiffre d'exagéré.

IV.

Des visites d'inspection ont été faites dans les bureaux suivants : *Oberfinanzkassen* de Breslau, Dresde, Hanovre, Carlsruhe, Cassel, Leipzig, Munich, Stettin, Stuttgart, Elbe-Inférieure (à Hambourg), Bas-Weser (à Brême) ; à l'Office central du Monopole de l'alcool ; aux *Zollkassen* d'Altona-Ottensen, Berlin-Nord, Berlin-Sud, Breslau-Nord, Dresde-*Altstadt*, Hambourg-*Theerhof* et Munich-*Deroystraße*, toutes caisses qui, durant la période considérée, appartenaient au groupe des caisses versant directement à mon compte leurs recettes gagées ; et enfin à de nombreuses *Zollkassen* ordinaires. On a constaté partout que les comptes, le bloquage et la transmission des recettes étaient effectués d'une manière exactement conforme au Protocole de contrôle et à l'accord du 2 septembre 1926. En outre, plusieurs distilleries et une fabrique de cigarettes ont été visitées, en compagnie des fonctionnaires allemands compétents. Dans tous les cas, le système de contrôle fiscal a paru entièrement satisfaisant.

(signé) ANDREW McFADYEAN.

LE COMMISSAIRE AUX REVENUS GAGÉS.

FONDS DE RÉSERVE CONSTITUÉ CONFORMÉMENT AU TITRE III DE L'ANNEXE I JOINTE A L'ARRANGEMENT CONCLU LE 9 AOÛT 1924 ENTRE LA COMMISSION DES RÉPARATIONS ET LE GOUVERNEMENT ALLEMAND.

Compte de recettes et de dépenses pour les sept premiers mois de la quatrième année d'application du Plan (1er septembre 1927—31 mars 1928).

Recettes	Reichsmarks	Dépenses	Reichsmarks
		Impôt *(Kapitalertragsteuer)* sur intérêts acquis........	183 757,77
		Frais d'achat des obligations........................	57 562,50
Montants prélevés sur le rendement des revenus gagés	58 311 799,99	Droits de garde..	5 306,25
Intérêts acquis sur les placements..................	2 020 011,10	Solde représentant l'accroissement du fonds de réserve pendant la période 1er septembre 1927—31 mars 1928, conformément à la balance	60 086 084,57
	60 332 711,09		60 332 711,09

Balance au 31 mars 1928.

Actif	Reichsmarks	Passif	Reichsmarks
Placements		**Fonds de réserve** constitué conformément au Titre III de l'Annexe I jointe à l'Arrangement conclu le 9 août 1924 entre la Commission des Réparations et le Gouvernement allemand	
Obligations hypothécaires remboursables en 1929, 1930 ou 1931: prix d'achat	57 500 000,00	Au 31 août 1927 .... *RM* 22 703 797,99	
Bons du Trésor venant à échéance le 10 mai 1928 (Valeur nominale *RM* 25 000 000): prix d'achat ..	24 650 000,00	Accroissement pendant la période 1er septembre 1927—31 mars 1928, suivant le compte de recettes et de dépenses ...... *RM* 60 086 084,57	82 789 882,56
Solde en banque	7 980,48	*Note:* La contre-valeur en marks-or du fonds de réserve d'après le taux de l'or fin à la date du 31 mars 1928 est de M. O. 82 885 366,50.	
Intérêts courus, moins les intérêts reçus d'avance ..	685 875,00	**Reichsbank** — pour frais de garde	3 718,75
		Impôt *(Kapitalertragsteuer)* payable sur les intérêts courus, moins l'impôt sur les intérêts reçus d'avance ..	50 254,17
	82 843 855,48		82 843 855,48

Berlin, le 13 avril 1928.

RAPPORT DU TRUSTEE

POUR LES

OBLIGATIONS DE CHEMINS DE FER ALLEMANDS

Juin, 1928

BERLIN

13*

RAPPORT
DU TRUSTEE POUR LES OBLIGATIONS DE CHEMINS DE FER ALLEMANDS

Le présent Rapport du Trustee donnera une vue sommaire du fonctionnement de la Compagnie de la Reichsbahn au cours des trois dernières années, c'est-à-dire au cours des trois premières années de son existence. Pour la clarté de cette analyse, il importe de distinguer les annuités du Plan des Experts des exercices sociaux de la Compagnie.

Les annuités du Plan des Experts s'établissent comme suit et ont été régulièrement versées par la Compagnie à l'Agent des Paiements pour le compte du Trustee:

I. Du 1er septembre 1924 au 31 août 1925 .... 200 millions de marks-or.
II. Du 1er septembre 1925 au 31 août 1926 .... 595 » » »
III. Du 1er septembre 1926 au 31 août 1927 .... 550 » » »
IV. Du 1er septembre 1927 au 31 août 1928, l'annuité stipulée à charge de la Compagnie par le Plan des Experts s'élève à .... 660 » » ».

Les versements mensuels de cette annuité ont été commencés à leur date et poursuivis régulièrement jusqu'à ce jour.

Voici comment le service de ces annuités a pesé et est imputé sur les exercices sociaux de la Compagnie :

I. Exercice 1925 (du 1er octobre 1924 au 31 décembre 1925) .... 400 millions de marks-or.
II. Exercice 1926 .... 575 » » »
III. Exercice 1927 .... 590 » » »
IV. Exercice 1928 (versements effectués et restant à effectuer) .... 660 » » ».

Indépendamment de ces annuités de réparations, les trois exercices considérés ont supporté les charges suivantes :

Exercices	Dépenses d'exploitation	Dépenses de Capital	Réserve légale	Réserves supplémentaires	Dividende de préférence et Service des nouvelles dettes
	en millions de reichsmarks				
1925 (quinze mois) .	4.674	239 (1)	113	150	3
1926	3.681	408	91	70 (2)	41
1927	4.159	348 (3)	101	120	64
	12.514	995	305	340	108

(1) plus 176 millions qui ont été compris dans les dépenses d'exploitation de cet exercice.
(2) plus une réserve pour programme de commandes de 70 millions qui a été absorbée en 1927.
(3) plus 140 millions qui ont été compris dans les dépenses d'exploitation de cet exercice.

Pour faire face à ces charges, la Deutsche Reichsbahn-Gesellschaft a pu disposer pendant la même période des recettes ci-dessous :

Exercices	Recettes d'exploitation	Produit de la vente des actions de préférence	Prêts et contributions de tiers et crédits du Reich
	en millions de reichsmarks		
1924-1925:			
3 derniers mois de 1924	1.000	86	9
12 mois de 1925	4.669		
1926	4.541	295	77
1927	5.039	—	59
	15.249	381	145

L'examen de ces chiffres montre que les recettes d'exploitation ont été en augmentant. Les recettes de 1927 accusent un accroissement de 11 % sur celles de 1926, et de 8 % sur celles des douze mois de 1925.

Pendant les premiers mois de 1928, le trafic a continué à se développer d'une manière favorable.

La comparaison entre les charges ayant incombé à la Compagnie et les recettes dont elle a pu disposer pour y faire face permet de dégager les conclusions suivantes :

Les coefficients d'exploitation des trois exercices s'établissent comme suit :

85,56 % pour l'exercice 1925,
81,06 % » » 1926,
82,53 % » » 1927.

Le coefficient moyen des trois exercices est de 83,05 %.

L'amélioration du coefficient d'exploitation est satisfaisante, le coefficient d'exploitation des grands réseaux de chemins de fer variant actuellement entre 75 % et 90 %.

Quant au compte capital, l'examen des recettes et des dépenses montre que la totalité des dépenses de capital n'a pu être financée par des recettes correspondantes. Les dépenses se sont élevées, en effet, à 995 millions de reichsmarks, qui n'ont été couvertes qu'à concurrence de 526 millions provenant en partie de la vente d'actions de préférence (381 millions) et en partie de prêts et de contributions de tiers et de crédits du Reich (145 millions). L'excédent des dépenses de capital, soit 469 millions, a été supporté par les produits ordinaires de l'exploitation.

Cette couverture partielle des dépenses de capital par des recettes d'exploitation est conforme à la méthode qui était suivie avant la guerre aux chemins de fer prussiens-hessois ; ce système est aussi d'un usage courant dans les compagnies américaines de chemins de fer.

Il est cependant vrai que si la Compagnie avait été en mesure de faire face à toutes ses dépenses d'établissement par des recettes de capital, notamment par le produit d'émissions plus considérables d'actions de préférence, les réserves auraient augmenté à due concurrence.

Pour l'exercice 1928, le programme des travaux de capital a été réduit considérablement. Il pourra être couvert par le produit d'une émission en Allemagne d'actions de préférence suivant un accord avenu au début de février 1928, entre la Compagnie et un consortium constitué par les principales banques allemandes, sous la direction de la Reichsbank. Aux termes de cet accord, le consortium s'est engagé à souscrire immédiatement une tranche de 100 millions d'actions de préférence et, dans les trois mois suivants, soit une nouvelle tranche de 100 millions d'actions de préférence, soit 100 millions de Bons 7% à 3 ans échangeables contre des actions de préférence. Mais la première tranche de 100 millions offerte au public le 8 février 1928 ayant été rapidement souscrite, le succès de cette émission a décidé le consortium à exercer son option sur la deuxième tranche de 100 millions d'actions de préférence: celles-ci ont été placées aux souscripteurs de la première tranche dont les souscriptions n'avaient pu recevoir satisfaction.

Pour l'exercice 1927, les comptes de la Compagnie font ressortir un bénéfice d'exploitation de 880,5 millions de reichsmarks, contre 860,2 millions en 1926. En y ajoutant le report de l'exercice antérieur, le solde disponible en 1927 a été de 1.048,2 millions de reichsmarks contre 1.013,4 millions en 1926.

Il a été prélevé sur le solde de 1927 590,5 millions de reichsmarks pour le service des obligations de réparation. Sur l'excédent de 457,7 millions une somme de 61,7 millions a été consacrée au paiement des intérêts afférents aux actions de préférence et 2,1 millions au paiement des intérêts afférents aux diverses dettes contractées par la Compagnie; 220,8 millions ont été affectés aux amortissements et réserves et 173,2 millions ont été reportés à nouveau. De l'ensemble des bénéfices disponibles, 37,5 % ont donc été ainsi consacrés aux amortissements et réserves ou reportés à nouveau.

La valeur du droit d'exploitation, des installations et des approvisionnements était portée au bilan du 31 décembre 1927 pour 25.866,0 millions de reichsmarks contre 25.585,6 millions à la fin de 1926 et 25.131 millions au 1er octobre 1924. Les fonds disponibles en caisse, en banque ou en placements à court terme se trouvaient par contre réduits à 612,8 millions de reichsmarks au 31 décembre 1927 au lieu de 704,2 millions au 31 décembre 1926. Le total des amortissements et réserves constitués depuis l'origine de la Compagnie ressortait à 645 millions de reichsmarks.

La quatrième annuité du Plan des Experts, qui s'échelonne à la charge de la Compagnie du 1er septembre 1927 au 31 août 1928 et qui se répartit donc sur les exercices sociaux 1927 et 1928, s'élève pour la première fois au chiffre plein de 660 millions de M. O., dont 550 millions à titre d'intérêts à 5% l'an et 110 millions à titre d'un pour cent d'amortissement des onze milliards d'obligations.

Le moment paraît venu d'établir un plan financier précis et défini, qui comporterait pour la Compagnie d'une part le paiement par les recettes normales des augmentations récentes de traitements et de salaires s'élevant annuellement à 450 millions de marks et des dépenses d'entretien du matérial fixe et roulant; d'autre part, le paiement par des recettes extraordinaires, et notamment par une nouvelle émission d'actions de préférence, des dépenses de capital qu'une saine et prudente administration continuerait à juger opportunes.

Un tel programme faciliterait le contrôle de l'existence permanente des liquidités ou du fonds de roulement jugés nécessaires par le Conseil d'Administration; d'autre part, il permettrait à la Direction Générale de ne passer à la signature des contrats d'entreprise de travaux d'art nouveaux ou d'achats importants de matériel — même lorsque de telles opérations auront été décidées en principe par le Conseil — que lorsque les ressources destinées à l'acquit de telles dépenses de capital auraient été assurées par une émission d'actions de préférence dans les limites tracées par la loi.

Le Trustee a soumis à l'approbation de la Commission des Réparations un tableau préparé avec l'assistance de M. A. Bégault, Président du Comité Permanent des Congrès internationaux d'actuaires, qui prévoit l'amortissement des onze milliards d'obligations en 37 années à partir de l'année 1er septembre 1927 — 31 août 1928. Ce tableau figure en annexe au présent rapport.

Dans son rapport du 10 décembre 1927, l'Agent Général des Paiements de Réparations avait estimé que les relations financières de la Reichsbahn avec la Reichsbank, la Verkehrskreditbank et les autres établissements bancaires, gagneraient à être l'objet d'une réglementation plus étroite. Depuis lors, un arrangement a été conclu (janvier 1928) par la Reichsbahn avec la Reichsbank au sujet de la gestion de ses fonds.

Il a été entendu que désormais les fonds de la Reichsbahn, autres que ceux nécessaires pour assurer ses paiements courants, ainsi que ceux reçus par la Verkehrskreditbank en raison de ses opérations de financement des frais de transport, seraient déposés à la Reichsbank au compte de la Verkehrskreditbank. Le système de virement de la Reichsbank sera utilisé dans la plus large mesure possible pour assurer le transfert de ces fonds.

Les sommes ainsi centralisées à la Reichsbank seront investies de commun accord entre la Reichsbank et la Verkehrskreditbank. Les sommes susceptibles d'être investies à court terme seront employées à l'achat de traites ou seront placées en dépôt à la Golddiskontbank qui constitue en réalité une dépendance de la Reichsbank.

Toutefois, et quels que soient les avantages de ces réformes, les méthodes financières de la Compagnie paraissent encore susceptibles de sérieuses améliorations, qui sont à l'étude.

Le 31 mai 1927, le Trustee terminait son Rapport dans les termes suivants:

« En conclusion, une expérience de $2^1/_2$ années d'une administration prudente de la Compagnie Allemande des Chemins de

Fer permet de comparer avec satisfaction l'évolution continue de son exploitation ferroviaire, qui constitue un facteur essentiel du développement régulier du Plan des Experts. Un effort soutenu d'entente et de collaboration a seul permis d'atteindre ces résultats; il n'est pas téméraire d'affirmer que quand sonnera l'heure d'une mobilisation partielle des créances de réparations, le même esprit d'entente facilitera le succès des émissions prévues des obligations de la Deutsche Reichsbahn-Gesellschaft. »

Le Trustee ne peut aujourd'hui que répéter ces conclusions : l'expérience acquise et les événements survenus depuis lors autorisent à les confirmer en attendant que les circonstances leur donnent un intérêt d'actualité !

Juin 1928.

(signé) *Léon Delacroix.*

Annexe

TABLEAU DU SERVICE (intérêts et amortissement) des OBLIGATIONS de la DEUTSCHE REICHSBAHN GESELLSCHAFT

(en marks-or)

Dates	Amortissement	Montant de la somme amortie	Montant de la somme restant à amortir	Intérêts	Service total
1. septembre					
1928	110.000.000,—	110.000.000,—	10.890.000.000,—	550.000.000,—	660.000.000,—
1929	115.500.000,—	225.500.000,—	10.774.500.000,—	544.500.000,—	660.000.000,—
1930	121.275.000,—	346.775.000,—	10.653.225.000,—	538.725.000,—	660.000.000,—
1931	127.338.750,—	474.113.750,—	10.525.886.250,—	532.661.250,—	660.000.000,—
1932	133.705.687,50	607.819.437,50	10.392.180.562,50	526.294.312,50	660.000.000,—
1933	140.390.971,88	748.210.409,38	10.251.789.590,62	519.609.028,12	660.000.000,—
1934	147.410.520,47	895.620.929,85	10.104.379.070,15	512.589.479,53	660.000.000,—
1935	154.781.046,49	1.050.401.976,34	9.949.598.023,66	505.218.953,51	660.000.000,—
1936	162.520.098,82	1.212.922.075,16	9.787.077.924,84	497.479.901,18	660.000.000,—
1937	170.646.103,76	1.383.568.178,92	9.616.431.821,08	489.353.896,24	660.000.000,—
1938	179.178.408,95	1.562.746.587,87	9.437.253.412,13	480.821.591,05	660.000.000,—
1939	188.137.329,39	1.750.883.917,26	9.249.116.082,74	471.862.670,61	660.000.000,—
1940	197.544.195,86	1.948.428.113,12	9.051.571.886,88	462.455.804,14	660.000.000,—
1941	207.421.405,66	2.155.849.518,78	8.844.150.481,22	452.578.594,34	660.000.000,—
1942	217.792.475,94	2.373.641.994,72	8.626.358.005,28	442.207.524,06	660.000.000,—
1943	228.682.099,74	2.602.324.094,46	8.397.675.905,54	431.317.900,26	660.000.000,—
1944	240.116.204,72	2.842.440.299,18	8.157.559.700,82	419.883.795,28	660.000.000,—
1945	252.122.014,96	3.094.562.314,14	7.905.437.685,86	407.877.985,04	660.000.000,—
1946	264.728.115,71	3.359.290.429,85	7.640.709.570,15	395 271.884,29	660.000.000,—
1947	277.964.521,49	3.637.254.951,34	7.362.745.048,66	382.035.478,51	660.000.000,—
1948	291.862.747,57	3.929.117.698,91	7.070.882.301,09	368.137.252,43	660.000.000,—
1949	306.455.884,95	4.235.573.583,86	6.764.426.416,14	353.544.115,05	660.000.000,—
1950	321.778.679,19	4.557.352.263,05	6.442.647.736,95	338.221.320,81	660.000.000,—
1951	337.867.613,15	4.895.219.876,20	6.104.780.123,80	322.132.386,85	660.000.000,—
1952	354.760.993,81	5.249.980.870,01	5.750.019.129,99	305.239.006,19	660.000.000,—
1953	372.499.043,50	5.622.479.913,51	5.377.520.086,49	287.500.956,50	660.000.000,—
1954	391.123.995,68	6.013.603.909,19	4.986.396.090,81	268.876.004,32	660.000.000,—
1955	410.680.195,46	6.424.284.104,65	4.575.715.895,35	249.319.804,54	660.000.000,—
1956	431.214.205,23	6.855.498.309,88	4.144.501.690,12	228.785.794,77	660.000 000,—
1957	452.774.915,49	7.308 273.225,37	3.691.726.774,63	207.225.084,51	660.000.000,—
1958	475.413.661,27	7.783.686.886,64	3.216.313.113,36	184.586.338,73	660.000.000,—
1959	499.184.344,33	8.282.871.230,97	2.717.128.769,03	160.815.655,67	660.000.000,—
1960	524.143.561,55	8.807.014.792,52	2.192.985.207,48	135.856.438,45	660.000.000,—
1961	550.350.739,63	9.357.365.532,15	1.642.634.467,85	109.649.260,37	660.000.000,—
1962	577.868.276,61	9.935.233.808,76	1.064.766.191,24	82.131.723,39	660.000.000,—
1963	606.761.690,44	10.541.995.499,20	458.004.500,80	53.238.309,56	660.000.000,—
1964	458.004.500,80	11.000.000.000,—	—	22.900.225,04	480.904.725,84

RAPPORT DU TRUSTEE

POUR LES

OBLIGATIONS INDUSTRIELLES ALLEMANDES

15 Mai 1928

BERLIN

RAPPORT DU TRUSTEE POUR LES OBLIGATIONS INDUSTRIELLES ALLEMANDES.

(1ER SEPTEMBRE 1927—29 FEVRIER 1928)

Le présent Rapport porte sur la première moitié de la *quatrième année d'application* du Plan des Experts : il a pour objet de rendre compte des mesures adoptées pendant cette période en vue d'assurer l'application de la *Loi sur la Charge de l'Industrie* (Industriebelastungsgesetz) du 30 août 1924, et d'indiquer les résultats de la gestion de la Banque pour les Obligations industrielles allemandes au 31 décembre 1927.

* * *

Les décrets pris par le Gouvernement allemand depuis le 1er septembre 1924 jusqu'à la date du présent Rapport, dans le but d'assurer l'application de l'Industriebelastungsgesetz, sont au nombre de *douze*. Neuf de ces décrets ont été examinés en détail dans les Rapports publiés les 10 avril 1925, 30 septembre 1925, 15 avril 1926, 15 novembre 1926, 15 mai 1927. Le contenu du dixième décret et des deux décrets qui l'ont suivi est exposé cidessous.

Le *Dixième Décret d'application* (R. G. Bl. du 29 octobre 1927, Partie II, no. 41, page 902) se compose de quatre paragraphes. Les deux premiers ont pour objet de fixer les règles pour l'exécution des dispositions du § 49, al. 1 de l'Industriebelastungsgesetz, ayant trait au transfert effectué par des entrepreneurs, soit de la totalité, soit d'une fraction du capital d'entreprise (Betriebsvermögen).

Le § 1 charge la Banque de juger si les éléments de la fraction du Betriebsvermögen à transférer peuvent être considérés comme constituant une entreprise au sens des dispositions de l'Industriebelastungsgesetz. Dans ce cas, conformément au § 49 al. 1 de la Loi, une inscription au Registre foncier de la charge grevant les immeubles transférés n'est pas nécessaire.

Le § 2 établit que la répartition des annuités effectuée par les Bureaux des Finances à la suite des transferts de fractions de Betriebsvermögen est valable aussi pour la répartition correspondante de l'hypothèque de droit public. La Banque est tenue de délivrer, en se conformant à ladite répartition, les certificats relatifs aux montants de la charge de droit public qui grèvent les immeubles compris dans les Betriebsvermögen de chaque partie.

Quant au § 3, il règle le transfert d'immeubles effectué par un entrepreneur assujetti à un autre entrepreneur également assujetti à la charge de l'industrie. Dans ce cas, le Gouvernement allemand a adopté une interprétation qui exclut que plusieurs hypothèques de droit public de premier rang s'accumulent sur les mêmes immeubles;

il a eu pour but d'éviter de sérieuses difficultés dans les opérations de vente ou de crédit relatives aux immeubles des entrepreneurs soumis à la charge. A cet effet, le Gouvernement du Reich a précisé, que lors d'une transaction entre entrepreneurs assujettis à la Loi, et sans préjudice des cas réglés par le § 49 al. 1 de la Loi sur la Charge de l'Industrie, l'immeuble transféré viendra constituer la garantie de l'obligation de l'acquéreur lorsqu'il aura cessé d'être la garantie de l'obligation du vendeur.

Par les dispositions figurant aux susdits §§ 2 et 3 du décret, le Gouvernement allemand a donné à la Loi une interprétation administrative qui, en raison de la structure de la Loi, n'est pas la seule que l'on aurait pu adopter. Mais l'application de ces dispositions n'apporte en ce moment aucune diminution à la valeur de la garantie originaire attachée aux Obligations des entrepreneurs et elle a d'ailleurs l'avantage, entre autres, de simplifier la procédure administrative de la Banque astreinte à la délivrance des certificats hypothécaires.

Le § 4 de ce même décret n'est aucunement en relation avec les dispositions précédentes. Il autorise le Gouvernement du Reich, après entente avec la Banque et le Trustee, à déterminer, par voie d'évaluation, le montant des annuités dues au sens de l'article 7 de l'Industriebelastungsgesetz, soit par les nouveaux entrepreneurs, soit par ceux qui auraient augmenté l'importance de leur Betriebsvermögen, et en proportion de l'augmentation. Le montant équivalant à cette évaluation, prélevé sur le fonds de réserve constitué auprès de la Banque conformément au § 10 de la Loi sur la perception de la charge, doit être porté au crédit du fonds de péréquation et de garantie prévu au § 7 al. 3 de l'Industriebelastungsgesetz. Pendant la période écoulée entre la date de la première répartition de la charge et le 31 décembre 1927, l'évaluation des annuités dues en application dudit § 7 a donné comme résultat 4.478.426 reichsmarks. Cette somme pourra entre autres, être utilisée dans l'avenir, sans qu'il soit besoin de recourir à la garantie du Gouvernement du Reich, pour couvrir le déficit éventuel qui pourrait se produire dans les versements des entrepreneurs, notamment dans le cas de faillites et liquidations dépourvues d'actif.

Le § 6 de l'Industriebelastungsgesetz a prévu des répartitions périodiques de la charge, dans le but de tenir compte des modifications subies par les Betriebsvermögen des entreprises assujetties au cours de l'évolution économique de l'Allemagne.

Une deuxième répartition de la charge aurait dû avoir lieu en 1926 selon les dispositions du § 5 du huitième décret (voir le Rapport du 15 novembre 1926); mais elle a été ensuite ajournée d'un an par le § 1 du neuvième décret (voir le Rapport du 15 mai 1927). Les règles définitives concernant cette répartition ont été fixées dans le *Onzième Décret d'application* du 29 décembre 1927 (R. G. Bl. du 6 janvier 1928, Partie II, no 1, p. 1).

En vertu des dispositions du § 6 de l'Industriebelastungsgesetz, la répartition étant fixée pour l'année civile 1927 doit être effectuée en prenant pour base les évaluations du Betriebsvermögen faites en vue de l'impôt sur la fortune pour la même année. Ces évaluations ont eu lieu d'après les nouvelles dispositions de la Loi sur l'évaluation des biens (Reichsbewertungsgesetz) et, comme il s'agit d'une procédure nouvelle, elles ont imposé aux Bureaux des Finances une tâche très considérable. Cela explique pourquoi les travaux de la deuxième répartition n'ont pu être terminés au cours de 1927, mais ont dû continuer pendant les premiers mois de l'année 1928.

Le Onzième Décret rappelle les dispositions du premier décret d'exécution du 28 octobre 1924 (voir le Rapport du 10 avril 1925) et il les prend pour base en y apportant des modifications de moindre importance et en les répétant parfois dans un but de plus grande clarté.

Les §§ 2 et 3 déterminent quels sont les entrepreneurs assujettis à la charge de l'industrie. Les dispositions à ce sujet ne diffèrent guère de celles établies précédemment, sauf en ce qui concerne les sociétés en nom collectif et les sociétés en commandite. Celles-ci sont considérées comme entrepreneurs en elles-mêmes, tandis que jusqu'à présent la charge grevait chaque associé séparément en proportion de sa quote-part. Ce changement trouve son origine dans les principes figurant au Reichsbewertungsgesetz et dans la Loi relative à l'impôt sur la fortune de 1925, et il peut être considéré comme plus rationnel au point de vue de l'Industriebelastungsgesetz, qui a voulu assujettir à la charge les entrepreneurs en tant qu'ils exercent une activité industrielle, et non pas individuellement.

La base d'évaluation est fixée par les §§ 4 et 5 du décret. D'après le § 4, cette base est la valeur du Betriebsvermögen obtenue en application du Reichsbewertungsgesetz et ayant servi à l'assiette de l'impôt sur la fortune pour l'année civile 1927. Dans le cas de nouvelles estimations ou d'estimations complémentaires effectuées au cours de l'année 1927, c'est la valeur ainsi déterminée qui sert de base. Les entreprises bancaires ou d'assurances, d'industrie hôtelière, les débits de boissons et les entreprises exclusivement commerciales — que le § 2 de l'Industriebelastungsgesetz exempte de la charge — cessent, lorsqu'elles possèdent une entreprise accessoire qui y est soumise, de jouir de l'exemption et sont assujetties à la charge sur la base de l'ensemble de leur Betriebsvermögen.

Le § 5, qui reproduit le § 6 du premier décret du 28 octobre 1924, établit que la nouvelle évaluation du Betriebsvermögen, même si elle n'est pas définitive, sert de base au calcul de la répartition. Il n'est tenu compte des modifications ou des rectifications éventuelles que si les Bureaux des Finances en ont eu connaissance avant la fixation de la charge industrielle.

Aux termes du § 6, reproduisant le § 9 du premier décret, la valeur du Betriebsvermögen de chaque entrepreneur sera arrondie au millier de reichsmarks inférieur, au lieu du millier de marks-or, le reichsmark étant assimilé au mark-or ; mais l'Obligation de l'entrepreneur est en tous cas, d'après les termes de l'Industriebelastungsgesetz, libellée en marks-or.

En ce qui concerne l'application des dispositions du § 11 de la Loi la procédure est réglée par le § 7 du décret, conformément auquel les Bureaux des Finances doivent notifier à chaque entrepreneur la charge grevant l'ensemble de son Betriebsvermögen assujetti. Si, dans les deux semaines qui suivent, l'entrepreneur ne déclare pas son consentement à la rectification éventuelle de son ancienne Obligation, il est tenu de signer, avant la fin de la semaine suivante, une nouvelle Obligation en remplacement de l'ancienne. Les entrepreneurs nouvellement assujettis et ceux qui, lors de la première répartition, avaient remis une Obligation collective (§ 12 de l'Industriebelastungsgesetz), soit les entreprises de chemins de fer et de navigation, doivent signer l'Obligation individuelle dans un délai trois semaines.

Le jour de la clôture de la procédure de répartition sera publié dans le Deutscher Reichsanzeiger. A partir de cette date, ainsi qu'il est précisé au § 8 du décret, la charge grevant les entrepreneurs assujettis lors de la première répartition, est éteinte; au même moment entre en vigueur la charge résultant de la deuxième répartition, soit pour le montant de l'annuité dont sont grevés les entrepreneurs assujettis, soit pour l'hypothèque de droit public sur les immeubles.

Les Obligations émises au moment de la première répartition, en tant qu'elles sont remplacées par les nouvelles, seront détruites par la Banque en présence d'un représentant du Gouvernement allemand et du Trustee.

La disposition finale du onzième décret (§ 9) fixe l'année civile 1929 comme l'année au cours de laquelle aura lieu une troisième répartition.

La deuxième répartition de la charge forme encore l'objet du *Douzième Décret d'application* pris par le Gouvernement du Reich le 3 mars 1928 (R. G. Bl. du 13 mars 1928, Partie II, no. 8, p. 47). Ce décret détermine notamment (§ 1) le taux de répartition de la charge de 5 milliards de marks-or sur les Betriebsvermögen des entrepreneurs assujettis. Le taux est fixé à 19,6 % du Betriebsvermögen, tandis que, lors de la première répartition de la charge, il était de [illegible],1 %, réduit ensuite, en vertu du cinquième décret à 15,732 %.

L'augmentation du taux de répartition indique une diminution dans l'évaluation du Betriebsvermögen, des entrepreneurs assujettis par rapport à l'évaluation de 1924, prise comme base de la première répartition. On peut expliquer ce résultat, d'une part, par une évaluation plus précise des Betriebsvermögen des entreprises industrielles dont les estimations de 1924 avaient été effectués pendant une période singulièrement troublée de l'économie générale, d'autre part, par le mouvement de concentration et de rationalisation des entreprises qui s'est produit depuis 1924, et qui a entraîné la suppression d'un certain nombre d'exploitations moins avantageuses.

En vertu du douzième décret, les entreprises dont l'objet principal est le lotissement de terrains en vue de la construction de maisons d'habitations et de la colonisation agricole, sont exemptées de la charge de l'industrie. Conformément au § 2, al. 2 de la Loi, le Trustee a donné au préalable son consentement à cette exemption.

Enfin, le décret (§ 3) fixe la limite d'exemption des Betriebsvermögen au sens du § 4 de la Loi à la somme de 50.000 reichsmarks, au lieu de marks-or, le reichsmarks étant assimilé au mark-or, mais il ajoute que la charge, c'est-à-dire le montant de l'Obligation, doit être en tous cas exprimée en marks-or.

* *
*

Le but et le contenu de la *Loi relative à la perception de la charge de l'Industrie* (Aufbringungsgesetz) ont déjà été exposés à plusieurs reprises, notamment dans le Rapport du 15 avril 1926. Les décrets pris par le Gouvernement allemand jusqu'à la date du présent Rapport en vue d'assurer l'application de cette Loi sont au nombre de *huit.* Les trois premiers décrets dont un aperçu a été donné dans le Rapport du 15 avril 1926, ont trait à la façon de percevoir les sommes, qui venaient à échéance pour la première fois en 1926, puisque aucun payement ne devait être fait au cours de la première année d'exécution du Plan des Experts (1924-1925). Dans le Rapport du 15 mai 1927, on a résumé le contenu du quatrième décret, du 21 décembre 1926, qui déterminait les mesures à prendre pour effectuer la perception des sommes correspondant à l'annuité due pendant la troisième année d'exécution du Plan Experts (1926-1927). Ce décret a été suivi d'un *Cinquième Décret*, du 19 mai 1927 (R. G.-Bl. du 27 mai 1927, Partie II, no. 24, p. 385) dans le but d'ajourner du 1er juin au 15 juillet 1927 le versement des sommes correspondant à la deuxième demi-annuité due pour la même année.

Pendant la période considérée par le présent Rapport, trois nouveaux décrets ont été pris par le Gouvernement du Reich, en vue d'assurer l'application de la Loi relative à la perception de la Charge de l'Industrie.

Le *Sixième Décret d'application,* du 30 septembre 1927 (R.G.Bl. du 14 octobre 1927, Partie II, no. 40, p. 885) contient les dispositions relatives à la déclaration de la valeur du Betriebsvermögen des entreprises industrielles du Reich, des Etats et des Communes, à être adoptées dans le cas où il n'aurait pas encore été procédé à une estimation d'office. Ce décret déclare applicables à ces entreprises les dispositions du Reichsbewertungsgesetz, il indique qu'une déclaration de fortune doit être remise séparément pour chaque exploitation et précise que le Bureau des Finances compétent pour recevoir la déclaration en question est celui dans le district duquel se trouve la direction de l'entreprise.

Le *Septième Décret d'application,* pris en date du 19 novembre 1927 (R.G.Bl. du 30 décembre 1927, Partie II, no. 57, p. 1181), réglementé les paiements définitifs dus par les entrepreneurs pour les années 1926 et 1927, et en même temps ceux à effectuer pour l'année 1928 (§ 1). Ainsi qu'il a été dit dans les Rapports précédents, étant donné le travail considérable causé aux Bureaux des Finances par l'application du nouveau Reichsbewertungsgesetz, les versements effectués en 1926 et en 1927 par les entrepreneurs au titre de l'annuité avaient le caractère de paiements provisoires dans l'attente de la fixation des montants définitifs.

En vertu des §§ 2, 3 et 4 dudit décret, les valeurs du Betriebsvermögen établies d'après l'état au 1er janvier 1925 et au 1er janvier 1927, pour les années 1926 et 1927 et pour l'année 1928, respectivement, doivent être adoptés à cet effet pour établir aussi bien la liste des contribuables assujettis à l'Aufbringungsgesetz que les montants dont chaque contribuable est annuellement redevable du chef de cette Loi. Ces paragraphes indiquent la procédure qui devra être adoptée dans le cas d'évaluations complémentaires ou de nouvelles évaluations à effectuer au cours d'une année. Ils établissent qu'en cas de liquidation ou de cessation volontaire d'une exploitation, les entreprises sont assujetties au payement des annuités jusqu'à la fin de l'année subséquente à la liquidation ou à la cessation de ladite exploitation.

En vertu du § 5, le montant dû pour l'année 1928 vient à échéance en deux versements égaux le 5 mars et le 15 juin 1928. Aux mêmes dates sont également payables les différences éventuelles à verser en vue de compléter les versements provisoires effectués pour 1926 et 1927. Si ces versements ont dépassé les sommes réellement dues, ils sont d'abord porté en compte sur l'annuité de 1928. Dans le cas où les différences ne peuvent être utilisées à cet effet, il est procédé à un remboursement sur demande ; ce remboursement a lieu d'office si la différence dépasse cinq reichsmarks.
Le § 6 prévoit le paiement d'intérêts moratoires suivant la même procédure que pour l'impôt sur la fortune.

Si des modifications de la base d'évaluation ont lieu (§ 7), la notification relative à la charge dérivant de l'Aufbringungsgesetz devra être rectifiée d'office. D'après le § 8, toute notification est susceptible de recours conformément au § 9 de l'Aufbringungsgesetz et les dispositions relatives à ce recours sont analogues à celles contenues dans le quatrième décret d'application.

La disposition finale (§ 9) réduit à 50 % le montant des annuités à verser par les entreprises qui ont pour objet la navigation maritime, fluviale et aérienne.

Le *Huitième Décret d'application* portant la date du 19 janvier 1928 (Reichsgesetzblatt du 27 janvier 1928, Partie II, no. 3, p. 9) fixe les taux définitifs à appliquer au Betriebsvermögen afin de déterminer les montants dus par les assujettis à l'Aufbringungsgesetz pour les années 1926, 1927 et 1928.

Ce décret dispose que le pourcentage du Betriebsvermögen assujetti à l'Aufbringung s'élève à 12,72 % pour l'année 1926, 12,90 % pour l'année 1927, 12,90 % pour l'année 1928, au lieu de 13,64 %, taux fixé provisoirement pour les deux premières années par le troisième et le quatrième décrets.

En conséquence, les coefficients à appliquer au Betriebsvermögen pour obtenir le montant des annuités définitives sont :

3,5 ‰ pour l'année 1926 (2,5 % de 12,72 ‰, plus 10 % au titre du fonds de garantie = 3,5 pour mille);

7,1 ‰ pour l'année 1927 (5 % de 12,90 ‰, plus 10 % au titre du fonds de garantie = 7,1 pour mille);

8,5 ‰ pour l'année 1928 (6 % de 12,90 ‰, plus 10 % au titre du fonds de garantie = 8,5 pour mille).

(Voir les Rapports du 15 avril 1926 et du 15 mai 1927).

Les taux provisoires pour les années 1926 et 1927 avaient été fixés à 3,75 et à 7,5 pour mille. Les taux définitifs représentent une légère diminution de la charge par rapport aux évaluations effectuées en 1926.

C'est sur la base des décrets que l'on vient d'examiner que s'est effectuée dans l'année courante la perception de la première demi-annuité de 150 millions de marks-or, due le 1er avril 1928, et représentant les intérêts et l'amortissement des cinq milliards de marks-or d'Obligations industrielles.

* *
*

Le *troisième* exercice de la Banque pour les Obligations industrielles allemandes a pris fin le 31 décembre 1927. Le Bilan et le Compte Profits et Pertes arrêtés à cette date et approuvés par l'Assemblée générale des actionnaires du 28 avril 1928 présentent les résultats ci-dessous reportés :

BILAN

Actif:		RM
Capital actions non encore versé		2.500.000,—
Encaisse et avoir en compte de chèques postaux		12.853,93
Avoir à la Reichsbank et avoir dans différentes Banques		63.221.490,21
Valeurs	8.772.400,10	
Déduction sur valeurs	200.683,—	8.571.717,10
Débiteurs		1.025.676,35
Mobilier	35.453,22	
Déduction sur mobilier	35.452,22	1,—
Compte « Aufbringung » (Versements à effectuer)		27.810.614,24
Montant capitalisé des droits (Ansprüche) de la Banque conformément à la Loi sur la Charge de l'Industrie		5.000.000.000,—
Droit de la Banque aux intérêts provenant de la charge de l'industrie pour la période du 1er septembre au 31 décembre 1927		100.000.000,—
		5.203.142.352,83

Passif:

	RM
Capital actions	10.000.000,—
Fonds de réserve	250.000,—
Réserve pour frais divers de la Banque conformément au § 28 de la Loi sur la Charge de l'Industrie	500.000,—
Créditeurs	271.931,62
Fonds de secours aux employés	92.195,—
Compte «Réserve de péréquation et de garantie»	37.500.000,—
Compte transitoire de compensation des versements d'« Aufbringung »	26.231.986,97
Compte « Aufbringung » (Versements à effectuer)	27.810.614,24
Montant capitalisé des droits (Ansprüche) du Trustee conformément à la Loi sur la Charge de l'Industrie	5.000.000.000,—
Droit du Trustee aux intérêts provenant de la charge de l'industrie pour la période du 1er septembre au 31 décembre 1927	100.000.000,—
Bénéfice	485.625,—
	5.203.142.352,83

COMPTE PROFITS ET PERTES.

Doit:

Frais généraux		1.184.718,79
Déduction sur mobilier		35.452,22
Déduction sur valeurs		200.683.—
Bénéfice :		
pour 1927	172.835,24	
report de l'exercice précédent	312.789,76	485.625,—
		1.906.479,01

Avoir :

Report de l'exercice précédent		312.789,76
Intérêts perçus	4.905.153,14	
A déduire :		
montant reporté au compte de compensation des versements d'« Aufbringung »	3.718.187,24	1.186.965,90
Participation du Trustee au frais d'administration		406.723,35
		1.906.479,01

On remarquera au passif du Bilan le « Compte transitoire de compensation des versements d'Aufbringung », portant un solde de 26.231.986,97 reichsmarks. Dans ce chiffre est comprise une somme de 22.513.799,73 reichsmarks, représentant l'excédent des versements d'Aufbringung effectués à la Banque au cours de l'année 1927, par rapport au montant dont elle a eu besoin pour payer l'intérêt de 5% sur les Bons Industriels et les Obligations émises. Dans le même compte figure en outre la somme de 3.718.187,24 reichsmarks qui est la différence entre le total des intérêts produits par le placement des fonds disponibles de la Banque, soit 4.905.153,14 reichsmarks, et la partie de ce montant dont elle a disposé pour couvrir ses frais généraux, soit 1.186.965,90 reichsmarks. L'excédent des versements d'Aufbringung s'explique par le fait que les paiements effectués à la Banque par les entreprises assujetties ont eu lieu en 1926 et en 1927 sur la base d'un taux établi d'après une évaluation provisoire, et qui était légèrement plus élevé que le taux définitif fixé à l'heure actuelle. En vertu des dispositions du § 5 du septième décret d'exécution de l'Aufbringungsgesetz mentionné plus haut, les sommes ainsi payées en plus par les assujetties à la charge leur sont, ou bien remboursées, ou bien créditées sur l'annuité à verser en 1928.

Enfin, sont encore virés au susdit Compte transitoire de compensation les bénéfices et les pertes sur le change provenant du fait que les versements au Trustee sont effectués par la Banque en marks-or, tandis qu'elle reçoit des entrepreneurs grevés les payements en reichsmarks.

Comme le prévoit la Loi sur la Charge de l'Industrie, le Trustee participe pour un tiers aux frais de gestion de la Banque, et il a payé, de ce chef, en 1927, une somme de 406.723,35 reichsmarks qui figurent à l'avoir du Compte Profits et Pertes.

Le bénéfice net réalisé au cours de l'exercice clos le 31 décembre 1927 a été établi à 172.835,24 reichsmarks. En ajoutant à cette somme le report de l'année précédente, soit 312.789,76 reichsmarks, le bénéfice net s'élève à 485.625 reichsmarks. Ce bénéfice a permis la distribution du dividende statutaire de 6% pour l'exercice entier relativement à la partie du capital actions déjà versée depuis la fondation de la Banque, soit 5.000.000 de reichsmarks, et du même dividende pour cinq mois relativement au second acompte versé sur le capital au cours du dernier exercice, soit 2.500.000 reichsmarks.

* *
*

Conformément aux statuts de la Banque, le mandat des quatres membres du Conseil d'Administration non encore désignés par le sort lors des tirages précédents, MM. Frérichs, Dudley Ward Dubois et McGarrah, prenait fin le 31 décembre 1927. Les membres sortants étaient rééligibles, et ils ont été réélus selon la procédure fixée par la Loi sur la Charge de l'Industrie : MM. Frérichs et Dudley Ward par la Commission des Réparations, MM. Dubois et McGarrah par les membres non allemands du Conseil Général de la Reichsbank.

Conformément au § 8 des statuts de la Banque, le Conseil, dans sa séance du 28 février 1928, a procédé à la désignation de son Président. M. Krupp von Bohlen und Halbach a été réélu.

* *
*

La première demi-annuité du quatrième exercice de réparations comprenait, pour la première fois, outre l'intérêt au taux de 5%

sur les 5 milliards d'Obligations émises en vertu de la Loi sur la Charge de l'Industrie, un versement de 1% au titre de l'amortissement de ces Obligations. Cette demi-annuité se montant ainsi à 150.000.000 de marks-or, venait à échéance le 1er avril 1928 : elle a été régulièrement versée par la Banque. La seconde moitié de l'annuité due pour l'exercice 1er septembre 1927—31 août 1928, soit également 150.000.000 de marks-or, viendra à échéance le 25 août prochain.

*   *
*

Le Trustee dispose encore de la totalité des 5 milliards de marks-or de titres qui lui ont été remis, puisque, pendant la période envisagée par le présent Rapport, il n'a été procédé à aucune vente d'Obligations individuelles négociables ou de Bons industriels, ni à aucun rachat d'Obligations de la part des entrepreneurs assujettis. Les titres en possession du Trustee comprennent, comme auparavant, 4.346.500.000 marks-or de Bons Industriels, et 653.500.000 marks-or d'Obligations Individuelles négociables.

Berlin, le 15 mai 1928.

signé : B. NOGARA.

3381. 28. III.

DÉJÀ PARUS DANS LA MÊME SÉRIE.

I.	États des obligations de l'Allemagne au titre des Réparations, etc., à la date du 30 avril 1922	5 fr. net.
II.	Accords relatifs aux Livraisons en nature à effectuer par l'Allemagne au titre des Réparations	4 fr. net.
III.	Documents officiels relatifs au montant des versements à effectuer par l'Allemagne au titre des Réparations (5 mai 1921—1er juillet 1922), 1er fasc.	12 fr. net.
IV.	État des obligations de l'Allemagne au titre des Réparations, etc., au 31 décembre 1922	5 fr. net.
V.	Rapport sur les travaux de la Commission des Réparations de 1920 à 1922 (2 vol.)	30 fr. net.
VI.	Documents officiels relatifs au montant des versements à effectuer par l'Allemagne au titre des Réparations (5 mai 1921—1er juillet 1922), 2e fasc.	4 fr. net.
VII.	Répartition de la dette publique autrichienne et hongroise d'avant-guerre. (En vente à la Commission des Réparations)	15 fr. net.
VIII.	Rapports des Comités d'Experts	20 fr. net.
IX.	Règlement relatif aux prestations en nature, 1 vol. (En vente à la Commission des Réparations)	3 fr. net.
X.	Rapport de l'Agent Général des Payements de Réparations (30 mai 1925)	10 fr. net.
Xbis.	Rapports des Commissaires aux Chemins de fer allemands, à la Reichsbank, aux Revenus Gagés, Rapport des Trustees pour les Obligations industrielles allemandes et pour les Obligations de Chemins de fer allemands	10 fr. net.
XI.	Rapport de l'Agent Général des Payements de Réparations (30 novembre 1925)	10 fr. net.
XIbis.	Rapport du Commissaire des Chemins de fer allemands, du Commissaire à la Reichsbank, du Commissaire aux Revenus Gagés, du Trustee pour les Obligations industrielles allemandes	10 fr. net.
XII.	Rapport de l'Agent Général des Payements de Réparations (15 juin 1926)	10 fr. net.
XIIbis.	Rapports des Commissaires aux Chemins de fer allemands, à la Reichsbank, aux Revenus Gagés, Rapport des Trustees pour les Obligations Industrielles allemandes et pour les Obligations de Chemins de fer allemands	10 fr. net.
XIII.	Répartition de la Dette publique d'avant-guerre autrichienne et hongroise (supplément à la brochure no VII)	10 fr. net.
XIV.	Documents relatifs à l'application du Plan des Experts : Rapport des Comités d'Experts, Accords de Londres (août 1924), Documentation relative à la Banque du Reich, à la Compagnie des Chemins de fer allemands, aux Obligations industrielles allemandes, Emprunt extérieur allemand de 800 millions de marks-or, Accord du 24 janvier 1925	30 fr. net.
XV.	Rapport de l'Agent Général des Payements de Réparations (30 novembre 1926)	12 fr. net.
XVbis.	Rapports des Commissaires aux Chemins de fer allemands, à la Reichsbank, aux Revenus Gagés, Rapport du Trustee pour les Obligations industrielles	12 fr. net.
XVI.	Rapport de l'Agent Général des Payements de Réparations (10 juin 1927)	12 fr. net.
XVIbis.	Rapports des Commissaires aux Chemins de fer allemands, à la Reichsbank, aux Revenus Gagés, Rapports des Trustees pour les Obligations Industrielles et de Chemins de fer	12 fr. net.
XVII.	Rapport de l'Agent Général des Payements de Réparations (10 décembre 1927)	15 fr. net.
XVIIbis.	Rapport des Commissaires aux Chemins de fer allemands, à la Reichsbank, aux Revenus Gagés, Rapport du Trustee pour les Obligations Industrielles	15 fr. net.
XVIII.	Rapport de l'Agent Général des Payements de Réparations (.. juin 1928)	15 fr. net.

N. B. — Un texte anglais de tous les volumes paraissant dans la présente collection est publié à Londres par le Stationery Office.

www.ingramcontent.com/pod-product-compliance
Ingram Content Group UK Ltd.
Pitfield, Milton Keynes, MK11 3LW, UK
UKHW020243180726
13839UKWH00001B/142

9 782329 181165